AF636775

KNAUR
BALANCE

Lukas Klaschinski

FÜHL DICH GANZ

Was wir gewinnen,
wenn wir unsere Emotionen
verstehen und zulassen

KNAUR
BALANCE

Die in diesem Buch vorgestellten Übungen und Tipps wurden von dem Autor und dem Verlag sorgfältig geprüft und haben sich in der Praxis bewährt. Da jeder Mensch für sich besonders ist, können wir allerdings Ergebnisse nicht garantieren. Der Verlag und der Autor schließen jegliche Haftung für Gesundheits- und Personenschäden aus.

Besuchen Sie uns im Internet:
www.knaur-balance.de

MIX
Papier | Fördert gute Waldnutzung
FSC® C014496

Originalausgabe Februar 2024
© 2024 Knaur Balance
Ein Imprint der Verlagsgruppe Droemer Knaur GmbH & Co. KG, München
Alle Rechte vorbehalten. Das Werk darf – auch teilweise – nur mit Genehmigung des Verlags wiedergegeben werden.
Die Nutzung unserer Werke für Text- und Data-Mining im Sinne von § 44b UrhG behalten wir uns explizit vor.
Redaktionelle Betreuung: Melanie Haizmann
Redaktion: Werner Wahls
Covergestaltung: Hauptmann & Kompanie Werbeagentur, Zürich
Coverabbildung: Graphic-Design Claire Griffiths
Illustrationen von dieKLEINERT.de / Ivonne Schulze
Satz und Layout: Daniela Schulz, Gilching
Druck und Bindung: GGP Media GmbH, Pößneck
ISBN 978-3-426-44656-0

4 6 7 5

INHALT

Schön, dass du dieses Buch in den Händen hältst.
Du schenkst dir und mir damit das Wichtigste,
was wir Menschen haben: Zeit. Oft investieren wir diese
in 1000 verschiedene Dinge, nur nicht in uns selbst.

EINLEITUNG

Südafrika – hier wollte ich alles nachholen, was in meinem stressigen Alltag zu kurz kommt: wandern, lesen, Freunde treffen, gutes Essen und Kitesurfen. Für mich gibt es kaum ein schöneres Gefühl, als vom Wind gezogen über das schroffe Meer zu gleiten. Der Nervenkitzel, wenn man weiß, dass zwischen der spiegelnden Oberfläche und dem Grund 100 Meter Wasser liegen, die Kraft der Natur, die dich völlig umschließt … So hatte ich es zumindest in Erinnerung, denn tatsächlich war ich seit zehn Jahren nicht mehr kiten. Um Wind und Wellen nicht völlig ausgeliefert zu sein, wollte ich zur Auffrischung Unterricht nehmen. Mit meinem Surflehrer ging es zum Strand. Er erklärte mir noch einmal kurz, wie man den Drachen lenkt. Ich bewegte den Kite in der Luft. Alles fühlte sich ganz natürlich an.

Nach den Trockenübungen am Strand ging es richtig los. Ich brachte den Drachen zum Starten. Das Brett unter die Füße geklemmt, glitt ich raus aufs Meer. Trotz der hohen Wellen bekam ich es einigermaßen gut hin. Ein paarmal konnte ich den Drachen erfolgreich im Wind halten, doch dann stürzte er ins Wasser. Zum Glück in der Nähe zum Strand, denn so konnte der Lehrer mir helfen, den großen gelb-blauen Kite erneut zu starten. In einer flüssigen Bewegung schnappte er sich den Schirm vom Boden, während ich mich kurz sortierte. Dann startete ich einen neuen Durchgang. Es sollte der letzte an diesem Tag werden. Der Wind war stark und pfiff unerbittlich, zerrte an allem, was ich hatte. Nicht weit vom Strand entfernt schlüpfte ich schnell in die Laschen des Brettes und gab dem Kitelehrer das Signal: Go, lass den Drachen los! Wie der Blitz schnellte der Kite unkontrolliert dem Himmel entgegen. Erst da begriff ich, dass sich mehrere Seile verknotet hatten – das machte den Drachen für mich unsteuerbar. Er flog einen Looping und entwickelte eine solche Zugkraft, dass es mich mit voller Wucht aus dem Brett in die Luft katapultierte. Ich spürte einen überwältigenden Ruck am ganzen Körper, ohne die geringste Chance dagegenzuhalten. Alles in mir war wie betäubt, gelähmt, außerhalb meiner Kontrolle. Mein Atem stockte und ich merkte, wie ich gleich das Bewusstsein verlieren würde. Für einen kurzen Moment sah ich alles von oben. Ich befand mich zehn Meter über dem Strand und spürte schon im selben Augenblick den Kipppunkt – wie bei einer Achterbahn, kurz bevor es steil nach unten geht. Ich sah noch die straffen Seile an meinem Körper hängen, während vor mir der riesige Drachen vom Wind gejagt wieder Richtung Boden schoss. Ich fühlte mich hilflos, konnte nichts tun. Während ich für den Bruchteil einer Sekunde am höchsten Punkt schwebte, stieg in mir eine Gewissheit auf: Den Sturz in die Tiefe werde ich nicht überleben.

Glücklicherweise lag ich falsch. Wie durch ein Wunder überlebte ich. Das Leben gab mir eine zweite Chance – und gratis dazu bekam ich eine unauslöschbare Wahrheit vor Augen geführt, die ich nicht mit dem Verstand erfassen konnte, aber tief in mir fühlte: Das Leben ist endlich. Nach dieser Begegnung mit dem Tod habe ich mir viele Fragen gestellt:

Was ist mir wirklich wichtig im Leben?
Habe ich auch danach gelebt?
Was will ich anders machen?

Wäre dieser Tag in Südafrika mein letzter gewesen, hätte ich einige Sachen bereut. Denn wenn ich ganz ehrlich auf mein bisheriges Leben blicke, habe ich zwar viel erlebt, aber immer eine sichere emotionale Distanz gewahrt. Ich hatte ein gutes Verhältnis zu den Menschen, die mir wichtig waren, und blieb trotzdem irgendwie immer auf Sicherheitsabstand. Ja, es war, als ob zwischen mir und der Welt eine Milchglasscheibe wäre. Beziehungen, Begegnungen und Erlebnisse: Alles sah ich wie durch einen Filter, der den Dingen ihre Lebendigkeit nahm. Ein schönes, aber nicht tief bewegendes und erfülltes Leben. Jede Verletzung perlte an mir ab, nichts kam so richtig an mich heran. Durch meine Arbeit als Journalist und Psychologe konnte ich in den vergangenen Jahren mit vielen Menschen sprechen und feststellen, dass es den meisten von uns ähnlich geht: Wir sind auf der Suche nach einem guten Leben und wollen angenehme Gefühle erleben. »Good Vibes only«, leuchtet es uns auf unzähligen Profilen in den sozialen Netzwerken entgegen – und wenn das nicht geht, werden auch »No Vibes at all« in Kauf genommen. Auch wenn wir vielleicht diese Statusmeldung nicht nach außen tragen, ist es doch eine innere Haltung, mit der viele durchs Leben gehen. Angenehme Gefühle stehen hoch im Kurs, unangenehme werden ausgesperrt. Die Präsentation bei der Arbeit, die uns für unerträgliche 30 Minuten in den Mittelpunkt der Aufmerksamkeit rückt. Das neue Hobby, das immer wieder verschoben wird, weil wir Angst davor haben, an ihm zu scheitern. Oder aber das unangenehme Gespräch mit einer Freundin, das wir vermeiden, obwohl es notwendig wäre, und somit das Ende einer Freundschaft einleiten. Der Psychotherapieforscher Klaus Grawe beschäftigte sich über Jahrzehnte mit dem, was uns als Menschen antreibt und wonach wir streben. Wir sehnen uns nach Beziehung, wollen aber auch unser eigenes Ding machen, also autonom sein. Wir möchten Spaß haben und von anderen anerkannt werden, um unseren Selbstwert zu erhöhen[1]. Bei all diesen Bedürfnissen geht es ums Gefühl. Das Gefühl, das uns motiviert, in eine Richtung zu gehen, oder das Gefühl, das am Ende auf uns wartet. Schließlich wollen wir alle lieber süß statt bitter. Es liegt in unserer Natur, nach angenehmen Gefühlen zu streben und unangenehme zu vermeiden[2].

Das erfüllte Leben scheint zum Greifen nahe: Wenn ich erst mal den neuen Job habe, dann wird alles besser. Wenn ich erst mal meinen Traumpartner finde, dann kann ich endlich glücklich sein. Irgendwann eröffne ich mal mein eigenes Café, dann … Die einen machen ihre Vorstellung von Glück an Menschen und Erfahrungen fest, die anderen an materiellen Gütern wie der neuen Uhr, dem schnellen Auto oder der großen Eigentumswohnung. Der Weg zum guten Gefühl, zu Glück und Zufriedenheit scheint aber nicht so einfach und klar zu sein, wie es uns große Werbetafeln mit breit grinsenden Menschen oft glauben lassen. Nicht wenige fühlen sich getrieben, betäubt, sogar gefangen im sich immer schneller drehenden Hamsterrad. Sie sehnen sich stattdessen nach mehr innerer Ruhe, Gelassenheit und nach dem Gefühl des Ankommens. Und dabei ist es ziemlich egal, ob wir weltberühmt sind, Millionen auf dem Konto haben oder irgendwo einem normalen Job nachgehen. Warum ist es so schwer, unser Leben in vollen Zügen zu genießen?

Der technische Fortschritt hat uns jede Menge Arbeit abgenommen und schickt uns doch ständig in die Dauerschleife des Beschäftigt-Seins. Er will uns helfen, das Wesentliche zu erkennen, und lenkt uns doch so oft davon ab. Und nicht nur unsere äußere Welt bringt uns regelmäßig ins Schleudern, auch unsere Gedanken und Gefühle. Sie steuern uns häufig wie ein Autopilot mit Glaubenssätzen wie »Ich bin nicht liebenswert«, »Ich bin nicht genug«, »Ich kann nichts«, »Es ist meine Schuld«, »Ich bin wertlos«, »Ich kann nichts richtig machen«, »Ich bin langweilig«, »Ich bin zu faul«. Wir kleben in alten Mustern fest, die uns schon lange nicht mehr nützen.

Für viele scheinen Methoden wie »Positive Thinking« vielversprechend. Der Ansatz: Sobald alle negativen Gedanken gegen positive ausgetauscht worden sind, werde es schon klappen. Wenn ich ehrlich bin, habe ich immer den großen roten Knopf der Psychologie gesucht: einen erlösenden Knopf, den ich drücken kann, um alle unangenehmen Gefühle abzustellen und gleichzeitig die angenehmen dauerhaft zu aktivieren. Ich suchte lange Zeit nach dieser einen Methode, dieser einen Erkenntnis – diesem Aha-Erlebnis, das mich von meinen schlechten Gefühlen befreien würde. Ich verurteile mich heute nicht für meinen Wunsch: Genau dieses Denken ist Teil unserer genetischen Programmierung. Sie braucht allerdings dringend ein Update. Wir denken alle noch immer mit unserem »Steinzeitgehirn«, das uns vor langer Zeit das Überleben in der Steppe garantiert hat und dementsprechend auf Gefahren gepolt ist. Aber: Unsere gesellschaftliche Entwicklung hat die Evolution mit 200 km/h auf der linken Spur überholt. In vielen Situationen brauchen wir den konstanten Warnblinker im Gehirn nicht mehr. Wir leben nun mit einem Gehirn, das immer mehr will, in einer Welt, in der es für viele Menschen eigentlich mehr als genug gibt. Unser Gehirn hat sich aber leider noch nicht an die Überflussgesellschaft, die es selbst geschaffen hat, angepasst.

Auf der Suche nach dem erfüllenden Leben und den guten Gefühlen musste ich feststellen, dass die meisten von uns im Kern nicht nur die gleichen Wünsche und Bedürfnisse haben, sondern auch früher oder später mit ähnlichen Problemen konfrontiert sind. Wir spüren Herzschmerz, verlieren geliebte Menschen, erleiden Krankheiten, erfahren berufliche Rückschläge und Ungerechtigkeit. Angst, Zorn, Frust und Scham, Abschiede und Neuanfänge gehören zum Menschsein dazu. Das gilt für uns alle, ob wir wollen oder nicht – auch dann, wenn wir versuchen, sie mithilfe von unserem Handy, unserer Arbeit, Sex, Konsum, Essen und Erfolg zu vermeiden. Insgeheim hoffen wir, dass diese Gefühle irgendwann unsere Fährte verlieren. Dabei vergessen wir, dass sie genauso dazugehören wie die glückliche, fröhliche und strahlende Seite, wie das Yin zum Yang. Die unangenehmen Gefühle tauchen früher oder später auf, egal, wie stark wir uns dagegen wehren. Worauf wir aber sehr wohl Einfluss nehmen können, ist unser Umgang mit ihnen. Dieser ist häufig ganz schön festgefahren. Wir lassen die Gefühle nicht mehr rein, versperren uns aber genau dadurch dem Leben. Kein

Wunder, denn wir hören von anderen oft Phrasen wie »nicht so schlimm«, »nichts passiert« oder »lach doch mal«. Wir sollen immer gut drauf sein, schließlich ist das am bequemsten für alle – denn wer seine eigenen Gefühle nicht zulässt, möchte den Gefühlen anderer erst recht keinen Raum geben. Wir lernen in der Schule zwar, wie wir den Durchmesser eines Kreises berechnen, welche molekularen Bestandteile Wasser hat und welche Fallgeschwindigkeit ein Apfel entwickeln kann, aber die wichtigste Sache im Leben überhaupt, die uns jede Sekunde von der Geburt bis zum Tod begleitet, lernen wir nicht: Fühlen. Wer soll es uns auch beibringen? Die Schule, wo es der Lehrplan nicht vorsieht? Ohne das Fühlen zu üben, landen wir jedoch Stück für Stück in einer emotionalen Zwangsjacke. Dieses Buch soll dabei helfen, sie auszuziehen. Es soll uns helfen, gefühlsbereit zu werden.

Ich möchte dich mitnehmen auf meiner Reise zu mehr Gefühlsbereitschaft. Eine Reise, die für mich an verschiedenen Stellen ganz schön persönlich, peinlich und unangenehm wird. Vielleicht werde ich mit meinen Geschichten all diese Gefühle, die wir normalerweise nicht gern spüren, verstecken oder anders haben wollen, auch in dir auslösen.

Gefühlsbereitschaft – das Verhalten der Stunde

Vielleicht fragst du dich jetzt: Warum sollte ich das machen, es läuft doch alles ganz gut? Natürlich kannst du dich weiterhin entscheiden, deine unangenehmen Gefühle mit aller Kraft vermeiden zu wollen. Aber damit verlierst du etwas extrem Wichtiges, was dich ausmacht. Es ist nicht nur so, dass Gefühlsvermeidung mit einer ganzen Reihe von psychologischen Leiden in Verbindung steht[3], sondern dass du so auch dein Bewusstsein dafür verlierst, was wirklich für dich ganz persönlich zählt. Gefühlsbereit zu sein bedeutet, die Augen zu öffnen für das, was ist.

Denn unsere Gefühle geben uns eine Richtung vor. Wenn wir anfangen, sie wahrzunehmen, können wir unsere Bedürfnisse besser erkennen, nach ihnen handeln und dadurch besser leben. All unsere Gefühle spielen dabei eine wichtige Rolle. Die angenehmen wie die unangenehmen. Wie wir mit diesen Gefühlen umgehen, bestimmt alles in unserem Leben: Wie wir lieben, streiten, arbeiten und mit uns selbst umgehen. Wenn wir nicht die gesamte Palette unserer Gefühle wahrnehmen, sind wir wie mit Autopilot in unserem Leben unterwegs. Denn vermeiden können wir unsere Gefühle ohnehin nur kurzfristig. Langfristig bewirken wir damit genau das Gegenteil, denn so übernehmen unsere Gefühle das Steuer auf unserer Fahrt durchs Leben.

Mein Leben wurde ein anderes, nachdem ich mich nach dem Kiteunfall für meine Gefühle geöffnet habe – das war natürlich ein längerer Prozess. Verschiedene psychologische Praktiken haben mich dabei unterstützt. Sie haben mir, wie schon vielen Menschen zuvor, zu einem völlig neuen Blick, mehr Lebendigkeit und einem erfüllenderen Umgang mit dem Leben verholfen. Mit der Bereitschaft, all unsere Gefühle zu fühlen, bekommen wir Informationen, die für unser Leben wichtig sind. Wir können lernen, wo es für uns hingehen soll und welche Bedürfnisse wir haben, und können damit unser Leben langfristig danach ausrichten. Ja, wir werden uns unserer selbst sehr viel bewusster. Wer die Fähigkeit entwickelt, all seine Gefühle zu spüren, kann auf eine ganz besondere Art frei sein.

Die Werkzeuge, die du dafür brauchst, stelle ich dir in diesem Buch vor. Sie stammen aus der renommierten und in mehreren Tausend Studien erforschten Akzeptanz- und Commitment-Therapie (ACT)[4]. Aus meiner Sicht ist die Auseinandersetzung mit dem eigenen inneren Erleben essenziell wichtig – nicht nur zu deinem Wohl, sondern auch zum Wohl aller Menschen in deinem Umfeld, weil du deine Verhaltensmuster und Probleme sonst an anderen auslässt. Ich behaupte deshalb mit gutem Gewissen: In einer gefühlsbereiten Welt gäbe es weniger Konflikte, weniger Kriege und weniger Hass. Gefühle sind dabei Übungssache. Sie beginnen mit Wissen und gelingen mit Übung – vergleichbar mit dem Erlernen einer Sportart oder eines Instruments. Wir lernen uns im wahrsten Sinne des Wortes kennen: Was bedeutet das Drücken in meiner Brust? Das Kribbeln in meinem Bauch? Die Enge in meiner Kehle? Und: Was steckt eigentlich hinter der Wut, der Trauer, dem Glück?

Dafür ist das Buch in zehn Kapitel eingeteilt. Jedes ist einem Gefühl oder einem Zustand gewidmet, der starke Gefühle auslöst. Zu Beginn erzähle ich dir von meinen eigenen Erfahrungen: wie ich weine, lache, helfe, trauere, betrüge, verzweifelt bin und neuen Mut schöpfe. Dann schauen wir uns die psychologische Forschung dazu an: Hier erwarten uns hilfreiche und interessante Informationen, mit denen es dir leichter fällt, dich und andere zu verstehen. Am Ende jedes Kapitels gebe ich dir praktische Alltagshelfer an die Hand, die dich dabei unterstützen, besser mit deinen Gefühlen umzugehen. Alle dienen dazu, dir durch kleine Veränderungen das Steuer für dein Leben zurück in die Hand zu geben.

Dieses Buch wird dich nicht vor dem Schmerz, der Enttäuschung und allen anderen unliebsamen Empfindungen des Lebens schützen. Es wird dir aber dabei helfen, dich zurück zu deinen Gefühlen und damit zu dir selbst zu führen. Gefühle sind nun mal das Wichtigste, was wir haben, um unseren Weg im Leben zu finden – mit allen Sinnen. Denn: Verstehen ist nicht fühlen, beobachten ist nicht fühlen, fühlen ist fühlen. Dieses Buch ist ein Weg dorthin. Es ist meine Reise zu mehr Lebendigkeit, zu einem erfüllteren Leben und tieferen Beziehungen. Dafür begebe ich mich in die Dunkelheit, weil ich hier auf das treffe, was ich allzu lange vermieden habe.

KAPITEL 1

IM LEBEN GEHT ES IMMER UMS GEFÜHL

Der Zug galoppiert über die Schienen im immer gleichen Rhythmus der Dehnungsfugen. In einer Stunde erreiche ich ein Ziel, von dem ich mich frage, warum ich es überhaupt ansteuere. Auf mich wartet ein Experiment am »Ort der Stille«, wie sich das moderne Kloster nennt. In meinem Leben gibt es alles – alles außer Stille: Termine, Deadlines, viel zu volle Arbeitswochen. Alles ist noch stärker komprimiert durch meinen Anspruch, ein guter Vater, Chef, Freund und ein gutes Familienmitglied zu sein. Stille versuche ich in meinem Leben krampfhaft zu vermeiden. Mit jeder E-Mail, die noch schnell rausmuss, mit jedem Telefonat, das noch dazwischengequetscht wird, mit jeder effizient genutzten freien Sekunde.

Nun also drei Tage Stille. Drei Tage Dunkelheit. Drei Tage keine Ablenkung, keine Geräusche und keine Menschen. Noch nicht einmal Zeit. Nichts als ein tiefes schwarzes Loch, in das ich hineingeworfen werde. Ich klammere mich an diesen Spätsommertag, als ob es kein Morgen gäbe. Als der Zug träge in den Bahnhof einfährt, bläht sich in mir mehr und mehr ein mit Unruhe gefüllter Ballon auf. Ich schleppe ihn zum nächsten Taxi, und die Gleitfahrt durch die Sommerlandschaft beginnt. Wir halten vor einem riesigen gelben Gutshof im schweren Gewand des Barocks. Über die grüne, parkähnliche Fläche komme ich zur imposanten Treppe. Die Klingel ist am »Ort der Stille« gut versteckt. Ich frage mich: »Darf man hier überhaupt klingeln, oder verstößt das gegen das Gebot der Ruhe?« Das »Dingdong« schneidet wie eine Rasierklinge durch das Nichts. Ich warte zehn Sekunden und noch mal ... niemand antwortet. Das Geräusch verliert sich in der Ferne. Geduld haben – wahrscheinlich ist das die erste Aufgabe für mich. Gut, dann setze ich mich mal auf die Wiese und gehe meinem Hobby des Zorns nach: Warten. Ironisch, denn im Gegensatz zu dem, was mir bevorsteht, ist das Warten eigentlich keine große Aufgabe. Trotzdem scheinen die nächsten 30 Minuten, die ich hier auf der Wiese verbringen muss, endlos lange. Irgendwann höre ich es im Kies knirschen, drehe mich um und entdecke eine kleine rundliche Frau, die über die Einfahrt in meine Richtung geschlichen kommt. Wie sie da langsam und gebückt vor sich hin schlurft, wirkt sie wie eine in die Jahre gekommene Schildkröte. »Morla!«, schießt es mir sofort durch den Kopf – sie erinnert mich an die uralte Testudine aus der *unendlichen Geschichte*. Per Handzeichen signalisiert sie mir, dass ich ihr folgen soll. Am Eingang entledigen wir uns unserer Schuhe. Beim Blick nach unten stelle ich verwundert fest, dass sich wohl viele weitere Menschen im Gutshof befinden müssen, denn hier sind genug Schuhe für ein kleines Fachgeschäft aufgereiht. Trotzdem sehe ich weit und breit keine Menschenseele. Wir setzen uns in ein winziges Separee. »Warum bist du hier?«, fragt sie trocken und ohne Vorwarnung. Ich will nicht gleich mit der Sprache rausrücken und zucke erst mal mit den Schultern. Sie fragt erneut: »Warum bist du hier?« Ich antworte zögerlich: »Na, weil ich es mal ausprobieren will.« Sie rollt mit den Augen: »Lass den Scheiß! Warum bist du hier?« Eigenartige Methoden, die sie da anwendet, denke ich – vor allem, wenn man bedenkt, dass sie die Psychologin ist, die mich während meiner Reise in die Dunkelheit begleiten soll. Ich fühle mich wie bei einem Verhör nach einem illegalen Grenzübertritt. Ich antworte: »Also gut. Ich bin hier, weil ich Angst vor der Dunkelheit habe – und Angst vor dem Tod«, füge ich noch hinzu, für den Fall, dass ihr diese Antwort nicht ehrlich genug sein sollte. Ich erzähle ihr von mir als Sechsjährigem, der solche Angst vor dem Alleinsein hatte, dass er, wann immer seine Mutter abends das Haus verlassen hatte, nicht alleine im Bett schlafen wollte. Die

Dunkelheit hatte als Kind schon etwas sehr Unheimliches für mich. Wann immer ich mich im schwarzen Schleier der Dunkelheit befand, überkam mich eine solch existenzielle Angst, dass ich kein Auge zumachte. Ich suchte Trost bei meiner Schwester, aber die wollte das Bett aus Platzgründen für sich alleine. Als Kompromiss durfte ich jedes Mal einen kleinen Bindfaden an ihrem Fußgelenk festmachen, den ich beim Einschlafen in meinem Bett in den Händen hielt. So konnte ich immer mal wieder prüfen, ob noch jemand am anderen Ende der Leitung war. Die uralte Morla grinst mich an und sagt: »Deiner Angst wirst du hier begegnen, wie auch allem anderen, das in dir ist. Denn das wird von der Dunkelheit und dem Nichts angezogen wie Metallsplitter von einem Magneten. Nichts kann sich vor der Dunkelheit verstecken.« Das klingt ja sehr verlockend, denke ich. Ihre Worte fühlen sich an wie ein Brecheisen. Meiner generellen Schwierigkeit, mich Menschen gegenüber verletzlich zu zeigen, helfen sie jedenfalls nicht. Morla fragt noch ab, ob in meiner Familiengeschichte bereits Psychosen aufgetreten sind, und erklärt mir, dass auch diese durch Dunkelheit ausgelöst werden können. Sie zählt dann noch eine ganze Reihe von möglichen Dingen auf, die meinem Vorhaben entgegenstehen könnten. Ich verneine alle. Außerdem solle ich mich darauf gefasst machen, dass mich heftige Angstschübe ereilen würden. Sie sagt, ich werde weinen und singen, einfach um eine Stimme zu hören. Es läuft mir kalt den Rücken hinunter. Ich denke: Vielleicht wäre jetzt der angemessene Zeitpunkt zu gestehen, dass ich Angst vor meinen Gefühlen habe? Nein. Das Geheimnis behalte ich lieber noch für mich. Morla steht auf und signalisiert mir mit einer Handbewegung, dass ich ihr folgen soll. Ich trotte hinter ihr her wie ein trainiertes Gänseküken. Wir erreichen den Ort, der für die nächsten drei Tage mein Zuhause sein soll. Ein kleiner, spärlich eingerichteter Raum in einem verlassenen Seitentrakt des jahrhundertealten Gemäuers. Darin stehen ein Bett, ein kleiner Schreibtisch und ein Meditationshocker. »Wozu eigentlich der Schreibtisch?«, denke ich, nachdem sie mir noch das Bad und den noch kleineren Flur im Schein der Kerze

präsentiert hat. Denn schreiben kann man hier ganz bestimmt nichts. Der Raum ist komplett in Schwarz gestrichen, damit auch jeder kleinste Lichtstrahl, der sich vielleicht durch einen Türspalt verirren könnte, von den Wänden geschluckt wird. Das ist also mein neues Zuhause, denke ich. Wir setzen uns auf den Boden und sagen nichts. Morlas altes Gesicht bewegt sich im Kerzenschein. Ich bin wie in Trance, hypnotisiert von meinem aufkommenden Unbehagen. Ich solle einfach alles zulassen, was hier auf mich zukommt, sagt Morla. Aufmachen für die bunte Welt an Empfindungen. Okay, das kenne ich, denke ich. In meinen Worten heißt das Gefühlsbereitschaft. In der Theorie habe ich also alles verstanden. Später werde ich realisieren: Genau darum geht es hier nicht. Die ganze Theorie kann Platz machen, wenn die Erfahrung durch die Tür kommt. Ob ich sie noch irgendwas fragen wolle, wiederholt die Schildkröte. Ich schrecke aus meiner Gedankenwelt auf, weil ich ihr anscheinend bei ihrer ersten Frage schon nicht auf den Fersen geblieben bin. Nein, eigentlich sei alles klar. Sie nickt, erhebt sich und bläst die Kerze aus.
Was Dunkelheit bedeutet, wird mir langsam klar, als sie die Tür hinter sich schließt. Nichts, wirklich nichts ist zu erkennen. Schwarz auf schwarz. Kein einziger Fleck. Es ist, als ob jemand den Schalter meiner Augen betätigt hätte und sie jetzt einfach aus sind. Genauso wie meine Ohren. Nichts ist zu hören, außer mein Herzschlag. Bumbum, bumbum, bumbum: Der neue Beat der Stille. Hier beginnt sie wohl, die Reise zu meinen Gefühlen. In diesem Raum, wo nichts ist außer meiner Wahrnehmung und Vorstellung. Nichts, was mich ablenken kann, jeder Versuch zum Scheitern verurteilt. Weglaufen zwecklos. Wovor auch? Mir selbst und meinen inneren Empfindungen? Es klingt lächerlich. Und doch weiß ich, dass ich das immer wieder in meinem Leben versucht habe: Auf der Flucht vor mir selbst stürzte ich mich in Arbeit, in kurze Beziehungen und in mein Streben nach Großartigkeit. Panik steigt auf. Ich versuche mich zu beruhigen. Was soll mir schon passieren? Als Psychologe bin ich doch Experte in Sachen Gefühle.

Gefühle sind etwas, das uns alle verbindet. Wir Menschen sind Fühlwesen. Bei allem, was wir tun oder eben nicht tun, geht es am Ende um das Gefühl, das in uns ausgelöst wird. Uns alle vereint die tiefe Sehnsucht nach diesem Antreiber und Taktgeber. Gefühle sind das Benzin in unserem Leben. Verpackt in Büchern, Kunst, Musik oder Filmen fällt es vielen leichter, sie anzunehmen – durch Abstand sind sie weniger bedrohlich. Im echten Leben dagegen werden uns Gefühle unverpackt serviert. Jeden Tag und jede Nacht. Von Anbeginn unserer Existenz im Mutterleib bis zu unserem letzten Wimpernschlag. Wir können das, was keine noch so moderne künstliche Intelligenz, kein selbststeuerndes Automobil, kein Hochleistungsrechner kann: Fühlen. Wir fühlen, also sind wir.

Unsere Emotionen beeinflussen unser Denken, Handeln und unsere Wahrnehmung. Sie sind ein wesentlicher Bestandteil der menschlichen Erfahrung. Der Ursprung des Wortes »Emotion«, abgeleitet vom lateinischen Wort »emovere«, verrät im Kern, welchen evolutionären Zweck Gefühle schon seit Zehntausenden von Jahren erfüllen: Sie sollen uns »bewegen«, uns dabei helfen, am Leben zu bleiben. Dafür liefern sie wichtige Informationen über unsere Bedürfnisse. Wie ein Seismograf zeigen sie uns an, was wir gerade brauchen, welche Bedürfnisse erfüllt sind und welche eben nicht. Am Ende sind Gefühle die Taschenlampe in der Dunkelheit, mit der wir unsere Bedürfnisse erst sehen können. Unsere Gefühle sind ein essenzieller und wertvoller Schlüssel zu einem erfüllten und selbstbestimmten Leben im Einklang mit uns und unseren Mitmenschen. Denn wir brauchen sie, um gesunde Beziehungen mit anderen zu führen. Wie über kleine Fäden sind wir durch sie mit anderen Menschen verbunden. Wir teilen unsere Gefühle: Die Liebe zueinander genauso wie die Trauer über einen gemeinsamen Verlust. Sie helfen uns zu verstehen, was in anderen vorgeht. Im Fühlen liegt eine wahnsinnige Kraft, die zerstörerisch, aber auch heilsam sein kann. Gefühle haben für Kriege, für heroische Rettungsversuche und für Akte der Mitmenschlichkeit gesorgt. Wir sind als Menschheit da, wo wir sind, weil wir fühlen.

In der Fachwelt wird zwischen Emotionen und Gefühlen unterschieden. Vereinfacht gesagt sind Emotionen automatisch ablaufende Reaktionen in unserem Körper, Gefühle dagegen Wahrnehmungen, die entstehen, wenn wir Emotionen erleben[5]. Und doch werden die beiden Begriffe in den meisten Kontexten synonym verwendet. Mit diesem Buch wollen wir ins Fühlen kommen, und dabei geht es um Emotionen und um Gefühle. Aus diesem Grund nutze auch ich beide Begriffe in diesem Buch synonym.

Wie bei fast allen Dingen im Leben gilt auch bei den Gefühlen: Wo Licht ist, ist auch Schatten. Jedes Gefühl hat seine Aufgabe und kann uns zu sehr positiven Dingen im Leben antreiben, aber uns auch überrollen und uns zu impulshaften Handlungen drängen. Ein gutes Beispiel ist die Wut, die uns befähigt, eine klare Grenze für uns zu ziehen, aber auch sehr zerstörerisch sein kann, wenn wir uns in ihr verlieren und Dinge sagen, die wir später zutiefst bereuen. Jedes Gefühl hat seine Sonnen- und Schattenseite. Weil wir aber auf keine Gefühle verzichten können, gibt es meiner Meinung nach nicht wirklich negative und positive Gefühle. Alle Emotionen sind Boten wichtiger Informationen. Sie sagen uns: Was finde ich angenehm oder unangenehm? Trotzdem würden sich vermutlich die meisten darauf einigen, dass Glück eine angenehme Empfindung ist, Angst jedoch zu den unangenehmen Empfindungen gehört. Deshalb nutze ich lieber die Begriffe »unangenehm« und »angenehm« statt »positiv« und »negativ«, um Gefühle zu beschreiben. Beide haben ihre Wichtigkeit.

Und wie fast alles in unserem Körper und unserer Psyche sind Gefühle deshalb existent, weil sie eine wichtige Aufgabe zu erfüllen haben, und das, im Gegensatz zu unserem Blinddarm, heute noch immer tun. Bereits Charles Darwin, einer der bedeutendsten Naturforscher der Welt, war davon überzeugt, dass Emotionen uns im Kampf ums Überleben nützen[6]. Wir können uns als Autofahrer durch das eigene Leben verstehen. Auf unserem Armaturenbrett des Lebens blinken Lampen auf, die uns Informationen über unsere Umgebung und uns selbst geben. Emotionen sind dabei das Blinken, das uns hilft, in unserem Umfeld schnell und zielgerichtet zurechtzukommen. Manchmal blinken grüne Knöpfe, also unsere angenehmen Gefühle, und sagen uns damit: Mein Bedürfnis ist erfüllt. Das grüne Licht steht dann für das angenehme Gefühl von Liebe, wenn der Nachwuchs sich an uns kuschelt oder wir einen romantischen Abend mit unserer liebsten Person verbringen. Es steht dafür, dass unser Bedürfnis nach Bindung erfüllt ist. Ein rotes Licht dagegen blinkt bei unangenehmen Gefühlen wie Angst und Ohnmacht, wenn wir wenige Stunden später aus dem Schlaf gerissen werden und eine Schreckensnachricht mitgeteilt bekommen oder bedroht werden. Unsere Gefühle sind eine evolutionäre Hinterlassenschaft, die uns noch heute darauf hinweist, ob wir Veränderungen in Angriff nehmen sollten. Ohne Gefühle wären wir orientierungslos. Reagieren wir auf unsere Gefühle, sitzen wir am Steuer auf unserer Fahrt durchs Leben und schauen auf ein Cockpit, das uns signalisiert, ob wir genug Benzin im Tank, Öl im Motor und Kühlwasser im System haben[7]. Ich mag diesen bildlichen Vergleich. Er zeigt, warum es einfach keinen Sinn ergibt, diese Leuchten zu ignorieren. Wenn die Tankanzeige anspringt und uns signalisiert, dass der Tank sich leert, dann wird der Tank in Kürze leer sein, egal ob wir hingucken oder nicht. Wenn wir die Warnleuchte sehen, haben wir wenigstens die Chance, darauf zu reagieren und an die nächste Tankstelle zu fahren. Wir müssen dafür vielleicht nur rechtzeitig die Route ändern und unser Verhalten anpassen.

Wenn wir anfangen, unser Bewusstsein auf die Schaltzentrale unserer Gefühle, auf dieses blinkende Panel aus Lichtern, zu richten, können wir unsere Bedürfnisse besser verstehen und uns auch so verhalten, dass diese erfüllt werden. Fragen wie: Was täte mir jetzt gut? Was wünsche ich mir eigentlich? Wie kann ich gerade jetzt selbst für mich sorgen?, können dabei hilfreich sein.

Dass in unserem Armaturenbrett der Gefühle die roten Lichter heller leuchten als die grünen, ist unserer evolutionären Geschichte geschuldet. Denn sie haben uns schlichtweg bis hierhin das Überleben gesichert[8]. Wir sind noch immer auf Gefahren eingestellt, die es vor 10 000 Jahren gab und die damals sehr bedrohlich für uns waren. Die Devise lautet: Lieber einmal zu viel Angst verspürt und von dem Rascheln im Gebüsch weggesprungen, als einmal zu wenig und so zum Futter der Steppe geworden. Der Vorfahre, der nach dem Motto »Wird schon nichts passieren« gelebt hat, konnte in den meisten Fällen sein Genmaterial nicht weitergeben und starb aus.

Unser Gehirn und damit unsere Gefühle wollen uns noch heute vor diesen Gefahren schützen. Es ist sogar evolutionär sinnvoll, immer wieder eine latente Unzufriedenheit zu verspüren – die kennst du vielleicht auch von dir. Diese Unzufriedenheit sorgte schon damals für Antrieb und sicherte so einen Selektionsvorteil[9]. Nur tragen wir diese Fixierung auf das Negative auch heute noch in uns. Selbst dann, wenn wir in modernen Büroräumen den ganzen Tag auf Tastaturen einhacken und uns Nachrichten hin und her schicken.

Diese Ausrichtung zum Unangenehmen, in der Psychologie auch Negativitätsbias[10] genannt, sorgt heute noch dafür, dass wir uns selbst bei einer gelungenen Präsentation leicht verunsichern lassen. Dann bringt uns dieser eine Kollege mit seinem Kommentar »Mir hat ein bisschen der Tiefgang gefehlt« ins Wanken, auch wenn alle anderen vom Vortrag begeistert waren. Ich kenne das auch von mir: Zwanzig anerkennende und liebe Nachrichten von Hörerinnen und Lesern wiegen oftmals höchstens genauso viel wie diese eine niederschmetternde Mail von einem Kritiker. Auch hier meldet sich das evolutionäre Bedürfnis nach

Sicherheit. Denn in der Steinzeit sollten wir eine Person, die uns unseren Platz in der Gruppe streitig macht, genau im Blick haben. Schließlich bedeutet der Ausschluss aus der Gruppe, zu erfrieren, zu verhungern oder gefressen zu werden. Was früher der Säbelzahntiger war, ist also heute der eine Kritiker im Büro, die Chefin, die vergisst zu grüßen, oder unser neuer Schwarm, der uns nicht sofort zurückschreibt. All diese Dinge bringen unsere Warnblinker zum Leuchten und verlangen Aufmerksamkeit.

Trotzdem laufen wir nicht die ganze Zeit unzufrieden durch die Welt. Überleg mal: Wenn du dir selbst eine Note geben müsstest für dein Leben zwischen null (unglücklich und am Boden zerstört) und zehn (absolutes Glück, Zufriedenheit, das glänzende Leben aus der Margarinewerbung) – welche Note würdest du dir geben? Nicht für diesen Moment, sondern auf dein gesamtes bisheriges Leben bezogen. Die meisten landen bei einer Sechs oder Sieben[11]. Ich bin mir sicher: Auch die Menschen auf Instagram, die so tun, als würden sie sich eine Zehn geben. Wir sind im Durchschnitt also recht zufrieden mit unserem Leben, und trotzdem gibt es diese Ausrichtung unseres Gehirns, potenziell unangenehmen, gefährlichen und bedrohlichen Dingen viel mehr Aufmerksamkeit zu schenken.

Auf der Fährte unserer Gefühle

Auch wenn wir schon über Tausende Jahre mehr oder weniger intensiv an unseren Gefühlen forschen und sie über die gesamte Menschheitsgeschichte hinweg erleben, gibt uns ihre genaue Entstehung im Gehirn noch immer Rätsel auf. Weil du ja gerade ein Buch über den Umgang mit deinen Gefühlen liest, möchte ich dir zumindest einen kurzen Überblick darüber geben, was bekannt ist: Wir wissen mittlerweile, dass es keine einzelnen Hirnregionen sind, in denen Gefühle wie Wut, Angst, Trauer,

Freude und Glück entstehen. Emotionen entstehen vielmehr durch ein komplexes Zusammenspiel aus Regionen, die ein Netzwerk bilden. Ein Areal unseres Gehirns ist bei uns Menschen größer als bei allen anderen Tieren auf der Welt: unser *präfrontaler Cortex* hinter der Stirn. Hier planen wir, lösen Probleme, treffen Entscheidungen und passen uns an veränderte Lebensumstände an. Der präfrontale Cortex mischt auch kräftig mit, wenn es um unsere Möglichkeit geht, Empathie und Mitgefühl zu empfinden[12]. Dank ihm können wir auch das Verhalten von anderen vorhersagen. Wenn wir uns die komplexen sozialen Strukturen und die Zusammenarbeit als Gruppe in unserer evolutionären Geschichte deutlich machen, ergeben all die einzigartigen Fähigkeiten, die wir als Homo sapiens haben, Sinn. Auch bei der Emotionsregulation spielt der präfrontale Cortex die erste Geige im Orchester unserer Gefühle. Er ist der Sitz unseres Selbstbewusstseins. Hier sind wir also nicht nur in der Emotion gefangen, sondern können uns unserer selbst und unserer Gefühle bewusst werden. Wir sind nicht nur die Darsteller unseres Lebens, sondern auch die Regisseure. Ohne die Emotionsregulation durch den präfrontalen Cortex würde uns die Emotionsverarbeitung schwerer fallen[13]: Menschen um uns herum müssten dann vielleicht um ihr Leben fürchten, wenn wir eine Partie bei Mensch-ärgere-dich-nicht verlieren, oder der Hoover-Damm müsste für unsere Tränen verstärkt werden, wenn sich unsere Liebsten von uns trennen. Wir hätten weniger Möglichkeiten, gut mit unseren Gefühlen umzugehen[14].

Außerdem wichtig, wenn wir unsere Gefühle im ersten Schritt besser verstehen wollen, sind die zwei neuronalen Wege, über die Emotionen verarbeitet werden. Der amerikanische Psychologe und Neurowissenschaftler Joseph LeDoux machte die Entdeckung, dass es so was wie eine Schnellstraße in Sachen Emotionsverarbeitung gibt[15]. Auf der sogenannten »Low Road« löst ein Reiz unmittelbar ein Gefühl aus. Sie führt vom Thalamus direkt zur Amygdala, wo die Emotion dann verarbeitet wird. Damit ist sie für die emotionale Reaktion verantwortlich. Die Low Road ist die Überholspur ohne Tempolimit – schnell, unbewusst, mühelos und automatisch. Sie erlaubt uns, mit hohem Tempo auf bedrohliche Situationen zu reagieren – zum Beispiel, wenn ich vor einer Ratte zurückspringe, die den Gehweg kreuzt. Die Low Road kann uns allerdings auch zum Fehlalarm verleiten, da sie schnell und nicht immer genau in ihrer Funktion ist. Weil es so schnell geht, haben wir keinen bewussten Einfluss auf diese Reaktion. Wenn man so will, fahren wir dabei im »Selfdriving-Mode«.

Daneben gibt es laut LeDoux in unserem Gehirn die Landstraße, unsere »High Road«, wo wir vom Thalamus über den Zwischenstopp »sensorischer Cortex« zur Amygdala geleitet werden. Auf diesem Weg können wir unseren Blick nach links und rechts schweifen lassen und die Landschaft wahrnehmen. Wir können eine gründliche Bewertung der Informationen des Kontexts und der Bedeutung vornehmen. Die Verarbeitung ist langsamer und erfordert ein höheres Maß an Anstrengung und Aufmerksamkeit. Sie sind dafür aber auch bewusster von uns steuerbar und richten sich mehr nach unseren Regeln. Aber auch hier gibt es Fehlerquellen, auf die ich später im Buch zu sprechen komme.

Die High Road ist wichtig für uns, weil sie der Teil ist, auf den wir den größten Einfluss haben. Hier können wir bewusst verarbeiten. Wir können agieren und nicht nur reagieren. Denn, wie der österreichische Neurologe und Holocaust-Überlebende Viktor Frankl einst so treffend formulierte: »Zwischen Reiz und Reaktion liegt ein Raum. In diesem Raum liegt unsere Macht zur Wahl unserer Reaktion. In unserer Reaktion liegt unsere Freiheit.«[16] Und damit hat er, wie ich finde, eines der wichtigsten Zitate der Psychologie erschaffen. Wir als Menschen haben oft die Wahl, wie wir auf die Ereignisse und Umstände in unserem Leben, auf das, was uns täglich begegnet, reagieren wollen. Dieser »Raum« zwischen Reiz und Reaktion ist der Ort, an dem wir die Freiheit und die Verantwortung für unser eigenes Leben haben. Diesen Schatz möchte ich in diesem Buch mit dir entdecken. Denn: Wie immer ist Wissen nicht gleich Tun. Auch hier liegt oft ein Graben, den wir überspringen müssen, dürfen oder wollen.

Dass Wissen nicht gleich Tun ist, merke ich, als ich in meinem dunklen neuen Zuhause das erste Mal wieder die Augen öffne. Ich hatte sie geschlossen, weil mir vom Starren ins Nichts schwindlig wurde. Nach kurzer Zeit war es, als ob ich endlos nach vorne in ein dunkles schwarzes Loch kippte. Ich stellte mir vor, dass meine Pupillen wahrscheinlich schon meine ganze Iris erobert hatten. Der Schweiß läuft mir den Rücken runter. Mein Herz fängt an zu pochen. Und dieses Pochen, das die Stille durchschneidet wie das schrille konstante Piepen von einem Kardiografen bei einer OP, beschleunigt den Kreislauf der Angst in mir. Ich schwitze noch mehr in diesen Räumen. Die Angst kocht förmlich in mir über. Was passiert hier mit mir? Wovor fürchte ich mich? Ich weiß, was reale Gefahren sind, und habe schon einige davon in meinem Leben durchgestanden, zum Beispiel den Kiteunfall in Südafrika. Diese realistische Angst vor dem Tod damals war genauso überwältigend real wie das Gefühl, das ich jetzt hier in der Dunkelheit spüre. Und doch gibt es einen entscheidenden Unterschied. Während mich meine Angst auf dem Surfbrett auf eine reale Gefahr hingewiesen und mich darüber informiert hat, dass zehn Meter unter mir der steinige Tod auf mich wartet, gibt es eigentlich in der Dunkelheit nichts, was wirklich lebensbedrohlich für mich ist. Und trotzdem fühlt es sich genauso an. Allein in einem Dunkelretreat zu sein ist keine reale Gefahr. Hier ist meine Angst ein evolutionäres Klopfzeichen, ein Fehlalarm.

Beide emotionsgeladenen Momente haben etwas gemeinsam: Nicht das Gefühl als solches ist gefährlich, sondern die Situation, auf die es hinweisen soll. Bei Angst spüren wir zum Beispiel Herzrasen, Schweißausbrüche oder das Zittern am ganzen Körper. So bekommt die Angst die Kraft, unsere Aufmerksamkeit auf den gegenwärtigen Moment auszurichten und unser Handeln zu steuern. Die körperlichen Empfindungen sind das Unangenehmste an einem Gefühl. Viele glauben, diese körperlichen Empfindungen nicht aushalten zu können. Laut der Neurowissenschaftlerin Jill Bolte Taylor dauert die eigentliche Gefühlsregung höchstens 90 Sekunden, wenn wir sie nicht durch Gedanken bewerten und damit aufrechterhalten – danach ebbt das akute Gefühl wieder ab[17].

Der Weg zum Gefühl

Gefühle bleiben auch dann, wenn wir sie nicht fühlen. Genau das zeigte sich in einer Studie, in der Versuchspersonen gebeten wurden, sich einen achtminütigen Ausschnitt des Films *Gladiator* anzusehen[18]. Sie sollten die wahrscheinlich traurigste Stelle des Films ansehen, als der Protagonist Maximus seine Frau und seinen Sohn ermordet vorfindet. Eine Gruppe der Teilnehmer wurde gebeten, ihre Gefühle dabei zu unterdrücken. Die anderen wurden gebeten, ihre Emotionen zu fühlen und anzunehmen. Bei der anschließenden Stimmungsmessung zeigte sich: Bei der Gruppe, die ihre Gefühle angenommen hat, machte sich naturgemäß die entsprechend traurige und gedrückte Stimmung für den Moment breit. Danach normalisierte sich ihre Stimmung aber sehr schnell. Die Gefühlslage der Emotionsvermeider verschlechterte sich erst einige Zeit später, hielt dafür aber länger an. Auch wenn wir unsere Gefühle im Alltag selten so bewusst unterdrücken wie in dieser Studie, zeigt sie doch, dass das mit dem Wegschieben der Gedanken nicht so einfach ist, wie viele vielleicht hoffen würden. Wir können uns zwar im

Moment dafür entscheiden, unsere Emotionen zu unterdrücken, das Gefühl kommt aber wieder – ob wir wollen oder nicht. Obendrauf verschlechterte sich bei der Gruppe der Gefühlsvermeider die kognitive Leistungsfähigkeit nach dem Unterdrücken des Gefühls, weil das System mit der Emotionsregulation beschäftigt war[19].

Wenn wir mit der Einstellung ans Fühlen gehen, dass Gefühle für ewig anhalten, ist es kein Wunder, dass wir unangenehmen Gefühlen ausweichen. Besonders extreme Formen kann das bei Menschen mit Angst- und Panikstörungen annehmen. Hier ist es nicht mehr die eigentliche Angst, die als bedrohlich wahrgenommen wird, sondern die Angst vor der Angst[20].

Wichtig ist aber: Unangenehme Gefühle sind eben nur der Hinweis auf Gefahren und nicht die Gefahr selbst – die Warnleuchten blinken, aber das Benzin ist noch nicht leer. Außerdem sind die Situationen, auf die das Gefühl in unserer heutigen Zeit hinweist, häufig nicht gefährlich. Wie gefährlich ist unser Vortrag vor den Kollegen tatsächlich? In der Steinzeit hätte eine miese PowerPoint-Präsentation vielleicht den Ausschluss aus der Gruppe bedeutet und damit den sicheren Tod. Heute ernten wir vielleicht ein müdes Lächeln unserer Kollegen. Nicht ganz so dramatisch für uns, aber das Gefühl ist gleich geblieben. Die wirkliche Gefahr heutzutage – bedrohlicher als die allermeisten Situationen, die da draußen auf uns warten – ist der Umgang mit unseren Gedanken und Gefühlen. Denn ein ungünstiger Umgang kann dazu führen, dass wir uns dauerhaft schlecht fühlen. Weil Gefühle manchmal so extrem unangenehm sind, vermeiden wir sie häufig, was mittlerweile zu einem populären Volkssport geworden ist, den viele von uns perfekt beherrschen. Wir machen die Schotten dicht wie bei einer Schleuse, die kein Wasser mehr durchlässt, weil wir Angst haben, von unseren Gefühlen überschwemmt zu werden. Unser innerer Schleusenwärter schiebt unsere Gefühle weg, verdrängt oder ignoriert sie. Wir drehen die Lautstärke in unserem Leben so laut auf, dass wir unsere Gefühle nicht hören und damit die wichtigsten Informationen über unser Leben verpassen.

Ich stelle dir an dieser Stelle einen bunten Strauß der Vermeidungsstrategien vor, die wir meist unbewusst anwenden: Wir betäuben uns mit Substanzen wie Alkohol und anderen Drogen, um zum Beispiel soziale Unsicherheit oder Einsamkeit nicht fühlen zu müssen. »Ich muss mich hier erst mal auf euren Pegel trinken« – ein Ausspruch, der vielen im Laufe ihres Lebens schon mal begegnet ist. Alkohol wird genutzt, um Gefühle nicht fühlen zu müssen und/oder erwünschte Gefühle zu erzeugen[21]. Der Leidensdruck innerhalb der Bevölkerung muss immens sein, wenn wir auf die Zahlen der alkoholkranken Menschen blicken. Allein in Deutschland konsumieren 7,9 Millionen der 18- bis 64-Jährigen Alkohol in riskanter Form[22]. Das heißt, jeder sechste Mensch in unserem Umfeld ist laut Statistik davon betroffen. Und auch die durchschnittlichen Mengen, die getrunken werden, sind beachtlich: Ab einem Alter von 15 Jahren trinkt jede Person im Durchschnitt 13,4 Liter reinen Alkohol im Jahr[23]. In Bier gerechnet bedeutet das ganze drei Badewannen oder 27 Zehnlitereimer. Auch übermäßiges Essen und vor allem Zucker haben laut Forschenden ähnliche Gesundheitsrisiken wie Alkohol[24]. Zucker ist zwar nicht als Droge klassifiziert, aber setzt beim Konsum im Gehirn Dopamin und Opioide frei, also einen unserer Neurotransmitter, der auch als Glückshormon wirkt, und andere Stoffe, die Schmerzen lindern[25]. Kein Wunder also, dass Zucker sich hervorragend eignet, um unsere Gefühle zu manipulieren. Mal schnell aus Langeweile etwas essen, das Frustessen nach einem langen, harten Arbeitstag, um das Gefühl der Enttäuschung nicht zu spüren oder aber Hilflosigkeit, Angst und Schuldgefühle mithilfe einer Packung Chips, Gummibärchen und einer Dose Cola runterspülen. Die Schattenseiten sind unter anderem die bedenklichen Auswirkungen auf unsere körperliche Gesundheit: Rund die Hälfte der Deutschen leidet unter Übergewicht[26]. Und

Übergewicht erhöht erheblich das Sterberisiko[27]. Studien zeigen außerdem, dass Emotionsvermeidung mit Essstörungen in Verbindung steht[28].

Neben Lebensmitteln und Substanzen eignen sich auch Netflix, Shopping, Computerspiele, Humor oder Sarkasmus zur Gefühlsvermeidung. Eine andere Variante (die übrigens gerne von Psychologen angewendet wird, auch von mir) ist das Analysieren von anderen Menschen oder sich selbst[29]. Da analysieren wir den ganzen Tag lang, warum diese eine Person nicht zurückruft oder wir uns immer wieder die gleiche Art Partner aussuchen, und halten uns damit beschäftigt, für alles Erklärungen zu suchen, statt zu fühlen, was eine bestimmte Situation mit uns macht. Reflektieren ist wichtig, aber auch hier macht die Dosis das Gift. Wenn wir etwas verstanden haben, heißt das nicht, dass wir es auch fühlen und damit verarbeiten können. Wir werden damit nur zu »Theorie-Weltmeistern«. Wir lesen Bücher zu Gefühlen, nutzen schlaue Worte und kennen alle Modelle und Studien. Oft bringen uns »logische« Erklärungen aber nicht weiter. Die Angst vor dem Autofahren wird dann mit der statistischen Wahrscheinlichkeit von Unfällen begründet, die Angst vor Spinnen mit unserer Evolution und die Angst davor, verlassen zu werden, mit unserem natürlichen Bedürfnis nach Bindung.

Weiter bringt uns dieses Verhalten jedoch nicht. Stattdessen hat Gefühlsvermeidung unangenehme Folgen. Eine davon ist Pessimismus: Wir bereiten uns innerlich vor, um die Enttäuschung vorwegzunehmen, weil wir im Glauben leben, die eigentliche Enttäuschung nicht aushalten zu können. So folgen wir dem Motto: Lieber enttäuscht leben, als enttäuscht zu werden, und verpassen damit die Chance auf Liebe, Glück und Zufriedenheit. Eine andere Strategie ist es, die Schuld anderen in die Schuhe zu schieben. Wenn ich immer mit dem Finger auf andere Menschen zeige, brauche ich nicht zu fühlen, was die Situation eigentlich in mir auslöst.

Die Liste der Gefühlsvermeidungsstrategien ist noch länger. Auch Arbeit steht gerade in Leistungsgesellschaften wie Deutschland hoch im Kurs und ist mein persönliches »guilty pleasure«. Stark abhängig von äußerer Anerkennung, Status und Geld hat es eine Weile bei mir gedauert, bis ich mir darüber bewusst wurde, dass Arbeit über die Jahre zu meiner Rettungsinsel im Sturm meiner Gefühle geworden ist. Andere Menschen vermeiden ihre Gefühle, indem sie sich sozial zurückziehen: »Ich gehe lieber nicht auf die Geburtstagsparty einer Freundin, weil ich mich unter fremden Menschen unsicher fühle und Sorge habe, was sie schlecht über mich denken, wenn ich X anhabe, Y sage oder Z mache.« Auch sehr verbreitet (vor allem bei Männern) ist der »Problemlöse-Modus«: Wenn man auf das »Schatz, ich hatte einen richtig anstrengenden Arbeitstag« der Partnerin mit Lösungsvorschlägen wie »Geh doch einfach mal früher ins Bett« reagiert, statt die Gefühle der anderen Person anzuerkennen. Problemlöser halten es oft nicht aus, erst mal in der Situation zu sein und Mitgefühl zu empfinden, bevor gemeinsam, wenn gewünscht, über eine Lösung nachgedacht wird.

Hast du dich bei einer der Vermeidungsstrategien wiedergefunden? Klassischerweise sind Verdränger übrigens öfter männlich[30] – sie versuchen, ungewollte Gefühle an die Seitenlinie des Lebens zu stellen, um sich nicht damit auseinandersetzen zu müssen.

Wer im Erwachsenenalter einen Umgang mit den eigenen Gefühlen finden will, wählt nicht selten das Grübeln oder eine andere Form des Vermeidens. Beide vermitteln uns die Illusion von Kontrolle. Beim Vermeiden sind die Gefühle zwar vielleicht für den Augenblick weg, schlussendlich werden wir aber doch von ihnen kontrolliert, weil wir unsere Vermeidung mit viel Aufwand aufrechterhalten müssen[31]. Beim Grübeln entsteht die Illusion der Kontrolle durch die permanente Beschäftigung mit dem Problem und der Suche nach einer vermeintlichen Lösung[32]. Außerdem halten Grübler an Dingen fest, die in der Vergangenheit liegen oder in der Zukunft passieren könnten und nichts mit dem Hier und Jetzt zu tun haben. Dadurch entstehen beim Grübeln wieder neue Gefühle, und wir versinken schließlich im Sumpf der Traurigkeit.

Die Sache ist die: Wir alle vermeiden und grübeln regelmäßig, und das ist auch okay. Wichtig ist, dass wir uns darüber bewusst werden, dass diese Mechanismen uns nur kurzfristig weiterhelfen und auf Dauer eine große Gefahr für unsere psychische und geistige Gesundheit darstellen. Im Kern sehe ich das Problem darin, dass wir in der Vermeidung nie an die Ursache der Themen gelangen. Wir kehren sie nur zur Seite, wie mit einem Besen den Staub, ohne ihn aufzunehmen. Manchmal sind wir nach Jahren noch in demselben unbefriedigenden Job, in der gleichen unglücklichen Beziehung oder mit Menschen an unserer Seite, die uns einfach nicht guttun. Wir leben im Autopilot-Modus und steuern auf ein Ziel hin, das wir selber nicht gewählt haben. Wir können unsere Probleme nicht bearbeiten, wenn wir uns nicht wirklich mit den Ursachen beschäftigen. Erst wenn wir erkennen, dass ein leuchtendes Lämpchen bedeutet: »Achtung, Benzin bald alle«, können wir reagieren – und dazu brauchen wir unser Bewusstsein. Unser Bewusstsein ist der Teil, der hinterm Steuer sitzt, uns durch unser Leben navigiert und auf die kleinen blinkenden Lichter achtet. Manchmal ist diese Person abgelenkt, unaufmerksam oder mit anderen Dingen beschäftigt. Darum ist es wichtig, immer wieder ganz bewusst hinzusehen. Im Autopilot-Modus bemerken wir nicht, dass wir vermeiden. Jetzt, wo du das gerade liest: Vielleicht kannst du für dich einmal prüfen, in welchen Situationen und bei welchen Empfindungen du typischerweise in die Vermeidung gehst? Denn die Reise lohnt sich. Und dieses Buch wird dir zeigen, warum.

Hier in der Dunkelheit habe ich nicht viele Möglichkeiten, aufkommende Gefühle zu vermeiden – kein Handy, keine dringend zu lesenden Mails, kein wichtiges To-do. Ich weiß nicht, wie viel Zeit vergangen ist. Die einzigen zwei Orientierungspunkte, die ich habe, sind die zwei Mahlzeiten, die mir am Tag gebracht werden. Eine am Vormittag und eine am Nachmittag. Ein Klopfen an der Tür gibt mir das Signal, den kleinen Flur, die Schleuse der Dunkelheit, zu schließen. Dann wird die Mahlzeit auf einen winzig kleinen Tisch gestellt, und alles ist wieder absolut still. Das ist heute noch nicht passiert, obwohl gefühlt eine halbe Ewigkeit vergangen ist. Zeit vergeht hier drinnen ganz anders als im Licht. Jede Sekunde ist wie ein zäher Tropfen schwarzer Sirup, der in einem Meer der unendlichen Dunkelheit verloren geht. Und ich wie ein Tiger in seinem Käfig, eingesperrt nicht von Gitterstäben, aber von der Gewissheit, dass aufgeben weglaufen bedeutet. Weglaufen vor einer Sache, die ich nicht kenne, weil ich mich schon vor langer Zeit abgewendet habe. Ich versuche, ruhig auf dem Boden zu sitzen und zu meditieren. Bevor ich in das Experiment gestartet bin und mit 200 km/h durch mein Leben raste, kam immer wieder eine Sehnsucht in mir auf: Ach, dann kann ich mich endlich mal schön ausruhen, lange ausschlafen und einfach nichts tun. Aber dieselbe Energie, die mich durch mein Leben rasen lässt, gibt mir hier eine Rastlosigkeit, die kaum zu ertragen ist.

Empfindung und Einbildung verschwimmen in meinem Bewusstsein wie in einem Tuschkasten, in dem man die Pinsel nicht säubert, in ein einziges, undifferenziertes Braun. Die Luft wird immer dicker. Ich frage mich, ob es sein kann, dass durch das Abkleben der Fenster und Türen kein neuer Sauerstoff in den Raum dringt und ich zum hundertsten Mal meine Luft durch meine Lungen ziehe? Mittlerweile fühlt sie sich an wie ein dicker Brei. Verzweifelt versuchen die tausend kleinsten Verästelungen meiner Lunge, die letzten Reste Sauerstoff aus dem Gemisch zu sammeln. Ich fange an, immer unruhiger zu werden. Die Rastlosigkeit überträgt sich auf meinen Körper, und ich entschließe mich, im Raum an der Wand, im kleinen Flur und im Bad entlangzugehen und mich mit der sensorischen Empfindung an meinen Händen abzulenken. Abzulenken, bis alles vorbei ist. Ich drehe hier meine Runden. Jede wird wohl fünf Minuten dauern, der kleine Flur mit seiner rauen Tapete, das Bad mit Spiegel, Schaltern und Fliesen. Das Zimmer, in dem mein Schrank und mein Bett stehen, an denen ich mich jetzt zum zehnten Mal gestoßen habe. Ich vermeide meine Gefühle, obwohl mir die Folgen bewusst sind. Da fällt mir ein Satz ein: »Das Leben ist Schmerz.«

»Das Leben ist Schmerz« ist eines der berühmtesten Zitate aus *Dr. House,* einer der erfolgreichsten Arztserien aller Zeiten. In den über 177 Folgen spielte Hugh Laurie die Hauptfigur, einen brillanten, aber zynischen Arzt, der oft unkonventionelle Methoden verwendet, um seine Patienten zu behandeln. Der Satz spiegelt seine pessimistische Sichtweise auf das Leben wider. Er drückt aber auch gleichzeitig seine Überzeugung aus, nämlich, dass Schmerz ein unvermeidlicher Teil der menschlichen Erfahrung ist. Dr. House spricht dabei sowohl von körperlichen als auch emotionalen Schmerzen, die er sowohl in seiner eigenen Lebensgeschichte als auch bei seinen Patienten beobachtet. Vielleicht würde ich das Zitat durch das Wort »auch« ergänzen. »Das Leben ist auch Schmerz.« Aber früher oder später, ganz gleich wie schnell wir auch durch unser Leben laufen oder ob wir uns in der hintersten Ecke der Sicherheit verstecken, wird uns auch dieses unausweichliche Gefühl im Leben begegnen. Wir alle werden früher oder später durch Trennung oder Tod jemanden verlieren, der uns wichtig ist. Wir werden verletzt, streiten, erkranken. Wir laufen ab unserem ersten Herzschlag unwiderruflich auf das eigene Ende zu. Ohne Tod kein Leben. »Trauer ist der Preis, den wir für die Liebe zahlen.« Das ist ein

Zitat der Psychiaterin Colin Murray Parkes. Es zeigt: Ohne Schmerz keine Liebe. Alles lebt vom und im Kontrast. Licht und Schatten. Die ewigen Gegenpole des Lebens. Und egal, was wir tun, es wird so bleiben. Die Frage ist nicht, ob uns das widerfährt, sondern wie wir damit umgehen. Das zeigen auch Studien aus Zeiten der Coronapandemie: Gerade die Bereitschaft, mit Gefühlen umzugehen, ist ein wichtiger Prädiktor für das psychische Wohlbefinden. Während der Pandemie, die für Millionen Menschen Isolation, Einsamkeit und Stress bedeutete, war der Umgang mit diesen Gefühlen entscheidend. Diejenigen, die hohe Emotionsvermeidung gezeigt haben, negative Gefühle also aussperrten, haben mehr negative Folgen wie erhöhten Stress, Ängste und Einsamkeit davongetragen[33]. Der gute alte Spruch »Körper, Geist und Seele gehören zusammen« kommt auch beim Thema Umgang mit Emotionen zum Tragen. Emotionsunterdrücker haben ein höheres Risiko für verschiedene Erkrankungen, darunter Krebs und Bluthochdruck[34]. Strategien wie Grübeln, Vermeiden und Unterdrücken sind außerdem mit schlechterer psychischer Gesundheit verbunden[35]. Vermeidung von Emotionen hilft also, wenn überhaupt, nur kurzfristig. Langfristig treten dadurch nur noch mehr Probleme auf. Es ist am Ende, wie den Abwasch nicht zu machen. Kurz kann man ihn vergessen und sich angenehmeren Tätigkeiten widmen, aber er verschwindet nicht und bleibt in der Spüle liegen, verkrustet, und es wird immer schwerer, ihn sauber zu bekommen. Wir sollten uns also früher oder später mit unseren Gefühlen auseinandersetzen. Oder wie die ungarische Psychologin Edith Eger so treffend sagt: »Du kannst nicht heilen, wenn du nichts fühlst.«[36]

Sich selbst die Erlaubnis zu geben zu fühlen, kann heilsam sein. Es ist die Erlaubnis, durch das Gefühl hindurchzugehen, und nicht, wie viele Menschen befürchten, in ihm hängen zu bleiben. Lernen wir nicht, unsere Emotionen zu verstehen, zu tolerieren, zu akzeptieren und mit ihnen umzugehen, erwerben wir keine hilfreichen Strategien für den Umgang mit ihnen. Es kann zu einer Art Teufelskreis kommen: Je mehr wir unsere Emotionen vermeiden, desto stärker werden sie. Und letzten Endes, so beschreibt es auch der Arzt und Psychotherapeut Russ Harris[37], wird uns der Schmerz einholen, vor dem wir auf der Flucht sind. Und wenn wir an das Armaturenbrett im Auto denken, ist es auch ganz logisch, dass die Lichter weiter blinken müssen, wenn wir nicht auf das Warnsignal achten. Bei einem Auto hängt ein Defekt oft mit anderen Teilen zusammen, und so ist das auch mit unseren Gefühlen. Wenn wir unsere Gefühle nicht wahrnehmen, kommen am Ende leider oft noch mehr unangenehme Emotionen hinterher. Wenn wir das Blinken der Warnleuchte unseres Autos nicht sehen, läuft der Motor trocken, und die Metallteile im Motor erhitzen so stark durch die entstehende Reibung, dass es zum Stillstand kommt. Es ist also weder möglich noch sinnvoll, unangenehme Emotionen komplett zu unterdrücken oder zu vermeiden, ohne dass das ganze System leidet. Der Versuch führt in der Regel nur zu noch mehr Problemen[38].

Leider hilft aber auch der Positivity-Trend wenig, der gerade in den sozialen Netzwerken zelebriert wird. Oft bewirkt er sogar das genaue Gegenteil: Wir können uns nicht immer gut fühlen, und wenn der Graben zwischen dem, was wir nach außen präsentieren, und dem, was wir innerlich fühlen, groß ist, ist das nicht nur anstrengend, sondern kann zu psychischen Erkrankungen führen: In der Psychologie zeigen sich mittlerweile viele paradoxe Effekte, wie zum Beispiel, dass wir umso unglücklicher sind, je stärker wir nach dem Glücklichsein streben und es fast »krampfhaft« verfolgen[39]. Glück kann also auch ein bisschen wie Sand in unserer Hand angesehen werden: Je stärker wir drücken, desto schneller rieselt er raus.

Es lohnt sich also, dass wir uns mit unseren Gefühlen beschäftigen. Und das Paradoxe daran ist, mit der Zeit werden wir uns auch gegenüber unseren negativen Gefühlen nicht mehr so ausgeliefert und überrollt fühlen. Ich will dir das im Laufe dieses Buchs zeigen. Aber auch hier gilt: Aller Anfang ist schwer. Auch dann, wenn wir uns unseren Gefühlen stellen. Erinnere dich nur mal, als du das erste Mal hinter dem Steuer eines Autos oder auf einem Fahrrad gesessen hast. Wahrscheinlich war alles überwältigend: Die anderen Verkehrsteilnehmer beachten, Schilder, Verkehrsregeln und dann auch noch den Weg finden. Aber je öfter wir das Fahren üben, desto selbstverständlicher navigieren wir durch die Straßen. Genauso können wir uns das auch als Fahrer durch die Welt unserer Gefühle vorstellen. Das bedeutet: nach der Fahrprüfung selbst ins Auto steigen, Fahrpraxis erlangen und damit ein zunehmendes Erlebnis von Sicherheit haben, wenn wir erforschen, was da in uns passiert. Die Straßen bzw. unsere Gefühle werden damit mehr und mehr ihren »Schrecken« verlieren. Wir werden uns zunehmend selbst besser verstehen und somit auch andere besser in ihren Gefühlen wahrnehmen. Im Straßenverkehr können wir nie alles kontrollieren. Genauso wie wir unsere Gedanken und Gefühle nicht wirklich kontrollieren können. Auf den Straßen zu sein heißt, erfolgreich mit den Bedingungen umzugehen und zu entscheiden, welchen Weg wir fahren wollen. Unvorhergesehene Situationen werden kommen. Am Ende zählt, dass wir üben und da draußen sind.

Warum Gefühlsbereitschaft alles verändert

Gefühle sind nicht kontrollierbar wie der Straßenverkehr – eine schöne Metapher, während ich hier im Meer meiner Gefühle ertrinke. Viele Dinge klingen in der Theorie so einfach, sind dann aber in der Praxis so schwer. Ich weiß, dass alles nur in meinem Kopf passiert, wie das ganze Leben immer und zu jeder Zeit, und trotzdem wird es immer unerträglicher hier auf meinem kleinen Segelschiff in der Dunkelheit. Ich frage mich, ob ich schon gekentert bin. Wogegen setze ich mich hier eigentlich die ganze Zeit innerlich zur Wehr? Wovor sträube ich mich? Aufmachen? Fühlen? Der letzte Schritt ... aber wie?

Ich muss an eine Situation denken, als ich vor einigen Jahren am Rand einer Klippe auf Formentera stand, einer kleinen Schwesterinsel von Ibiza. Um mich herum weiße Strände und raues Gestein. Unter mir 21 Meter freier Fall, der im kristallklaren Wasser des Mittelmeers endet. Ich war kurz vor dem Absprung. Immer wieder wollte ich mir innerlich einen Ruck geben und den Schritt über die Kante ins Leere wagen, doch jedes Mal schreckte ich zurück. Was, wenn das Wasser nicht tief genug ist oder ich in der Luft in Schräglage komme und auf der Seite aufpralle? Ich versuchte, meine Bedenken wegzuwischen und meinen Muskeln den Befehl zu geben, den alles entscheidenden Schritt zu wagen. Doch es ging nicht. Ich konnte nicht. Meine Angst war wie eine unsichtbare Wand. »Das machst du auf keinen Fall«, ging es mir immer wieder durch den Kopf, und ich spürte es im ganzen Körper. Meine Knie wurden weich, meine Hände fingen an zu zittern, und Übelkeit überkam mich. So stand ich da, die Zeit verging, und nichts passierte. Und das, obwohl ich unbedingt springen wollte. Ein letzter Anlauf, dachte ich und machte mich bereit. Jetzt. Alles oder nie. Ich springe. Trotz Angst. Nach einem Schritt ins Leere gab es kein Zurück mehr. Mein Flug verlief die ersten zehn Meter in einer relativ gleichbleibenden Geschwindigkeit, aber dann, die letzte Hälfte vor dem Aufprall, beschleunigte ich. Im Moment des Aufpralls wurde in mir ein bombastischer Cocktail aus Glück und Aufregung ausgeschüttet. Am ganzen Körper kribbelte es, als wäre ich nicht ins Meer, sondern in ein Sektglas gesprungen. Ich empfand Freude, Glück und Leichtigkeit. Man kann Leute, die von Klippen springen, für lebensmüde, undankbar ihrer körperlichen Gesundheit gegenüber und vieles, vieles mehr halten, aber sie machen eine wichtige Erfahrung: Sie wagen den Sprung. Und genau das ist entscheidend für die Gefühlsbereitschaft. Es bedeutet: Da oben an der Klippe zu stehen und zu springen. So fühlt es sich zumindest an. Nur, dass es nicht gefährlich ist und sich eben »nur« genau so anfühlt. Wie bei einem echten Sprung von der Klippe gibt es auch bei der Gefühlsbereitschaft keine halben Sprünge. Man kann auch nicht mal eben testen. Wie beim Absprung auch müssen wir dafür unseren Schleusenwärtern Bescheid sagen: Bitte aufmachen für alle Gefühle, die da sind! Es ist eine Entscheidung für die Bereitschaft, Gefühle willkommen zu heißen und zuzulassen. Ob wir bereit sind zu fühlen, darüber haben wir die Kontrolle. Über das, was wir fühlen, aber nicht.

Vielleicht fragst du dich jetzt: Warum sollte ich das machen? Läuft doch alles ganz gut, wie es ist. Streit aus dem Weg gehen, Enttäuschung vermeiden und bloß nicht auf die Nase fallen. Lieber nicht ganz so hoch fliegen, dann werden wir auch nicht ganz so tief fallen. Die Sache ist aber die: Die wichtigsten Dinge im Leben haben mit Gefühlen zu tun. Nämlich die Beziehung zu uns selbst und den Menschen, mit denen wir den Rest unseres Lebens verbringen möchten. Wenn wir uns selbst nicht fühlen, entgeht uns damit das Wichtigste, das wir haben: Die Information über unsere Wünsche und Bedürfnisse. Wir wissen also nichts darüber, was wir eigentlich wirklich brauchen oder eben nicht wollen. Das ist dann so, als ob wir auf der wichtigsten Fahrt unseres Lebens unterwegs wären, aber kein Navigationsgerät, keinen Plan und damit keine Orientierung hätten. Wir wissen also nicht, wo es langgeht. Das wird deutlich, wenn wir uns eine Studie zur Emotionsunterdrückung ansehen[40]. In einem Experiment wurden Versuchspersonen aufgefordert, Rechenaufgaben zu lösen. Zusätzlich hat der Versuchsleiter Teilnehmende wütend gemacht, indem er sie mit Aussagen wie

»Strengen Sie sich bitte mehr an« unter Druck setzte. Eine Versuchsgruppe war dabei aufgefordert, ihre aufkommenden Gefühle möglichst nicht zu verstecken, eine andere war angehalten, ihre Gefühle zu unterdrücken, also nicht an sie zu denken, und eine letzte Gruppe sollte ihre Gefühle nicht zeigen. Im Anschluss sollten die Versuchspersonen ihre Hand so lange wie möglich in Eiswasser legen. Es zeigte sich: Diejenigen, die angewiesen wurden, ihre Gefühle zu unterdrücken, nahmen mehr Schmerz wahr und berichteten von mehr Empfindungen, die mit Wut in Verbindung stehen. Im Umkehrschluss bedeutet das: Diejenigen, die gefühlsbereit waren, hatten einen klaren Vorteil, denn sie waren weniger schmerzempfindlich[41]. Fühlen heißt übrigens nicht, dass wir unseren Gefühlen, also zum Beispiel unserem Ärger oder unserer Wut, immer nachgehen und sie ausleben müssen. Fühlen heißt, dass wir das Erleben, das durch eine bestimmte Emotion in uns ausgelöst wird, zulassen. Also die damit verbundenen körperlichen Empfindungen und Gedanken da sein lassen können und nicht versuchen, sie zu vermeiden oder sie zu unterdrücken. Letzteres führt nämlich zum gegenteiligen Effekt und kann die unerwünschten Gefühle noch verstärken[42]. Durch Gefühlsbereitschaft stellen wir uns unseren Gefühlen und dadurch können wir erst mit ihnen umgehen und arbeiten. Mit unseren Gefühlen ist es ähnlich wie in der Natur: Man kann davon ausgehen, dass Monokulturen auf Dauer genauso ungesund sind, stattdessen ist es wichtig, dass wir Vielfalt und Ganzheitlichkeit leben. Es gibt also nicht nur »oder«, sondern »auch« und »und«. Damit leben wir ein reiches Leben voller Nuancen, Licht und Schatten, Farben und Facetten.

Wir können uns also bewusst entscheiden, alle Gefühle zu erleben, sodass wir zu einem gewissen Grad Kontrolle über unser Leben erlangen, oder wir entscheiden uns, nicht zu fühlen, was im ersten Schritt kontrollierter wirkt, aber einen ungewollten Nebeneffekt hat: Leid. Denn wenn das Bereitschafts-Tor unserer emotionalen Schleuse geschlossen ist, dann wird das Gefühl, das ja eine wichtige Nachricht für uns hat, immer wieder dort anklopfen. Dieses Anklopfen nehmen wir dann als Leid wahr. Es ist unser Kampf gegen den Schmerz – so wird es zum Beispiel auch in der buddhistischen Lehre beschrieben: Je mehr wir gegen den Schmerz ankämpfen und diesen nicht in unserem Leben haben wollen, umso stärker leiden wir unter ihm. Wenn wir aber das Schleusentor für den Schmerz öffnen, ihn annehmen und unseren Widerstand dagegen aufgeben, können wir das Leid massiv verringern. Mittlerweile kann mittels funktioneller Magnetresonanztomografie gezeigt werden, dass die Hirnregionen, die bei Schmerz aktiviert werden, sich durch Achtsamkeit und Meditation herunterregulieren – also dann, wenn wir uns für das Wahrnehmen dieser Empfindungen öffnen[43]. Offene Schleusentore, also die achtsame Hinwendung zum Schmerz und nicht wertende Akzeptanz dessen, verringern unser Leiden.

Wenn wir anfangen, unsere Emotionen wahrzunehmen, verbessert sich dadurch auch ganz automatisch unser Bewusstsein für uns selbst, sprich unser Selbstbewusstsein. Wer die eigenen Gefühle erkennt, kann authentischer und aufrichtiger zu sich selbst sein, was maßgeblich für das eigene Selbstwertgefühl ist. In dem Moment, in dem wir auf uns hören, nehmen wir unsere eigenen Grenzen und Bedürfnisse besser wahr. Wir nehmen uns ernst und schreiben uns selbst einen Wert zu. Und das ist entscheidend: Denn die Art unseres Selbstwertgefühls ist der Dreh- und Angelpunkt vieler Konflikte, die wir im Leben haben, und häufig der Grund, warum sich Menschen in Psychotherapie begeben.

Wir brauchen Gefühlsbereitschaft aber nicht nur, um eine Beziehung zu uns selbst herzustellen, sondern auch zu anderen Menschen. Und warum das wichtig ist, will ich hier zeigen: Stell dir einmal vor, du liegst auf dem Sterbebett. Dein Atem geht nur noch langsam und schwer, bald geht es zu Ende mit deinem Leben. Da betritt jemand das Zimmer, setzt sich auf dein Bett, nimmt deine Hand und stellt dir eine simple Frage: Was war dir wirklich wichtig im Leben? Also, ich meine nicht die Dinge, mit denen du tatsächlich deine Zeit verbracht hast, sei es die Arbeit, das Surfen im Internet, das Streben nach Erfolg und Geld oder womit du dich sonst so den ganzen lieben langen Tag beschäftigt hast. Ich meine stattdessen die Dinge, die dich am Ende erfüllt haben. Was hat dir tiefe Zufriedenheit gegeben? Genau diese Fragen wurden in der umfangreichsten Langzeitstudie gestellt, die je mit Erwachsenen durchgeführt wurde: Forschende der Harvard Universität untersuchten, welche Faktoren Einfluss auf ein gesundes und glückliches Leben haben[44]. Die Studie begleitete dabei Hunderte Menschen von der Uni bis zu ihrem Tod, um die Frage zu beantworten: Was macht uns glücklich? Das Ergebnis: Es ist nicht der Erfolg im Beruf, nicht der Ruhm, nicht die harte Arbeit, nicht das neue Auto, das Haus oder der Traumurlaub und auch nicht das wohlige Gefühl, für einen Augenblick endlich alle Mails beantwortet zu haben. Es sind die Beziehungen, die wir führen. Sie bestimmen, wie glücklich und zufrieden wir in unserem Leben sind. Die Studie zeigt außerdem, dass es dabei nicht ausschlaggebend ist, ob wir viele Freunde haben oder in einer Liebesbeziehung sind. Es kommt auf die Qualität der Beziehungen an, die wir führen. In einer unglücklichen Ehe zu leben ist laut der Studie schlimmer als in einer Scheidung. Mit 50 Jahren war es nicht der Cholesterinspiegel der Studienteilnehmenden, der am besten vorhersagen konnte, wie alt sie wurden, sondern die Zufriedenheit mit ihren Beziehungen. Gute Beziehungen schützen übrigens laut der Harvard-Langzeitstudie nicht nur unseren Körper, sondern auch unser Gehirn. Unser Gedächtnis bleibt länger klar, denn Beziehungen wirken dem Gedächtnisabbau entgegen. Die Ergebnisse der Studie zeigen auch, dass es nicht entscheidend für eine gute Beziehung ist, dass es keine Konflikte gibt, sondern vielmehr das generelle Gefühl, auf die andere Person zählen zu können. Und hier schließt sich der Kreis zur Gefühlsbereitschaft: Unsere

Gefühle und vor allem die Fähigkeit, diese wahrzunehmen, sind am Ende die unsichtbare Verbindung zu uns und zu anderen Menschen und sorgen für tiefe, echte und ehrliche Beziehungen. Es ist genau das, was eine intime Verbindung im Kern ausmacht. Die eigenen Emotionen fühlen, zeigen und kommunizieren, aber auch gemeinsam durch Gefühle hindurchgehen und diese gemeinsam erleben. Nicht nur die Glücks- und Liebesmomente, sondern auch die unangenehmen Momente und die Krisen. An der Johns Hopkins University konnte in einer Studie der positive Zusammenhang zwischen Selbstoffenbarung, also das, was ich als ein Teil von Gefühlsbereitschaft bezeichne, und Beziehungszufriedenheit wissenschaftlich gezeigt werden[45]. Die Ergebnisse sind nicht verwunderlich, und dennoch richten wir uns in unserem Beziehungsalltag nicht immer danach. In dem Moment, in dem wir mit unseren Gefühlen verbunden sind und diese kommunizieren, weiß die andere Person ganz genau, wo wir stehen, was wir uns wünschen und wo wir gemeinsam hinwollen. Außerdem entsteht Klarheit in uns selbst. Manchmal gehen wir ja in Beziehungen davon aus, dass die andere Person schon wissen wird, wie es uns geht, weil es für uns selbst so offensichtlich ist. Aber unsere Beziehungsmenschen stehen vor verschlossenen Türen, wenn wir nicht aufmachen. Die eigene Verbundenheit mit den Gefühlen und auch der Mut, diese anderen mitzuteilen, sorgt am Ende für Intimität.

KAPITEL 2

WIE GEHT DAS MIT DER GEFÜHLSBEREITSCHAFT?

Ich war lange nicht bereit, mein inneres Schleusentor zu öffnen und zu fühlen. Was mich anfangs davon abgehalten hatte, war der Gedanke: Wohin dann mit all den Gefühlen? Wie kann ich mit ihnen umgehen, ohne dass ich innerlich von ihnen überwältigt werde und jämmerlich ertrinke? Auf der Suche nach Hilfe stieß ich auf die Akzeptanz- und Commitment-Therapie (ACT). Diese psychologische Methode wurde maßgeblich von Steven C. Hayes entwickelt[46] und vereint das Beste aus mehreren Welten: Psychologische und neuropsychologische Erkenntnisse mit der über Jahrtausende erprobten Achtsamkeitspraxis. Sie hilft dabei, sich aus der Verstrickung der eigenen Gedanken zu lösen und einen guten Umgang mit den eigenen Gefühlen zu finden. Anstatt Gefühle zu vermeiden, lernen wir, sie zu akzeptieren und in einem anderen Licht zu sehen. Ihre Wirksamkeit konnte bei einer ganzen Reihe von psychischen Störungen gezeigt werden[47]. Aber auch für Schicksalsschläge und ganz gewöhnliche große und kleine Alltags- und Lebensprobleme eignet sie sich hervorragend.

Denn egal, ob es darum geht, nach einem Streit um Entschuldigung zu bitten, jemandem die Meinung ins Gesicht zu sagen oder einfach die gute alte Steuererklärung zu machen, die schon seit Wochen wartet – auch im Alltag sind wir immer wieder mit unangenehmen Gefühlen konfrontiert. Mithilfe der ACT habe ich gelernt, dass es zunächst darum geht, mit diesen ganzen Gefühlen einfach sein zu können – sie neugierig wahrzunehmen, ohne eine vorgefertigte Meinung zu haben. All das, was uns 24/7 umgibt, völlig neu zu betrachten. Die ACT war anders als alle Methoden der Psychologie, die ich zuvor kennengelernt hatte: lebensnah, konkret und auf den Prozess fokussiert. Ich war ziemlich schnell begeistert und habe mich in der Methode zu Hause gefühlt. Selbst wenn ich mal vom Weg abgekommen bin, gab es immer wieder den Pfad zurück. Genau darauf wird der Fokus gelegt. Kein Wunder, dass die ACT in der Therapie von Angststörungen oder Depressionen genauso ihren Einsatz findet wie bei Spitzensportlern und Angestellten in Krankenhäusern[48, 49, 50]. Es gilt dabei, in die Rolle einer forschenden Person zu schlüpfen, die sehr an den Gefühlen interessiert ist und mit einer offenen Haltung in die Welt blickt. Die Psychologen Hayes und Smith haben es 2007 so gesagt: Es lohnt sich, Gefühle »wie ein faszinierendes Gemälde im Arm zu tragen wie ein erschöpftes Kind und seinen schmerzhaften Gefühlen mit dem gleichen Respekt zu begegnen und ihnen zuzuhören wie einem guten Freund.« Dafür bietet die ACT sechs Prinzipien an, die ich dir hier der Reihe nach vorstellen möchte. Ich nenne sie »Werkzeuge des Lebens« – je nach Gefühl und Situation kannst du eines oder mehrere davon anwenden. Alle sind einfach, benötigen aber dennoch ein wenig Übung in der Durchführung.

Werkzeug des Lebens: Achtsamkeit

In den letzten Jahren ist Achtsamkeit zum Modewort schlechthin geworden. Bestenfalls machen wir auf einmal alles achtsam: Spazieren gehen, Sport, Essen und Reisen. Aber so richtig achtsam ist dann doch irgendwie keiner. Wer von uns bringt schon achtsam den Müll raus, sitzt abends achtsam vor dem Fernseher oder verliert sich wahnsinnig achtsam in den sozialen Medien? Die meisten wissen vielleicht nicht einmal, was das so genau ist.

Was also bedeutet Achtsamkeit?

Leben im Hier und Jetzt, mit offenen Ohren, Augen, offener Nase – ein Leben mit allen Sinnen, die wir haben. Dabei sollten wir präsent sein, Gefühle, Gedanken und unser Verhalten überhaupt erst wahrnehmen und möglichst nicht bewerten. Doch so einfach ist das oft gar nicht, da wir häufig gedanklich noch in der Vergangenheit oder schon in der Zukunft sind. Meist hetzen wir im Autopiloten durch unsere Tage – schlingen unser Essen herunter, ohne wirklich zu schmecken, was wir da essen, starren beim Überqueren der Straße aufs Handy und hetzen von Termin zu Termin. Am Ende eines Tages sind wir oft völlig ausgelaugt und wissen gar nicht so richtig, warum.

Achtsamkeit, wie sie von ACT-Begründer Hayes beschrieben wird[51], ist in etwa das Gegenteil von Multitasking. Achtsam bin ich, wenn ich beim Frühstücken mit meinen fünf Sinnen ganz präsent bin: Ich kaue bewusst und schmecke den süßen und fruchtigen Geschmack der Marmelade, spüre das Kissen unter meinem Po und die Füße auf dem Boden, rieche meinen Tee und den Duft des frischen Orangensafts. Wenn ich frühstücke, dann frühstücke ich. Das Handy hat dann keinen Platz am Tisch. Wenn ich fertig bin, springe ich nicht schnell auf und räume die Spülmaschine ein, sondern beobachte zum Beispiel meine Tochter, wie sie mit ihren kleinen Händen das Brot greift. Übrigens: Von Kindern können wir in Sachen Achtsamkeit ohnehin viel lernen. Sie leben meistens voll im Moment und noch von Natur aus achtsam. Achtsamkeit kannst du dir vorstellen wie das bewusste Anhalten der Waschmaschine des Lebens, in der wir uns jeden Tag befinden und durchgeschleudert werden: ein Verweilen im Hier und Jetzt, um den Moment vollkommen wahrzunehmen, im Außen wie im Innern. Denn wir können nicht nur Geräuschen oder Gerüchen achtsam begegnen, sondern auch unseren Gefühlen. Dabei öffnen wir uns für unser inneres Erleben und nehmen das wahr, was gerade in uns vorgeht. Manchmal bemerken wir vielleicht ein flaues Gefühl im Magen oder unsere zitternden Knie, manchmal nehmen wir eine Enge im Brustkorb oder aber Gänsehaut auf den Armen wahr. Wenn wir achtsam sind, sind wir offen für alles, was in diesem Moment passiert, ohne es zu bewerten. Das allerdings ist gar nicht so einfach, denn wir bewerten den lieben langen Tag: Dinge sind schön, hässlich, gut, schlecht, unangenehm und angenehm. Und versteh mich nicht falsch: Oft macht das Sinn und hilft uns, Gefahren oder Unannehmlichkeiten zu erkennen und abzuwehren. Während der Achtsamkeit wollen wir aber die Brille der Bewertung für einen Moment ablegen, um Dinge aus einer ganz neuen Perspektive betrachten zu können. Ein Bild ist dann nicht mehr schön, abscheulich oder gut gezeichnet, sondern blau, groß und eckig. Auch mit Dingen wie körperlichen Schmerzen können wir das versuchen: Unser Kopfschmerz ist dann nicht mehr unerträglich, schmerzhaft und abscheulich, sondern pochend und rechtsseitig.

Dinge aus der Brille der Achtsamkeit zu sehen eröffnet uns eine neue Art und Weise, über sie nachzudenken. Das müssen wir natürlich erst einmal üben, wie alles lebt auch die ACT von Wiederholungen – später in diesem Buch wirst du noch genauere Übungen und Anleitungen finden. Schon an dieser Stelle möchte ich dir aber sagen: Es lohnt sich. Denn ohne Achtsamkeit können wir nicht wahrnehmen, was ist: keine Gefühle, keine Gedanken, keine Empfindungen. Und wenn wir diese nicht wahrnehmen, können wir zum einen nicht hören, was sie uns sagen wollen, werden aber auf der anderen Seite blind von ihnen gesteuert, weil uns ihre Präsenz nicht bewusst ist.

Wichtig dabei ist: Achtsamkeit ist keine Entspannungsmethode oder ein Instrument, um unsere Gefühle und unser Erleben in den Griff zu bekommen. Sie ist ein auf den gegenwärtigen Moment gerichtetes Bewusstsein. Aber als positiver Nebeneffekt kann sie uns dabei helfen, aus den Gedankenschleifen rauszukommen, gelassener zu werden und aus den immer gleichen Mustern und Verhaltensregeln auszubrechen. Wenn ich nicht achtsam bin, verpasse ich das Zucken des Mundwinkels, wenn ich meine Freundin frage, wie es ihr geht. Ich verpasse meinen inneren Widerstand, wenn mein Kumpel mich fragt, ob es okay wäre, dass wir unser Treffen auf nächste Woche verschieben, oder mein Kribbeln im Körper, wenn ich dieser einen Person begegne. Achtsamkeit ist die Grundvoraussetzung für Gefühlsbereitschaft. Mit Achtsamkeit schaffen wir das Bewusstsein für die Dinge, die uns umgeben und die in uns sind. Wir nehmen so überhaupt erst wahr, dass es eine Schleuse und ein Schleusentor zu unserer Gefühlswelt gibt.

Werkzeug des Lebens: Akzeptanz

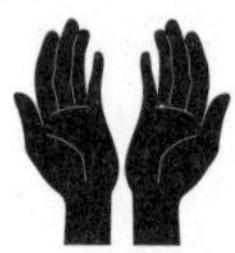

Die andere wichtige Komponente von Gefühlsbereitschaft ist Akzeptanz, wie sie von ACT-Begründer Hayes beschrieben wird[52]. Es gibt Tage, an denen ich aufwache und einfach in trauriger Stimmung bin. Das zu bemerken erfordert Achtsamkeit – ich halte kurz inne und realisiere, was gerade in mir vorgeht. Der nächste Schritt ist, »Ja« zu sagen: Ja, ich fühle mich jetzt gerade in diesem Moment niedergeschlagen. Ich muss an diesem Zustand nichts ändern. Es ist so, wie es ist. Akzeptanz heißt, ein Gefühl anzunehmen, das in uns aufsteigt. Wir sagen Kindern häufig, »Hab keine Angst« oder »Du brauchst keine Angst zu haben«. Akzeptanz heißt aber auch, der Angst ihre Existenzberechtigung zu lassen. Sie darf da sein, wie alle anderen Gefühle auch.

Üben können wir Akzeptanz täglich mit dem Wetter: Wenn wir morgens aus dem Fenster schauen und feststellen, dass es regnet, können wir uns den ganzen Tag drüber aufregen. Wir können uns aber auch einen Regenschirm und Gummistiefel schnappen und trotzdem das machen, was uns wichtig ist.

Wenn wir uns also unsere Gefühlswelt als Schleusentor vorstellen, dann hilft uns Achtsamkeit, überhaupt zu bemerken, dass es in einer Schleuse Wasser gibt. Akzeptanz hilft uns dann, das Tor aufzumachen und zu sagen: Ja, Gefühle, ihr dürft da sein und habt hier einen Platz.

Besonders schwer tun wir uns mit der Akzeptanz von Dingen, die uns selbst betreffen. Die Umstände, unter denen wir aufgewachsen sind, haben wir uns nicht selbst ausgesucht: Unsere Eltern, die wirtschaftlichen Verhältnisse, unser Temperament und unseren Körperbau. Im Leben kommt es darauf an, wie wir das Blatt spielen, das uns mit der Geburt in die Hände gelegt wurde. Das zu akzeptieren ist ein großer Schritt. Und dieser Schritt erfordert Übung.

Ich war letzten Sommer mit einem Camper auf dem Weg nach Italien. Ich liebe Roadtrips, weil man sehr spontan reisen kann. Aber nicht nur ich hatte diese wahnsinnig spontane Idee – auch viele andere Menschen. Und so standen wir gemeinsam im Stau. Und der war so zähflüssig, dass irgendwann die massige Blechlawine vollkommen zum Erliegen kam. Mein erster Gedanke war: »Ach scheiße, ich wollte doch eigentlich den Tag gemütlich am Gardasee ausklingen lassen, stattdessen bin ich auf der verdammten Autobahn zwischen Metall und Teer eingeklemmt.« Nach einer Weile kam mir aber eine ganz andere Erkenntnis: »Ich kann jetzt eh nichts machen.« Meine Hilflosigkeit half mir dabei, den Stau zu akzeptieren. Ja, der Stau ist da, und so ist es jetzt. Und mit dieser Erkenntnis wurde meine Situation leichter, befreiender und nicht mehr länger zu etwas, was ich die ganze Zeit anders haben will und deshalb mit aller Kraft bekämpfen muss. Ich kurbelte das Fenster runter, schaute mir die anderen Autos an, spielte zwischenzeitlich etwas Gitarre und kam mit anderen Autofahrern ins Gespräch.

Akzeptanz ist die bewusste Entscheidung, zu sagen: Ja, so ist es jetzt. Damit löst sich unser Widerstand auf, der viel Energie, Kraft und Nerven kostet. Ein aktives Verhalten, nicht zu verwechseln mit Resignation und damit der Entscheidung, apathisch durchs Leben zu laufen oder zähneknirschend zu sagen: Scheiß Stau, jetzt muss ich den auch noch akzeptieren. Es soll nicht heißen, dass wir auf einmal im Lotussitz Weltgeschehnisse wie Krieg, Hungersnot, Umweltverschmutzung, Diskriminierung, Korruption und viele andere Dinge abnicken sollten, wo Widerstand genau richtig ist. Aber es gibt Dinge, die wir einfach nicht kontrollieren oder ändern können, wie zum Beispiel Stau, Wetter, Krankheiten und sehr häufig auch die Reaktionen von anderen Leuten. In diesen Lebensbereichen und Situationen ist es mehr als sinnvoll, zu sagen: »Ja, so ist es.«

Ähnlich ist es bei unseren Gefühlen: Wenn wir sie leugnen oder dagegen ankämpfen, nehmen wir uns die Möglichkeit, effektive Lösungen zu finden und Veränderungen vorzunehmen. Mithilfe von Akzeptanz erkennen wir die Realität als das an, was sie ist, und reduzieren den Widerstand. Das gilt nicht nur für Verkehrsstaus, in die wir in unserem Leben geraten werden, sondern natürlich auch für unser inneres Erleben. Wenn das aufkommende, unangenehme Gefühl nicht da sein darf, wird es immer wiederkommen, weil es seinen Sinn und Zweck nicht erfüllen konnte – nämlich eine wichtige Information zu überliefern. Die Lampe auf unserem Armaturenbrett wird weiter blinken. Mit Akzeptanz können wir endlich den Kampf gegen unsere Gefühle ruhen lassen und damit die Entscheidungshoheit über das eigene Verhalten zurückgewinnen. Es ist ein Unterschied, ob wir kämpfen können oder ob wir kämpfen müssen.

Achtsamkeit und Akzeptanz sind die zwei Grundsäulen von Gefühlsbereitschaft. Mit ihnen nehmen wir unsere Gefühle und Gedanken wahr und wollen sie nicht verändern. So, wie es ist, ist es in Ordnung. Das heißt aber noch lange nicht, dass wir uns immer nach ihnen richten oder sie ungefiltert ausleben müssen. Sonst wäre jede aufkommende Wut in Zukunft mit Schreien oder einem Handgemenge verbunden. Mit Gefühlsbereitschaft lassen wir unsere Gefühle zu und akzeptieren sie. Wir entscheiden uns bewusst dafür, die leuchtenden Lämpchen auf dem Cockpit zu sehen, ihre Hinweise wahrzunehmen. Die große Aufgabe ist dann, herauszufinden, was wir mit diesen Informationen anfangen sollen. Wenn die Tankleuchte blinkt, wissen wir, was zu tun ist, und wenn nicht, müssen wir es herausfinden. Genau so ist es mit unseren Gefühlen. Wir müssen also auf Basis unserer Gefühlsinformationen eine sinnvolle Entscheidung treffen. Das ist manchmal gar nicht so einfach.

Höre auf dein Gefühl, aber mach nicht alles, was es dir sagt

Als ich sieben Jahre alt war, fuhr ich in unserer kleinen Spielstraße freihändig Fahrrad. Meine Arme breitete ich aus wie Kate Winslet am Bug der Titanic und genoss das Gefühl von Freiheit. Einige Sekunden später tauchte ein Polizeiauto neben mir auf. Der Beamte hielt mich an und grüßte freundlich aus dem Fenster. Sofort schossen mir Tränen in die Augen. Beinahe wäre ich vom Fahrrad gefallen, weil ich solche Angst bekam vor den Polizisten. Ein anderes Kind hätte aufgrund seiner bisherigen Erfahrungen ganz anders auf die Situation reagiert und wäre vielleicht froh über diese Begegnung mit den Beamten. Mir wurde zu Hause aber immer vermittelt, dass die Polizei Strafzettel verteilt und es sehr teuer ist, wenn man angehalten wird. Mit dem finanziellen Polster eines Hartz-IV-Kindes wusste ich, dass wir uns das nicht leisten konnten. Mein Kopf kreierte sofort Bilder vom wütenden Gerichtsvollzieher, der unsere kleine Haushälfte durchwühlte und das wenige für uns Wertvolle in einem dunklen Bus verschwinden ließ.

Heute schaue ich auf dieses kleine Kindheitserlebnis mit einem Lächeln zurück, weiß aber auch, dass die Prägungen von damals immer noch in einer Form aktiv in mir sind und damit meinen Blick auf die Welt verzerren. Jeder hat seine ganz eigenen Prägungen, keine ist identisch. Sie sind so individuell und einzigartig wie ein Fingerabdruck, nur dass wir mit ihnen die Welt wahrnehmen. Wir alle betrachten die Gegenwart und Zukunft durch die Brille unserer Vergangenheit. Wir sehen die Welt nicht so, wie sie ist, sondern so, wie wir sie bisher erlebt haben. Alle Erfahrungen, die wir machen, hinterlassen ihre Spuren – besonders die, die wir als Kind machen, weil wir dann noch formbar sind wie frischer Ton. Wenn ein Kind aufwächst und von seinen Eltern nicht angenommen wird, wie es ist, überträgt sich diese Erfahrung oft auf die Art, wie dieses Kind später als Erwachsener die Welt wahrnimmt[53]. Aufgrund seiner Prägung wird es vermehrt mit Ablehnung rechnen. Ein Kind, das erlebt, dass Bindungen und Beziehungen etwas sind, worauf es sich nicht wirklich verlassen kann, lebt oft in einem Gefühl von Urmisstrauen. Ein Kind, das emotional von seinen Eltern umsorgt wurde und die Erfahrung gemacht hat: Ich werde geliebt für das, was ich bin, lebt dagegen oft in einem Gefühl von Urvertrauen. Jeder Mensch hat seine eigenen Prägungserfahrungen, mit denen er durch die Welt geht und aus denen sich bewusste oder unbewusste Glaubenssätze ergeben. Von »Ich genüge nicht«, »Ich kann niemandem trauen«, »Ich darf nicht wütend sein« über »Gefühle sind gefährlich« bis hin zu »Ich darf keine Fehler machen« oder »Ich muss es allen recht machen«. Diese Glaubenssätze können eine stark limitierende Wirkung auf das eigene Leben haben und führen dann wiederum zu Gefühlen wie Angst, Wut oder Traurigkeit, die unser Leben beeinflussen. Und nicht nur unsere frühen Bezugspersonen prägen uns, auch persönliche Erlebnisse können uns bis ins Mark treffen. Sie alarmieren unsere Amygdala, unser Angstzentrum im Gehirn[54]. Wenn heute eine Person von einem Hund gebissen wird, kann sich diese negative Erfahrung auf alle anderen Hunde übertragen. So entwickelt sich die innere Haltung »Alle Hunde sind gefährlich«. Vielleicht kommen dir einer oder mehrere der Glaubenssätze von oben bekannt vor? Das kann ein guter Hinweis darauf sein, dass du ihn selbst verinnerlicht hast und dein Denken, Handeln und vor allem Fühlen davon beeinflusst sind. Das Fantastische an uns Menschen ist, dass wir unser ganzes Leben lang dazulernen. Auch das Wissen in diesem Buch wird hoffentlich wieder eine neue Erfahrung sein, die deinen Blick verändert.

Früher dachte ich, alles, was ich denke und fühle, ist »die Wahrheit«. Heute weiß ich, dass die Welt, wie ich sie wahrnehme, ein individuelles und willkürliches Produkt meiner Prägung ist. Und diese Willkürlichkeit darf ich mir ruhig mal vor Augen führen: Wäre ich in einer anderen Familie groß geworden oder hätte andere Erfahrungen gemacht, hätte ich heute ganz andere Glaubenssätze in mir und würde daher anders denken, handeln und fühlen. Durch die Gedanken und Gefühle, die meine Glaubenssätze erzeugen, versperren sie mir manchmal die Möglichkeit, mich für die Dinge zu entscheiden, die ich wirklich tief im Herzen will. Einige meiner Gedanken sind nämlich hinderlich für mein Leben im Hier und Jetzt. Denn unser Gehirn ist noch immer in einer Umwelt voller Gefahren gefangen, voller täglichem Überlebenskampf und Mangel. Es weiß einfach nicht, dass es heute Kühlschränke gibt und unser Überleben nicht ständig auf den Dopaminausstoß von fettigem und süßem Essen angewiesen ist. In unserem physisch sehr viel bedrohlicheren Lebensumfeld vor 10 000 Jahren hat es Sinn ergeben, sich ständig Sorgen zu machen und deswegen die passende Lösung oder Reaktion im Falle eines möglicherweise tödlichen Übergriffs parat zu haben. Es galt: Lieber einmal zu viel Sorgen machen und dadurch vorsichtiger gewesen zu sein, als einmal zu wenig vom Negativen auszugehen und zum Säbelzahntiger-Futter werden. Unser Gehirn neigt außerdem dazu, von Katastrophen auszugehen. Die Mutter meines besten Freundes hat zum Beispiel bei jeder neuen Sache, die mein Freund angehen wollte, gesagt:

»Mach das bloß nicht« oder »Das klappt eh nicht«, seien es sein Abitur, sein Studium oder später dann seine Selbstständigkeit gewesen. Nicht etwa, weil sie ihren Sohn nicht liebt, sondern weil sie stets das Schlimmste annimmt und erwartet, dass alles in einer Katastrophe endet. Katastrophisieren ist eigentlich eine weitere geschickte Form der Gefühlsvermeidung, weil sie dazu führt, dass der Berg vor uns so groß und unbezwingbar erscheint, dass wir gar nicht erst losgehen und uns auf ein gefährlich erscheinendes Abenteuer einlassen und damit die Gefühle von Anstrengung und Enttäuschung vermeiden. Viele tragen die Stimme dieser überfürsorglichen Eltern in sich, die es nicht böse meinen, aber sich alles schlimmer ausmalen, als es letzten Endes wird. Auch hier können wir unseren Gedanken und den dadurch erzeugten Gefühlen nicht immer trauen. Wir sollten sie uns aber unbedingt bewusst machen und wahrnehmen, also gefühlsbereit sein, sonst steuern sie uns eben nur blind, ohne dass wir etwas dagegen tun können.

Um noch einmal den Zusammenhang zwischen Denken und Fühlen zu verdeutlichen: Stell dir einmal vor, du kommst nach einem langen, harten Tag nach Hause und schließt deine Tür auf. Du bist so erschöpft, dass es gerade mal zum Zähneputzen reicht, aber das Gesicht bleibt heute ungewaschen. Dann streifst du schnell die Kleidung ab und legst dich unter die Decke. Deine Füße gucken unten raus, obwohl sie leicht frösteln. Aufgrund der Erschöpfung schläfst du direkt ein. Währenddessen macht sich jemand vorne an der Eingangstür zu schaffen. Mit einem leisen Klicken springt die Tür auf. Der Eindringling verschafft sich mit einer Kreditkarte Zugang zu deiner Wohnung. Auf leisen Sohlen kommt er bis an dein Bett geschlichen und beobachtet dich, während du schläfst. Das friedliche Bild deiner Silhouette in der Dunkelheit wird vom Klicken des Feuerzeugs durchschnitten. In der Dunkelheit blitzt eine lange Nadelspitze auf. Sie glüht rot auf und pocht unter dem Feuer der Flamme.

Dann nimmt der Einbrecher die Nadel und bewegt sich langsam, aber sicher auf deine nackten Füße zu. Jetzt wird klar, was er vorhat. Einen Zentimeter vor deinem großen Zeh hält er inne, um noch einmal richtig Schwung zu holen und die Nadel mit voller Wucht unter dein Nagelbett zu rammen.

Bist du kurz zusammengezuckt oder hast deine Zehen gekrümmt? Dann geht es dir wie den meisten Menschen. Eigentlich waren das nur wenige schwarze Buchstaben auf weißem Papier, die sich so ziemlich sicher niemals bewahrheiten werden und nichts mit deiner Lebensrealität zu tun haben. Und trotzdem kreiert die bloße Vorstellung daraus ein Gefühl. Wenn du hierauf schon eine Reaktion gezeigt hast, wie stark muss deine Reaktion dann erst bei bewussten und unbewussten Gedanken sein, die immer wieder auftauchen und die du als wahr abgespeichert hast?

Ein anderes Beispiel: Wir halten eine wichtige Präsentation vor Kollegen. Dabei kommt vielleicht der Gedanke auf: »Ich werde versagen, und die Zuhörer werden mich langweilig finden.« Und das hat Einfluss auf unser Fühlen. Wir werden unruhig, ängstlich und nervös, und dadurch erhöht sich die Wahrscheinlichkeit, dass die Präsentation tatsächlich nicht gut verläuft. Die angenommene Wahrheit wurde zu einer tatsächlichen Wahrheit. Wenn wir stattdessen denken, »Ich bin gut vorbereitet und habe interessante Punkte zu vermitteln«, werden diese Gedanken mit einer höheren Wahrscheinlichkeit angenehme Gefühle von Ruhe und Gelassenheit, ja vielleicht sogar Glück erzeugen. Das führt dazu, dass wir stärker an uns selbst glauben und unsere Motivation steigt. Das wiederum führt zu einem souveränen, sicheren Vortrag. In beiden Fällen beeinflussen unterschiedliche Gedanken direkt Gefühle, und diese wiederum beeinflussen unser Verhalten und in seiner Folge unsere Erfahrung. Denn wie der Psychologe Albert Ellis schon erkannt hat, ist es nicht die

Situation, sondern das Denken und die Art, wie wir sie interpretieren, die unsere Gefühle und auch unser Verhalten beeinflussen[55]. Zwischen einer auslösenden Situation und dem darauf folgenden Gefühl und Verhalten liegt ein entscheidender Zwischenschritt: unsere Gedanken – also die Art und Weise, wie wir eine Situation bewerten. Und genau dieser Schritt läuft häufig sehr schnell und unbewusst ab.

Wenn also unsere Gedanken Gefühle auslösen und unsere Gedanken aufgrund unserer Prägung und unserer etwas veralteten Denkstrukturen nicht immer die Realität beschreiben, können wir ihnen nicht blind vertrauen und folgen. Deswegen sollten wir uns nicht von Gedanken »vereinnahmen« lassen, sondern einen Schritt zurücktreten und sie als das betrachten, was sie sind: Gedanken, nicht die Realität. Wir sollten uns fragen: Welche Wichtigkeit sprechen wir ihnen zu? Wie sehr stehen sie vor allem unter unserer Kontrolle?

»Die Gedanken sind frei«, ertönt es in einem traditionellen deutschen Volkslied, das schon seit über 500 Jahren gesungen wird. Aber wie frei sind unsere Gedanken wirklich? Kontrollieren wir unsere Gedanken, oder werden wir von unseren Gedanken kontrolliert? Wenn du an Ersteres glaubst, bitte ich dich, jetzt nicht an einen weißen Bären zu denken. Denke auf keinen Fall an einen weißen Bären. Genau das bat eine Forschergruppe um den amerikanischen Psychologen Daniel Wegner Versuchsgruppen[56]. Wie bei dir wahrscheinlich auch, klappte es bei keinem der Teilnehmer, den Gedanken an den weißen Bären zu unterdrücken. Sie dachten sogar nach dem Versuch noch häufiger an weiße Bären als die Kontrollgruppe, die diesen Gedanken nicht unterdrücken sollte. Der Versuch zeigt, dass versuchte Gedankenunterdrückung als Selbstkontrollstrategie sogar Gegenteiliges bewirken kann. Sie sorgt dafür, dass wir uns genau mit den Gedanken beschäftigen, die wir eigentlich verhindern wollen[57]. Auf der anderen Seite können wir natürlich auch unsere Gedanken auf bestimmte Dinge richten und uns mehr oder weniger gut fokussieren, sonst wäre das Lesen dieses Textes oder ein normales Leben überhaupt nicht möglich. Wer sitzt aber nun am Regler unserer Gedanken? Wer spuckt sie aus? Wir, der Zufall oder unsere Erfahrungen? Wir können dazu noch etwas ausprobieren. Versuch bitte, sechzig Sekunden lang an nichts zu denken. Auch nicht daran, dass dir diese Selbstversuche hier langsam auf die Nerven gehen und du eigentlich nur ein Sachbuch lesen wolltest, das nicht so viel geistige Eigenleistung abverlangt. Sechzig Sekunden ab jetzt.

Wenn du nicht gerade im Meditations-Olymp schwebst, ist dir diese kleine Aufgabe mit ziemlicher Sicherheit missglückt. Im Buddhismus wird diese Eigenschaft unseres Gehirns als Monkey Mind[58] bezeichnet – weil wir in unseren Gedanken rastlos hin und her springen wie ein Affe von Ast zu Ast. Können wir nun unsere Gedanken kontrollieren, oder kontrollieren uns unsere Gedanken? Gedanken sind am ehesten wie das Leben selbst: Wir können Einfluss darauf nehmen, aber wir können es eben nicht kontrollieren. Am Ende ist der entscheidende Punkt, dass wir uns bewusst machen, dass unsere Gedanken und Gefühle nicht immer die objektive Realität widerspiegeln. Manchmal ist es notwendig, unsere Denkmuster und Glaubenssätze zu hinterfragen und zu überprüfen, um eine genauere Wahrnehmung der Realität zu erlangen.

Die Toolbox fürs Leben

Gefühlsbereitschaft, bestehend aus Achtsamkeit und Akzeptanz, ist also eine Grundvoraussetzung, um den Raum zwischen Reiz und Reaktion überhaupt zu erkennen und damit handlungsfähig zu werden. Dann brauchen wir aber auch noch den Schlüssel, um in diesen Raum hineinzukommen, und schließlich Techniken, um uns in diesem dann auch so verhalten zu können, wie wir wollen. Mit anderen Worten: Es reicht nicht, nur das Schleusentor mit unseren Gefühlen aufzumachen. Wir müssen auch einen Ort finden, wo das ganze Wasser hinsoll, um ein selbstbestimmtes Leben in Freiheit führen zu können.

Freiheit ist ein großes Wort, wenn man eingesperrt ist auf dreißig Quadratmetern Dunkelheit. Obwohl ich ja de facto nicht eingesperrt bin. Die Tür, die ins Licht führen würde, ist offen. Ich kann jederzeit durchgehen und diesen Versuch abbrechen. Doch da ist auch eine leise Ahnung in mir, dass genau das die eigentliche »Gefangenschaft« für mich bedeuten würde. Denn es würde heißen, dass ich es nicht mit mir selbst aushalten kann. Bin ich mir selbst zu viel oder zu wenig, wenn ich keine drei Tage in der Dunkelheit alleine sein kann? Wieder rattern meine Gedanken. Vor mir ein Meer aus allem, was in mir ist. Mal sitze ich, mal laufe ich ungeduldig und unaufhörlich. Erinnerungen, Gedanken und Gefühle werden angespült wie Treibgut. Schmerzhafte Erinnerungen sind wie Plastik, sie zersetzen sich nicht in unserer Lebenszeit, wir können sie nur upcyceln. Ich bin mittlerweile müde geworden über die vielen Gedanken. Meine Müdigkeit kämpft einen Boxkampf mit meiner inneren Unruhe. Und ich springe dazwischen wie ein Ringrichter. Manchmal bemerke ich, dass ich diese Gedanken und Gefühle habe, wie ein Besucher im Kino, der das Geschehen beobachtet, manchmal bin ich der Protagonist und verschmolzen mit den Gedanken und Gefühlen in der Dokumentation über mein eigenes Leben.

Dieser Switch zwischen Beobachter und Protagonist ist ein wichtiges Werkzeug des Lebens, das ich hier vorstellen möchte.

Werkzeug des Lebens: Gedankenkino

Mit Ende zwanzig hatte ich das für mich wichtigste Casting meines Lebens. So fühlte es sich jedenfalls an. Ich wurde eingeladen für eine Probemoderation bei einer großen deutschen TV-Show. Meine Gedanken rasten: »Okay, Lukas, das ist es jetzt. Wenn du das in den Sand setzt, war es das mit deiner Karriere. Das hier ist deine große Chance, endlich Fernsehen.« Fernsehen war in unserer Familie noch ein bisschen höher angesiedelt als Radio. Und für den habe ich damals schon gearbeitet. Oder wie mein Vater immer so schön zu sagen pflegte: »Radio ist ja schön und gut, aber irgendwann sehe ich dich im Fernsehen.« No pressure, Papa, und danke für den Rückenwind. Da stand ich also nun, frisch abgepudert aus der Maske im hell erleuchteten Studio. Scheinwerfer auf mich. In der Regie wurde runtergezählt: Fünf … in meinem Kopf ein Feuerwerk aus Gedanken: »Ey, Lukas, verkack das nicht, das ist wichtig«, »Moderation von Karten war noch nie so dein Ding«. Noch vier … »Oh Mann, wenn ich mich verspreche, so einen Stotterer hinlege.« Noch drei … »Jetzt gibt es kein Zurück mehr.« Noch zwei … »Mein letztes Stündlein hat geschlagen.« Noch eins … »Ich kann mir nicht mehr ins Gesicht gucken, wenn ich das hier nicht richtig gut mache.« Und bitte: »Hallo und guten Morgen, lieber Zuschauer, heute geht es um das Thema …«, und schon hatte ich den ersten Stolperer. Ich verrutschte auf dem Teleprompter in der Zeile. Ich stolperte mich durch die weiteren Moderationen. In den Pausen, wenn Kameraeinstellung und Thema gewechselt wurden, knallte es in meinem Kopf schlimmer als an Silvester. »Du bist ein Loser, noch nicht mal einen Text kannst du ablesen. Mann ey, diese eine Chance, warum ergreifst du sie nicht? Na ja, dann bleibst du ebenda, wo du hingehörst.« Mit diesem giftigen Mix an Gedanken, der mein Selbstwertgefühl erschütterte, startete ich in die nächste Moderation. Natürlich wurde es schlimmer und schlimmer. Irgendwann fokussierte ich mich dann nicht mehr darauf, es gut zu machen, sondern nur noch darauf, nicht zu stolpern. Das führte dazu, dass ich mich immer mehr verhaspelte. Ich stellte mir die rollenden Augen in der Regie vor. Bestimmt gab es dort schon den ersten Seitenbuffer oder mitleidige Blicke. Ich wurde immer verkrampfter und steifer, und nach endlos erscheinenden 15 Minuten Moderation wurde ich in die Freiheit entlassen. Draußen vor der Tür regnete es Selbstvorwürfe – und ich hatte keinen Schirm dabei.

Was ich damals schon ahnte, aber wofür ich noch keine Worte und kein richtiges Konzept hatte, war Folgendes: Meine eigenen Gedanken hatten das Casting in eine wahre Katastrophe verwandelt. Gedanken erzeugen Gefühle. Heute habe ich ein Werkzeug an der Hand mit dem schönen Namen Defusion[59]. Da die ACT eine Therapieform aus den USA ist, wurden die Begriffe aus dem Englischen übernommen oder zum Teil ziemlich sperrig übersetzt. Ich nenne es daher lieber Gedankenkino. Was es meint: Die Fähigkeit, die eigenen Gedanken in einer Situation zu beobachten und sich nicht mit ihnen zu identifizieren. Als ob wir gemütlich im Kinosessel sitzen und unseren Gedanken auf der Leinwand zuschauen. Ja, das geht. Und weil es geht, also weil da etwas in uns ist, was unsere Gedanken wahrnimmt, können wir nicht unsere Gedanken sein. Sondern eben »nur« die Beobachter unserer Gedanken. In dem Moment, in dem wir das realisieren, uns in den Kinosessel setzen und ein »Best of Film unserer Gedanken« sehen, bekommen wir Abstand zu den Produkten unseres Verstandes und müssen dadurch nicht automatisch das machen, was wir innerlich sehen und hören. Denn Gedanken sind das, was sie eben sind: Gedanken – nicht mehr und nicht weniger. Wenn ich mich von meinen Gedanken distanziere, kann ich einen besseren Überblick gewinnen und darüber entscheiden, wo ich hinwill. Was nicht heißt, dass Gedanken nicht ihre Berechtigung haben. Einige geben ein konkretes Bild von der Realität wieder, andere sind aufgrund unserer Erfahrungen, die wir gemacht haben, verzerrt und hindern uns daran, gesund in der Welt zu agieren.

Mach gerne den Test: Vielleicht hast du ja, während wir uns weiter oben im Kapitel mit Glaubenssätzen beschäftigt haben, einen Glaubenssatz für dich selbst herausgefunden. Ersetze dann gerne meinen hinderlichen Glaubenssatz durch deinen und sprich folgende Sätze vor dich hin. Schau dabei, was sich an deiner Empfindung verändert:

1. Ich muss etwas leisten, um geliebt zu werden.
2. Ich habe den Gedanken, dass ich etwas leisten muss, um geliebt zu werden.
3. Ich bemerke, dass ich den Gedanken habe, dass ich etwas leisten muss, um geliebt zu werden.

Hat sich etwas verändert? Meistens führt diese kleine Änderung dazu, dass wir nicht mehr emotional verhaftet sind mit den Gedanken. Sie hilft uns, aus der kontrollierenden Wirkung dieser Glaubenssätze auszusteigen. Im Fall meines Castings wäre ein hilfreicher Satz gewesen: »Ich bemerke, dass ich den Gedanken habe, dass die Moderation von Karten noch nie so mein Ding war.« Oder auch: »Jawoll, da läuft wieder das Best-of meiner ›Ich kann das nicht-Gedanken‹.« Ich hätte mir sagen können: Ich bemerke, dass ihr da seid, liebe Gedanken, und mich vor der Enttäuschung bewahren wollt. Die ursprünglichen Gedanken müssen weder verändert noch bewertet noch korrigiert werden. Sie werden einfach wahrgenommen.

Natürlich gehen wir nicht ständig zu irgendwelchen Castings. Es sind die alltäglichen Situationen. Streits, Diskussionen oder Gedankenspiralen, in die wir geraten. Wenn wir in einem Streit kurz davor sind zu explodieren, aber gerade noch so bemerken können, was wir denken und fühlen – genau dann ist Zeit für das Gedankenkino. Denn mit Abstand zu unseren Gedanken geht die Tür auf zu dem von Viktor Frankl beschriebenen Raum, in dem wir uns aktiv entscheiden können. Wo wir frei sind. Dort haben wir die Wahl und sind nicht mehr im Autopiloten unserer Prägungen unterwegs.

Werkzeug des Lebens: Der Regiestuhl

Ich habe einen guten Freund, der immer von sich behauptet hat, unsportlich zu sein. Er meinte, das sei schon früher in der Schule so gewesen. Damals sei er, so sagt er es, »berechtigterweise« als Letzter in die Mannschaft gewählt worden. Er sei einfach der unsportliche Typ. Jahre später ging er eine neue Beziehung mit einer sehr ambitionierten Sportlerin ein. Die stellte ihm eine simple Frage: »Wann hast du dich dafür entschieden, unsportlich zu sein?« Durch diese Frage merkte er, dass es eine Geschichte war, ein Bild über sich selbst, was er sich die ganze Zeit erzählte. Und je häufiger er es erzählte, desto mehr wurde es zu seiner inneren Wahrheit. Als er das realisierte, fing er ganz langsam an, ein Bewusstsein für seinen Körper zu entwickeln. Er nahm die Treppen statt den Fahrstuhl und liebt es heute, zu wandern und Volleyball zu spielen.

Die große Frage ist also: Kann sich ein Mensch verändern, oder bleiben wir gleich? Inwieweit tragen unsere Selbstbilder, also die Geschichten, die wir uns über uns selbst erzählen, dazu bei, dass wir genau diese Selbstbilder erfüllen? Welcher Anteil davon sind wir wirklich? Ist alles per Genetik mitgegeben, oder sind wir veränderbar? Wer wären wir geworden, wenn wir mit demselben Genmaterial bei anderen Eltern, mit einer anderen Erziehung, in einem anderen Land, in einen anderen sozioökonomischen Status hineingeboren wären? Ziemlich sicher ein ganz anderer Mensch. Und trotzdem halten wir an den Konzepten über uns selbst fest. Wir sagen uns: »Ich bin unsportlich, schüchtern, ein tollpatschiger Typ, beziehungsunfähig« oder was auch immer unser Selbstbild ausmacht. Und das tun wir nicht nur bei uns, sondern auch dann, wenn wir andere betrachten, bewerten und in Schubladen stecken. Studien zeigen, dass genau dieses Festhalten, also die psychologische Unflexibilität, mit geringerer psychischer Gesundheit einhergeht[60]. Sie bremst uns, wenn wir Veränderungsprozesse starten oder auf die Veränderungen im Leben reagieren.

Wenn wir anfangen, diese Rollen und Konzepte über uns selbst aus einer beobachtenden Perspektive wahrzunehmen, hilft das, einen flexibleren Umgang mit ihnen zu finden. Wir sehen uns dann leichter als die Gestaltenden unseres Lebens und können besser mit den Veränderungen, Rückschlägen und Herausforderungen umgehen, die auf uns warten. Ich nenne dieses Beobachter-Selbst, wie es in der ACT heißt, den Regiestuhl. Wir beobachten die Rolle, die wir auf der Bühne des Lebens spielen, aus einem größeren Abstand. Während wir uns im Gedankenkino auf unsere Gedanken fokussieren, die auf der Leinwand des Lebens ablaufen, haben wir im Regiestuhl den Blick auf die gesamte Schauspielrolle. Vielleicht spielst du schon seit Jahren die Rolle der guten Ehefrau, die des liebenden Vaters oder die des engagierten Mitarbeiters. Und vielleicht fühlst du dich in dieser Rolle gar nicht wohl. Egal in welcher Rolle, zu welcher Zeit wir uns gerade sehen, ob als Sohn, Tochter, Angestellte, Partner, Freund, Chefin, Bruder oder Schwester, dahinter steht immer unser Bewusstsein. Dieses Bewusstsein überdauert die Veränderungen des Lebens, durch die wir alle gehen. Wenn wir von der Mutter zur Großmutter werden oder vom Studenten zum Arbeitnehmer. Es gibt immer eine Instanz dahinter, die den Wandel wahrnimmt, die den eigenen Atem spürt und seit der Geburt da ist und bis zum Tod dableiben wird.

Auf dem Regiestuhl Platz zu nehmen hilft uns dabei, eine Distanz zwischen dem eigenen Selbstbild und den damit verbundenen Gedanken, Erinnerungen, Gefühlen und Empfindungen zu schaffen. Im Regiestuhl wollen wir die Gedanken, Erinnerungen und Gefühle nicht auflösen oder in ein positives Selbstbild verändern. Wir nehmen nur die Existenz der Gedanken und des Selbstbilds wahr. Er ist ein Ruhepol in unserem Leben, egal wie turbulent es auch gerade sein mag. Von hier aus starten wir, und hierhin können wir immer wieder zurückkehren.

Werkzeug des Lebens: Mein Kompass

Wer bei Wikipedia nach Edward Snowden sucht, findet dort die Geschichte einer 180-Grad-Wendung. Snowden legte als Techniker im Bereich IT-Sicherheit bei der CIA und später als externer Mitarbeiter der NSA eine steile Karriere hin. Bereits mit Ende zwanzig lebte er ein sehr komfortables und privilegiertes Leben mit seiner Partnerin in seinem Eigenheim auf Hawaii. Er verfügte über einen sicheren und gut bezahlten Job mit über 10 000 Dollar Einkommen im Monat. Wegen seiner Position und der damit verbundenen Sicherheitseinstufung erhielt er Zugriff auf geheime Dateien. Durch Recherchen deckte er auf, wie umfangreich die Überwachungsprogramme der USA und ihrer Verbündeten sind. Sie werden ohne öffentliche Kenntnis oder Debatte durchgeführt. Glaubt man Selbstberichten, hatte Snowden bereits 2007 eine erste Ahnung von dem, was hinter den Kulissen passiert. Sechs Jahre später stand er vor der Entscheidung, mit der Wahrheit ans Licht zu treten. Denn er hatte ausreichende Beweise für die Spionagearbeit. Allerdings wusste er, dass er mit seiner Veröffentlichung alles aufgab: seine Karriere, seine finanzielle Existenzgrundlage, ein Leben in Sicherheit und in seiner Heimat, den USA, und vielleicht sogar seine Partnerschaft. Edward Snowden entschied sich mit der Veröffentlichung der PRISMA-Dokumente 2013 zu diesem Schritt. Sein Leben sollte nie mehr sein wie zuvor. Der Rest davon ist Geschichte.

Warum hat er all das getan und dabei alles aufgegeben? Ich kann nur mutmaßen, aber seine Antwort würde in den Worten des Philosophen Friedrich Nietzsche vielleicht so klingen: »Wer ein Warum zu leben hat, erträgt fast jedes Wie.«[61] Wer einen Sinn und Zweck im Leben hat, schafft es, sich auf das Wesentliche zu konzentrieren und mit den Widrigkeiten des Lebens umzugehen. Für Edward Snowden ist Gerechtigkeit vermutlich ein persönlich hoher Wert. Und als er gemerkt hat, dass dieser Wert in Gefahr ist, entschloss er sich, etwas dagegen zu tun. Hast du schon einmal überlegt, wie du an Snowdens Stelle gehandelt hättest? Von welchen Werten hättest du dich leiten lassen?

Aus der Perspektive der ACT geht es bei Werten um frei wählbare Vorstellungen von einem guten und lebenswerten Leben[62]. Bei dem einen ist es Gerechtigkeit, bei dem anderen Luxus und Komfort. Es geht nicht darum, was die Gesellschaft oder andere Leute für richtig oder falsch halten, es geht um deine ganz persönliche Haltung dazu. Wir alle haben im Durchschnitt 29 500 Tage auf dieser Erde. Mit unseren Werten konzentrieren wir uns auf das Wesentliche im Leben. Worum soll es in meinem Leben gehen? Was ist wirklich wichtig? Werte liefern uns eine Orientierung bei den vielen Entscheidungen, die wir jeden Tag treffen müssen. Das können manchmal auch banal erscheinende Dinge sein: Gehe ich jetzt zum Sport, obwohl es gerade angefangen hat zu regnen? Kaufe ich das Fertiggericht oder koche ich mir eine Gemüsepfanne aus frischen Zutaten? Sage ich meinem Partner, was ich fühle, obwohl ich innerlich noch schmolle und verletzt bin? Aber auch große Fragen: Kündige ich meinen Job? Kaufe ich ein Haus? Bekomme ich ein Baby?

Unsere Werte liefern uns eine Orientierung, wie ein Kompass, an dem wir uns auch in schwierigen Zeiten orientieren können. Wenn wir unsere Werte kennen, wissen wir, was uns tief im Herzen wirklich wichtig ist. Und das treibt uns am Ende innerlich an. Wie auch Edward Snowden von seinen ersten Entdeckungen an sechs Jahre gebraucht hat, um an die Öffentlichkeit zu gehen und so seinen Wert zu leben, kann das auch bei dir ein langwieriger Prozess sein. Er kann auch schmerzhaft werden, weil du zum Beispiel feststellst, dass du jahrelang gegen deine Werte gelebt hast. Diese für sich klar zu haben heißt nämlich nicht, dass ab dem Zeitpunkt alle Entscheidungen leicht sind und wir unbeschwert durchs Leben gehen. Aber Werte geben uns ebendiese Orientierung und verbinden uns mit unserem inneren Kern. Wenn wir unser Warum klar haben, können wir selbst in stürmischen Zeiten unsere Fahrtrichtung einhalten. Denn eines ist sicher: Es wird Zeiten und Situationen in unserem Leben geben, die verdammt schwer sind. Persönliche Veränderungen sind manchmal nicht leicht. Wenn einer unserer Werte »Treue« ist, dann ist es leichter, dem Flirtversuch auf der Geschäftsreise nicht zu erliegen. Wenn mein Wert »Gesundheit« ist, schaffe ich es eher, die Joggingschuhe auch an regnerischen Tagen anzuziehen, und wenn mein Wert »Familie« ist, fällt es mir vielleicht leichter, meinen 60-Stunden-Job zu kündigen. Nur wenn ich weiß, was in meinem Leben wichtig ist, kann ich mich auch daran orientieren.

Werkzeug des Lebens: Vertrag mit mir selbst

Einer meiner persönlichen Werte ist Familie. Diesen Wert zu leben heißt für mich, mein Handy bewusst zur Seite zu legen, wenn ich mit meiner Tochter zusammen bin. Ich tue das, um nicht abgelenkt zu sein, um aktiv Zeit mit ihr zu verbringen. Das gelingt nicht immer und nicht zu jeder Zeit, aber doch sehr häufig. Ich lege mich auf den Wert Familie fest und will diesen auch in meinem Leben umsetzen – das Commitment, was ich auch den Vertrag mit mir selbst nenne. Wenn wir einen Wert nicht aktiv durch Handlungen und Ziele umsetzen, dann bleibt er nur ein Wert, hat aber keine Bedeutung in unserem Leben. Danach zu leben, kontinuierlich immer wieder auch den Kurs zu korrigieren, die Wahl zu treffen, in eine Richtung auch wirklich zu gehen – das ist Commitment. Es kann schwierig sein, für seine Werte einzustehen und nach ihnen zu handeln. Es bedeutet aber auch, dass wir trotz unserer Wut, unserer Angst vor Enttäuschung und unserer Unsicherheit die für uns wichtigen Dinge im Leben angehen, weil sie unseren höheren Werten entsprechen. Commitment heißt, diese Gefühle zu akzeptieren und trotzdem den eigenen Weg geleitet von den eigenen Werten zu gehen. Wir alle kommen an Entscheidungspunkte im Leben. Manchmal kommen sie uns ganz klein vor und sind nur mit der Lupe erkennbar, manchmal sind sie groß wie Wolkenkratzer. Unser Weg im Leben ist durch eine Kette von Entscheidungen definiert. Der Vertrag mit uns selbst hilft uns dabei, einen kontinuierlichen roten Faden durchzuziehen. Es heißt, nicht in der psychologischen Theorie zu verbleiben, sondern von einem »Ja, habe ich jetzt verstanden« ins aktive Handeln zu kommen. Es heißt nicht, sich zu zwingen, sondern mit der Klarheit der Werte den inneren Antrieb zu finden und zu nutzen.

Manchmal ermüdet mich die psychologische Theorie, die so einleuchtend klingt und dann doch im Leben nicht so einfach umzusetzen ist, wie die schwarzen Buchstaben auf weißem Papier es suggerieren wollen. Wenn es so wäre, hätte ja kein Psychologe mehr Probleme. Durch meinen Beruf kenne ich sehr viele von ihnen, und das trifft auf keinen zu. Vielleicht sträube ich mich nur gegen die guten Konzepte, damit ich nicht nach ihnen leben muss und endlich raus aus dem Dunkelretreat kann. Ich will nur raus aus diesem Loch. Und gleichzeitig ist ein großer Wert in meinem Leben Selbstbestimmung und Freiheit. Gehen hieße doch nur gefangen zu bleiben und nicht mit meinen Gefühlen sein zu können. Ich bin verwirrt: Bedeutet frei zu sein, diesen Selbstversuch abzubrechen oder ihn durchzuziehen? Ich stelle mir vor, wie ich nach gerade mal einem halben Tag in der Dunkelheit meine Mitarbeiterin anrufe und ihr berichte, abgebrochen zu haben. In meiner Vorstellung höre ich es am anderen Ende der Leitung fragen: »Warum? War es doch zu heftig für dich?« Ab hier würde ich ins Stammeln kommen. Vielleicht würde ich so was sagen wie: »Also nicht heftig, aber zu langweilig.« »Du konntest also das Gefühl der Langeweile nicht ertragen?«, würde sie fragen. »Doch klar, das hätte ich geschafft, aber ich wollte lieber produktiv sein und in der Zeit was Vernünftiges machen«, würde ich erwidern. Wir hätten einen kurzen Moment geschwiegen und beide gewusst, dass das Unsinn ist. Schon allein bei dieser Vorstellung durchfährt mich ein neues Gefühl heiß wie ein Blitz: Scham. Gefühle sind wie die Schatzgräber unserer Erinnerungen, und ich stoße auf eine Kiste, in der ein Erlebnis liegt.

KAPITEL 3

SCHÄME DICH UND LEBE

Das Handy vibrierte, und mein Blick fiel auf den Bildschirm. Eine WhatsApp-Nachricht von einem Bekannten, den ich erst ein paar Monate zuvor kennengelernt hatte. Er lud zu seinem Geburtstag, die anstehende Party klang groß und vielversprechend. In seiner Nachricht war ein kleines Video enthalten, das durch die noch geheime Location führte: meterhohe schwarze Räume, Displays, eine von KI entwickelte Kunstausstellung. Kunst von Computern? Ich gab mich berlinerisch offen. 19 Uhr war Einlass, und alle sollten pünktlich sein, denn eine Stunde später würde schon das große Sterne-Dinner kredenzt. Unter den hundert geladenen Gästen befanden sich Politiker, Topmanager, die CEOs global agierender Corporates – und ich. Sofort frage ich mich: »Wie soll ich zu all diesen Persönlichkeiten passen?« Dieses Gefühl, nicht wirklich dazuzugehören, begleitet mich schon seit meiner Kindheit. Angefangen als Kind der Zeugen Jehovas, das in der Schule nicht so richtig dabei war. Als Scheidungskind in einer Welt, in der alle anderen Eltern glücklich verheiratet waren. Und als Kind einer Mutter, die Hartz IV bezog, in einer Straße, in der alle sonntags ihre glänzenden Autos putzten.

Mit größter Kraft schob ich diese Zweifel beiseite und suchte ein passendes Outfit. Am Partytag betrat ich die obligatorische akademische Viertelstunde zu spät den riesigen schwarzen Saal. Ein bisschen später zu kommen, damit ich gleich in einen Bekannten reinkegeln konnte, war mein Plan. Anscheinend wandten diesen Trick heute Abend auch alle anderen an, und ich kegelte ins Leere. Die Musik dröhnte, und in den Ecken des Saals waren bereits kleine Gruppen von Menschen zusammengekommen. Lauter lachende Gesichter – nur ich stand allein im schwarzen Saal und kannte niemanden. Eigentlich bin ich kein schüchterner Typ, versuchte ich mir einzureden, während es in meiner Brust hämmerte. Mein Hals fing an zu brennen, ich spürte meinen Herzschlag, während meine Hände fast unmerklich anfingen zu zittern und zu schwitzen. »Was wohl gerade die anderen denken?«, fragte ich mich, während ich mich in Gedanken auf dem Präsentierteller weiterdrehte. Ja, schaut her! Ich stehe allein da und kenne niemanden. Ich finde keinen Anschluss an die soziale Gruppe. Als Außenseiter hätte mich vor 10 000 Jahren wahrscheinlich schon längst der Säbelzahntiger am Nacken gepackt und über den Prärieboden an einen ruhigen Ort zum Verspeisen geschleppt. Vielleicht hätte ich aber auch Glück gehabt und wäre einfach nur ganz friedlich verdurstet oder verhungert. Oder ich wäre alleine erfroren. Auf jeden Fall hätte der Ausschluss aus der Gruppe mit hoher Wahrscheinlichkeit tödlich geendet.

Bekanntermaßen befand ich mich aber nicht mehr in der vorzeitlichen Savanne, sondern im Berlin des 21. Jahrhunderts, und ich dachte: »Hätte ich mal doch mein LinkedIn-Profil besser gepflegt.« Zu spät. Niemand da, den ich auch nur im weitesten Sinne kannte, und ich wurde gefühlt wie ein Sonderling beobachtet. Wie kleine Blitze schossen immer mehr Gedanken durch meinen Kopf: »Oh, die anderen haben bestimmt schon gesehen, wie ich hier alleine stehe. Wird da über mich getuschelt? Was ist, wenn das den ganzen Abend so geht? Einen ganzen Abend kann ich hier nicht alleine rumstehen.«

Das Gefühl, das in mir schlagartig hochkam, war Scham. Wir kennen sie alle, denn sie gehört zu den intensivsten und unangenehmsten Gefühlen, die es gibt. Während man in China die Suppe auch in guten Restaurants laut schlürfen darf, würde das in Deutschland zumindest mit kritischen Blicken quittiert werden. Umgekehrt würde man diese Blicke in China höchstwahrscheinlich ernten, wenn die Ältesten der Familie in einem

Pflegeheim landen. Zwar sind die Auslöser für Scham in vielen Kulturen unterschiedlich, aber geschämt wird sich überall auf der Welt[63].

Warum wir uns schämen

Scham ist wie ein guter Wein: Sie muss erst reifen. Kinder unter zwei Jahren schämen sich noch nicht, denn sie müssen erst zwischen sich selbst und anderen unterscheiden können, bevor das Gefühl der Scham überhaupt aufkommen kann[64]. Scham entsteht nämlich, wenn wir die sozialen und persönlichen Normen verletzt haben und das auch bemerken – wenn wir glauben, die Erwartungen anderer nicht zu erfüllen. Scham braucht also auch immer ein Gegenüber: Alleine können wir uns nicht schämen, wir müssen uns ein Gegenüber zumindest vorstellen. Und immer wenn wir uns schämen, wollen wir etwas unsichtbar machen, das vorher sichtbar war oder sichtbar werden könnte[65]. Hat sich Scham erst mal entwickelt, begleitet sie uns ein Leben lang: In der Schulzeit wurde sie vielleicht ausgelöst, weil wir als Letzte beim Sport gewählt wurden, heute, weil wir bei einem wichtigen Meeting einen dicken Brocken Spinat zwischen den Zähnen haben. Auch wenn Scham als Gefühl so beliebt ist wie Mücken an einem romantischen Sommerabend am See, hat sie ihre eigene Funktion: Scham war schon seit jeher ein wichtiges gesellschaftliches Schmiermittel. Sie sorgt gemeinsam mit dem Schuldgefühl dafür, dass geltende Normen eingehalten werden, reguliert damit das Zusammenleben in Gruppen und kann darüber hinaus für den Einzelnen wertstiftend sein und zu inneren Erkenntnissen beitragen[66]. Wer also zum Beispiel von anderen für ein bestimmtes Verhalten zur Verantwortung gezogen wird und daraufhin Scham erlebt, kann dadurch zu der Erkenntnis kommen, sich in Zukunft anders verhalten zu wollen. Und der Schutz der Gruppe bot eben einen Vorteil beim Kampf ums Überleben.

Aber auch heute ist die Scham ein Gefühl, das keineswegs ins Museum gehört. Scham kann dafür sorgen, dass unsere intimen Grenzen und unsere Privatsphäre geschützt werden, und regt zur Selbstreflexion an. Sie hat also das Potenzial, Menschen anzuregen, ihre Handlungen und ihr Verhalten zu reflektieren und so daraus zu lernen. Sie ist damit ein Antrieb für Veränderungsprozesse. Wenn wir unsere Scham annehmen und kommunizieren, wenn wir also jemandem genau das mitteilen, was wir in schamvollen Situationen empfinden, kann sie für die Stärkung unserer sozialen Bindungen sorgen. So werden Menschen, die sich leichter schämen, als vertrauenswürdiger, sympathischer und großzügiger wahrgenommen als »Ungerührte«[67].

Stellen wir uns doch mal eine Gesellschaft ganz ohne Scham vor: Es gäbe wahrscheinlich mehr Müll auf der Straße, mehr Straftaten und mehr Übergriffe. Eine Studie mit straffälligen Jugendlichen zu ihrem Scham- und Schuldempfinden konnte zeigen: Die untersuchten Straffälligen empfinden grundsätzlich wenig bis kaum Schamgefühle und auch nur mäßig Schuld im Vergleich zur Kontrollgruppe, die aus nicht straffälligen Jugendlichen bestand. Die straffälligen Jugendlichen tendieren weniger dazu, sich mit anderen zu identifizieren. Ihr Wunsch nach Gruppenzugehörigkeit, also das Bedürfnis, bei dem die Scham und auch das Schuldgefühl besonders gut greifen, und nach Konsens ist weniger stark ausgebildet. Auch beim Selbstwertgefühl unterschieden sich die Insassen zu der nicht straffällig gewordenen Kontrollgruppe. Die Straftäter regulieren ihr Selbstwertgefühl eher durch Stolz als durch Schuld- und Schamgefühle, wie es bei den nicht kriminell gewordenen Menschen der Fall ist[68].

Beide Gefühle, Scham und Schuld, sorgen also für erhöhte moralische Wachsamkeit. Sie können eine wichtige Kontrollinstanz sein, die uns zeigt, ob wir gegen innere und äußere Regeln verstoßen haben. Einen entscheidenden Unterschied aber gibt es, wie die Psychologin Susan David in ihrem Buch beschreibt:

das Schuldgefühl bezieht sich meist auf ganz bestimmte Taten. Scham hingegen kategorisiert uns nicht als Menschen, der etwas Schlechtes getan hat, sondern greift uns in der Gesamtheit an und kategorisiert uns als schlechten Menschen. Menschen, die Scham empfinden, fühlen sich in diesen Momenten oft wertlos[69].

Natürlich birgt diese enorme Kraft des Gefühls der Scham auch Gefahren und Tücken. Als Kind, das in einer strengen religiösen Gemeinschaft aufgewachsen ist, habe ich das am eigenen Leib erfahren: Menschen wurden subtil im Namen der Bibel beschämt – so konnte sichergestellt werden, dass die von der Gemeinschaft aufgestellten Regeln eingehalten werden. Der Kontakt mit Menschen außerhalb der Gemeinschaft wurde zum Beispiel nie verboten, aber es wurde betont, dass Gott das nicht gerne sehe. Ähnlich wird die Scham schon seit Jahrtausenden genutzt, um speziell die weibliche Sexualität zu kontrollieren[70]: Noch heute wird ein aktives Sexualleben mit wechselnden Partnern bei Frauen im Durchschnitt negativer bewertet als bei Männern[71].

Weil Scham ein sehr starkes Gefühl sein kann und eng mit unserem Selbstbild und unserer Identität verbunden ist, scheint es logisch, dass Menschen mit einem geringen Selbstwertgefühl besonders viel Scham empfinden. Ein Zuviel an Scham wird mit verschiedenen psychischen Störungen wie Depressionen, Angststörungen[72], Essstörungen[73], Sucht[74] und Selbstverletzungen[75] in Verbindung gebracht. Scham birgt also gesundheitliche Risiken. Weil sich Menschen schämen, drücken sie sich zum Beispiel vor regelmäßigen Vorsorgeuntersuchungen beim Arzt[76]. Und vor allem Jugendliche riskieren Krankheiten und ungewollte Schwangerschaften, wenn sie sich schämen, über Verhütung zu sprechen und damit Kondome zu benutzen[77]. Eine andere Studie legt nahe, dass sich Menschen mit Übergewicht aufgrund von Schamgefühlen keine oder erst spät medizinische Hilfe holen, insbesondere Frauen[78].

Übermäßige Scham kann also zu sozialer Isolation, Stigmatisierung und Selbstabwertung führen. Sie kann uns sogar davon abhalten, vor die Tür zu gehen. Das große Problem mit unserer Angst vor der Bewertung anderer ist, dass sie uns im Leben allzu oft davon abhält, Dinge zu tun, die wichtig sind. Scham kann uns in Ketten legen und uns unfähig machen, die Dinge zu tun, die wir wirklich wollen, und uns damit erheblich in unserer Lebensqualität beeinträchtigen. Diesen einen Menschen nicht anzusprechen, weil wir das potenzielle Schamgefühl bei einer Zurückweisung nicht ertragen – und damit die Liebe unseres Lebens verpassen. Oder nicht zur Vorsorgeuntersuchung zu gehen – und damit die Chance verpassen, Krebs im frühen Stadium zu erkennen. Oder nicht nach einer Gehaltserhöhung zu fragen, aus Angst, die Chefin könnte sagen, wir hätten sie nicht verdient.

Ich habe als Kind nie wirklich gelernt, mit Scham umzugehen. Das bekomme ich nun auch auf der Party zu spüren: Das aufkommende Gefühl löst Widerwillen in mir aus: »Ich will das nicht haben.« Ich habe Angst, von der Scham weggespült zu werden wie von einer Riesenwelle im Atlantik. Und was mir Angst macht, bekämpfe oder vermeide ich normalerweise. Das alles passiert natürlich wahnsinng schnell und läuft unbewusst ab, aber am Ende folgt ein Vermeidungsverhalten.

Automatisch wollte ich also zum Handy greifen und so tun, als ob ich geschäftig etwas zu erledigen habe, mich ablenken von diesem unangenehmen Gefühl. Mein Handy holt mich aus allen Gefühlslagen raus: Langeweile, Unruhe, Angst und Sorgen. Jedes Mal, wenn ich draufgucke, fühle ich mich ein bisschen besser – und verlerne natürlich auch so den Umgang mit Emotionen. Es ist Fast Food für das eigene Herz. Das Tückische an unserem Smartphone: Social Media und Co. wirken wie eine Droge auf unser Gehirn, das Scrollen, eintreffende Nachrichten und Likes werden mit Dopaminstößen belohnt[79].

Der Scham begegnen

Doch dieses Mal war es anders. Ich beschäftigte mich zu dem Zeitpunkt gerade mit Gefühlsbereitschaft und war dadurch in solchen Momenten achtsamer geworden. Deshalb bemerkte ich überhaupt, dass sich Scham in mir ausbreitete, und konnte mich selbst dabei beobachten, wie meine Hand aus Gewohnheit in Richtung Hosentasche ging. Ich sagte innerlich »Stopp« und folgte dieses eine Mal nicht meinem gewohnten Automatismus.

Der alles entscheidende Schlüssel dafür, raus aus den Automatismen und damit raus aus der Vermeidung zu kommen, ist: Achtsamkeit – wie wir wissen, die erste wichtige Komponente von Gefühlsbereitschaft. Nur wenn ich achtsam bin, weiß ich, dass jedes Gefühl von Grund auf weder gut noch schlecht ist. Scham, Ekel, Trauer, Wut – alle Emotionen haben ihre Potenziale und Gefahren. Über Achtsamkeit können wir uns zum Beispiel der Scham in dem Moment, in dem sie auftaucht, bewusst werden, sie erkennen und fühlen. Der Weg aus der Vermeidung geht über das Fühlen. Nur wenn wir im Augenblick präsent sind, schauen wir überhaupt auf das Armaturenbrett unserer Gefühle und bemerken, dass eine Lampe blinkt. Wir fangen an, im Hier und Jetzt zu leben, anstatt uns in Gedanken über die Vergangenheit oder die Zukunft zu verlieren. Ich mache mir in dem Moment, in dem ich mich auf mein Gefühl konzentriere, keine Sorgen darüber, was andere Menschen auf der Party über mich denken, ob sie mich für einen Loser ohne Freunde halten. Ich bin stattdessen ganz bei mir und mir meiner selbst bewusst, ich kann den Moment vollständig erleben und eine tiefere Verbindung zu der Erfahrung herstellen.

Um Achtsamkeit in der Praxis zu kultivieren und als Werkzeug im Leben parat zu haben, empfehlen sich verschiedene Übungen und Techniken: geführte Meditationen, Atemübungen oder die bewusste Durchführung alltäglicher Aktivitäten. Mach einmal den Test: Was hörst du gerade um dich herum? Vielleicht ein Auto, das gerade vorbeifährt, Menschen, die sprechen, oder den Wind, der die Blätter zum Rauschen bringt. Genau wie du diese Geräusche einfach nur achtsam wahrnimmst, kannst du auch deine Gedanken und Gefühle erst mal nur achtsam wahrnehmen. Besonders in stressigen Momenten hilft Achtsamkeit, die Verbindung zu dir selbst aufrechtzuerhalten. Ich bin zum Beispiel ein großer Freund der einfachen und effektiven 5-4-3-2-1 Methode[80], die uns gerade in stressigen Momenten und in schwierigen Situationen gut in den gegenwärtigen Moment holen kann, also achtsamer macht.

Entdecke dafür als Erstes fünf Dinge, die du gerade siehst. Vielleicht sind es die Gardinen, die an deinem Fenster hängen, der Schrank, der in deinem Zimmer steht, die Leute, die vor dir spazieren, der Baum, der auf der anderen Straßenseite steht, oder das Buch, das du gerade in den Händen hältst. Danach benenne bitte vier Dinge, die du gerade körperlich spürst. Es kann der Windzug sein, der durchs offene Fenster hereinkommt, der Druck auf deinem Gesäß vom Sitzen auf dem Stuhl, der Stoff, der auf deiner Haut aufliegt, oder einfach der Boden unter deinen Füßen. Danach konzentriere dich auf drei Dinge, die du hörst: Ist es das Rauschen des Verkehrs, sind es die zwitschernden Vögel? Oder es ist so leise, dass du nur deinen eigenen Herzschlag hörst? Fahre fort mit zwei Dingen, die du riechst: Welche Gerüche nimmst du gerade wahr? Welche Nuancen in der Luft? Ist es der Duft von Tee, der dampfend vor dir steht, oder der Geruch von frisch gemähtem Gras? Widme dich zum Schluss einer Sache, die du schmeckst. Wenn du nebenbei etwas isst, wird das die leichteste Aufgabe von allen. Wenn du gerade nichts isst oder trinkst, achte trotzdem darauf, ob es etwas in deinem

Mundraum gibt, das du schmecken kannst. Mit dieser Methode konzentrierst du dich ganz auf deine Sinne. Du richtest deine Aufmerksamkeit also eher nach außen und auf das, was du in deiner Umwelt wahrnehmen kannst. Um deine Aufmerksamkeit stärker nach innen zu richten und somit ganz bei deinem Gefühl zu bleiben, kannst du zum Beispiel einen Moment innehalten und einfach nur spüren, wie du dich gerade jetzt in diesem Augenblick fühlst. Jedes Gefühl drückt sich über eine körperliche Empfindung aus. Wenn wir sie nicht mehr wahrnehmen, braucht es manchmal etwas Zeit und Ruhe, um sie wiederzuentdecken. Es kann ein ganz sanfter Druck auf den Schultern sein, eine Enge im Hals, ein Kribbeln im Bauch. Wenn wir diese körperliche Veränderung wahrnehmen, geht es darum, für einen Augenblick mit dem Gefühl zu sein, ohne es verändern zu wollen. Neugierig, wie eine Forscherin, die etwas Unbekanntes entdeckt. Mir hilft dabei die Vorstellung, wie mit einem imaginären Scanner einmal den Körper abzufahren und immer dort für 15 Sekunden innezuhalten, wo ich gerade etwas spüre. Probier es einfach mal für dich aus.

Und? Hat sich was verändert? Unter uns: Ich überspringe in Sachbüchern diese praktischen Teile gerne, weil ich denke, alles über meinen Verstand, also mein Wissen, lösen zu können. Aber erst, wenn ich diese Teile eben doch ausprobiere, stelle ich fest, dass unsere Erfahrung mindestens genauso wichtig in unserem Leben ist wie unser Wissen.

Es gibt natürlich noch diverse andere Methoden, die dabei helfen, achtsamer zu werden und das Leben mehr in den Moment zu holen. Viele Routinen lassen sich sehr einfach in den Alltag integrieren. Einige Beispiele: Das Treppenhaus runter zur Eingangstür oder den Weg von der Haustür zum Auto ganz bewusst gehen. Wahrnehmen, wie wir die Füße auf den Boden setzen, wie unsere Körperhaltung ist und wie sich der Wind auf unserer Haut anfühlt. Oder aber eine Mahlzeit achtsam essen.

Zuerst am Essen riechen und es bewusst ansehen. Welche Farben und Formen lassen sich finden? Welche Zutaten lassen sich durch den Geruch erkennen? Danach langsam und bewusst kauen. Sich Zeit nehmen, um den Geschmack im wahrsten Sinne des Wortes auf der Zunge zergehen zu lassen. So können wir auch bewusster wahrnehmen, wenn wir satt sind, und daraufhin aufhören zu essen. Erst mal mag sich das albern anfühlen, aber Achtsamkeit hat erstaunliche Effekte.

Viele Dinge können uns dabei helfen, achtsamer und präsenter zu leben. Das jahrtausendealte Waldbaden – oder, wie es in Japan genannt wird, wo der Begriff seinen Ursprung hat: Shinrin-yoku. Das Eintauchen in die Atmosphäre des Waldes kann die allgemeine Gesundheit und das Wohlbefinden verbessern[81] – die psychologischen Effekte in puncto Achtsamkeit sind nachgewiesen[82]. Dabei geht es gar nicht darum, körperlich aktiv im Wald zu sein, sondern um einen bewussten und entspannten Aufenthalt in der Natur. Auch der gute alte Waldspaziergang hilft unserem Gehirn, sich zu erholen, denn unser Aufmerksamkeitssystem erhält eine Verschnaufpause vom ständigen Informationsoverkill in urbanen Gegenden. Im Vergleich zum Spaziergang in einer Einkaufsstraße reduziert bereits ein einstündiger Spaziergang im Wald die Aktivität unserer Amygdala, also unseres Angstzentrums im Gehirn signifikant[83], was sich positiv auf unser Stresslevel auswirken kann. Achtsamkeit ist zwar keine Entspannungsmethode, was oft fälschlich angenommen wird. Achtsamkeit und Entspannung bedingen sich aber positiv.

Man kann Achtsamkeit eher mit einem Muskel vergleichen, den wir trainieren müssen. Vom Vorbeilaufen am Sportstudio haben wir nicht viel. Es sei denn, wir laufen nicht, sondern rennen. Im Alltag braucht unser Achtsamkeits-Muskel auch immer wieder Erholungspausen von unserem stressigen Alltag – etwa durch einen Spaziergang in der Natur oder durch eine bewusste Reizdiät. Besonders effektiv ist es, für einen Nachmittag das

Handy wegzulegen oder nicht gleich am Morgen nach dem Aufwachen zu checken, was in unserer Abwesenheit in den sozialen Netzwerken passiert ist. Ein weiteres wichtiges Werkzeug: Unsere bewusste Atmung. Sie ist unsere direkte Verbindung zum Leben. Im Schnitt atmen wir 22000 Mal am Tag frische Luft in unsere Lunge[84]. Auch viele Meditationstechniken arbeiten mit der Atmung und fördern unsere Achtsamkeit.

Meine gesteigerte Achtsamkeit ermöglichte es mir also auf der Party im ersten Schritt, überhaupt zu merken, dass da das Gefühl der Scham in mir hochkam und ich eigentlich gleich zum Handy greifen wollte. Ich hatte mich entschlossen, mit meiner Gefühlsbereitschaft zu experimentieren, und nahm erst mal nur wahr: Ich spürte eine innere Unruhe, als ob ich leicht unter Strom stand. Mein Körper wollte rennen, doch ich blieb stehen. Meine Atmung wurde flach, und ich fing an zu schwitzen. Im zweiten Schritt bemerkte ich nicht nur das in mir aufkommende Gefühl, also die blinkende Lampe auf meinem Armaturenbrett, sondern hielt für einen kurzen Moment inne – wie ein Forscher auf Entdeckungsreise betrachtete ich mein Gefühl, ohne viel darüber nachzudenken. Denn ein Forscher schaut sich sein Forschungsobjekt einfach neugierig an, nimmt wahr, was aufkommt, und kann es dadurch besser erkennen, ohne direkt etwas dagegen tun zu müssen. Darauf folgte der zweite Teil von Gefühlsbereitschaft: Akzeptanz. Mit Akzeptanz konnte ich den Raum zwischen dem unangenehmen Gefühl und der eigentlich automatisch darauf folgenden Handlung betreten. Ich entschied mich gegen die Empfehlung meines Gefühls und für das, was ich eigentlich tun wollte: mit anderen Menschen ins Gespräch kommen.

Ich sah mich also um – die Menschen um mich herum standen immer noch in kleinen Grüppchen zusammen. Aber ein Kreis war nicht ganz geschlossen, er sah recht offen aus. Ich entschied mich, sie anzusprechen. Während ich zu dieser Gruppe ging, fühlte ich Scham und Angst in mir hochsteigen. Trotzdem bemühte ich mich, zu lächeln. Das Gespräch begann ich mit dem kleinsten gemeinsamen Nenner, der uns hier alle verband: »Hi, woher kennt ihr denn Florian?«

Das, was sich jetzt gerade so einfach liest, ist kein automatisches Verhalten, sondern eine Entscheidung. Und die ist unter Umständen mit unangenehmen Gefühlen verbunden. Doch der Gewinn war groß: Am Ende des Events hatte ich mehrere nette Gespräche und einen der schönsten Abende seit Langem. Es hat sich sogar eine langfristige Freundschaft daraus ergeben.

Mit der Scham leben

Auf der Party fiel es mir noch relativ leicht, den Grund für meine Scham zu erkennen und im Anschluss zu überwinden. Es gibt aber tief verankerte Sätze in uns, die wir als wahr annehmen, und die oft unbemerkt einen sehr viel größeren Einfluss auf uns haben. Diese sind oft schwerer zu entlarven, wie ich am eigenen Leib festgestellt habe: Bevor es frisch nach dem Abitur mit 20 Jahren mit dem Ernst des Lebens losgehen sollte, machte ich ein Jahr Animation in einem Club auf Ibiza. Ein buntes Programm sollte die Gäste unterhalten. Fast schon antiquarisch wirken heute die verschiedenen Musicals, die wir auf der Clubbühne vor den 1000 Feriengästen performen sollten. Von *König der Löwen*, über *Starlight Express* zu *Tanz der Vampire* war alles dabei. Alle diese Tänze übten wir zwei Wochen vor Cluberöffnung ein. Die Choreografin, die uns bei den Tanzschritten helfen sollte, stand neben der Bühne. Aus den Boxen dröhnt das erste Lied aus *Tanz der Vampire*: »Sei bereit, manchmal in der Nacht hab ich fantastische Träume, aber wenn ich aufwach quält mich die Angst …, sei bereit.« Ich war bereit, loszulegen und die Schritte, die sie vorgab, nachzutanzen. Ich gab mein Bestes, hopste und sprang leicht verzögert in die Posen: Beine kreuzen, umdrehen, Hände in den Himmel, Arme auseinander. So ging es eine Viertelstunde, bis uns die Tanzlehrerin ihre erste Rückmeldung gab. »Ich mache mich ganz gut«, dachte ich, doch sie sagte: »Lukas, das war nichts. Du weißt ja bestimmt selber, dass du ein Bewegungslegastheniker bist. Das will keiner sehen. Wir positionieren dich ab jetzt ganz hinten in der letzten Reihe, dann wirst du von den anderen überdeckt.« Ich kann nicht mal sagen, dass mich das sofort besonders hart traf. Vielleicht waren in dem Moment meine Jalousien unten, bevor das schmerzhafte Gefühl ankommen konnte. Aber irgendetwas zuckte in mir zusammen, als sich ganz hinten in meinem Bewusstsein eine tiefe Wahrheit einpflanzte. Ein Glaubenssatz wurde geboren: »Ich kann nicht tanzen.«

Von da an tanzte ich nicht nur bei den Vorstellungen in der letzten Reihe, sondern auch sonst in meinem Leben. Immer wenn es ums Tanzen ging, war ich lieber am Rand. Nicht ganz so große Bewegungen. Lieber mitschwimmen und nicht auffallen. Verkrampft im Club, auf Festivals, auf Geburtstagen und auf keinen Fall als Erster auf der Tanzfläche. Dieser tiefen Scham und Demütigung, die ab dem Moment Tanzen in mir auslöste, wollte ich nicht mehr begegnen und lebte in diesem Bereich fortan ein Leben in der Vermeidung. Limitierende Glaubenssätze können eben auch eine Form der Gefühlsvermeidung sein.

Ich glaube, wir alle haben im Leben diese weichenstellenden Momente – sei es, dass der Musiklehrer darauf hinweist, wie schief der Gesang gerade klang und dass man doch bitte etwas leiser singen soll; Papa, der einen fragt, ob man sich wirklich noch einen Löffel nachschöpfen wolle, weil man schon »gut im Futter« sei, oder der Sportlehrer, der einen als »lahme Schnecke« betitelt. Manchmal sind es die überforderten Eltern, die einem sagen, dass man ein »schwieriges Kind« sei, oder es ist der erste Freund, der einen betrügt. Manchmal sind es Aussagen, manchmal Taten und Erlebnisse, die bis an den Boden unseres Bewusstseins sinken und dort in der Dunkelheit ihren Dienst verrichten. Die daraus entstehenden Glaubenssätze wollen vor erneuten Schmerzen, vor erneuten Zurückweisungen und Verletzungen schützen, aber sie verhindern auch neue wichtige Erfahrungen.

Der Stachel saß ziemlich tief, so tief, dass ich mich irgendwann daran gewöhnte und nicht mehr wirklich merkte, dass ich doch frei sein und tanzen wollte. Das erste Mal, dass ich darauf aufmerksam wurde, war Jahre später, als ich einen guten Freund Salsa tanzen sah. Die lächelnden Tänzer, die Atmosphäre auf der Tanzfläche und die Leichtigkeit – all das hatte ich aus meinem Leben verbannt. Ich erinnerte mich daran, wie viel Spaß Tanzen machen konnte, aber auch an den alten Schmerz, den ich mit der Situation verband. Denn mein Gehirn rechnete auch hier auf dieser Tanzfläche mit Ablehnung. Es schmiedete die Zukunft aus dem Material der Vergangenheit.

Ich nahm mir trotzdem vor, aktiv zu werden und einen Tanzkurs zu besuchen, doch mein Kalender war auf mysteriöse Weise immer wieder mit »wichtigeren Terminen« blockiert. So gerne hätte ich doch Salsa gelernt, aber es war schlichtweg keine Zeit dafür. Erst zwei weitere Jahre später, als mir die Tragkraft dieser Erfahrung auf Ibiza bewusst wurde, konnte ich mich dem Gefühl stellen, das mich vom Tanzen abhielt. Ich war jetzt bereit dafür und sagte mir: »Ja, ich schäme mich, und ich tanze.« Bei meiner ersten Tanzstunde war ich sehr unsicher, während sich meine Füße im Salsa-Grundschritt bewegten. Ich fing vorsichtig an und übte vorerst mit einem Privatlehrer bei mir zu Hause. Durch den Innenhof konnten die Nachbarn in mein Wohnzimmer gucken, und ich spürte förmlich ihre Blicke. Aber: Mit jeder Tanzstunde, während der ich mich meiner Scham stellte, wurde sie ein bisschen schwächer. Bald dachte ich nicht mehr über die Blicke der anderen nach und konzentrierte mich auf meine eigenen Füße und das gute Gefühl des Tanzens. Die alte Ibiza-Erinnerung wurde zwar nicht ausgelöscht, aber abgeschwächt, durch die neuen Erfahrungen entstanden neue Erinnerungen, die auch eine große Strahlkraft haben. Es stellte sich heraus (und dabei weiß ich natürlich nicht, ob mein Tanzlehrer das einfach nur so gesagt hat, denn er verdient mit mir als Kunde natürlich auch Geld), dass ich ein sehr gutes Rhythmusgefühl habe. Er taufte mich sogar auf den Namen »El Cubano Blanco« – ein neuer Glaubenssatz, der wahrscheinlich politisch nicht ganz korrekt ist.

Ich weiß nicht, ob sich dieses Schamgefühl beim Tanzen jemals ganz in Luft auflösen wird, denn noch heute, wenn ich auf öffentlichen Plätzen mit neuen Menschen tanze, tanzt der alte Glaubenssatz mit: »Du bist ein Bewegungslegastheniker.« Aber es ist mittlerweile so blass geworden, dass er mir den Spaß am Tanzen nicht nehmen kann. Heute weiß ich, welche psychologischen Werkzeuge mir dabei helfen, aus meinem emotionalen Autopiloten rauszukommen, zu sehen, dass da Lampen in meinem Cockpit leuchten, um mich dann frei entscheiden zu können, was ich wirklich will.

Mitgefühl für dich und die Scham

Und es geht natürlich nicht nur ums Tanzen. Es gibt Stresssituationen oder Streits, in denen wir schnell in alte Muster verfallen, den emotionalen Autopiloten einschalten und reagieren. Manchmal schreien wir eine andere Person an oder ziehen uns zurück. In jedem Fall ducken wir uns vor unseren Gefühlen, weil das, was dahintersteckt, nicht erträglich zu sein scheint.

Aus meiner Erfahrung ist in solchen Situationen der Umgang mit mir selbst entscheidend. Vor allem, wenn ich emotional gerade am Boden liege.

Stell dir bitte einmal folgende Situation vor: Du hast bei der Arbeit etwas ordentlich vermasselt. Diese eine wichtige Projektpräsentation ist nicht so beim Kunden angekommen. Du hast in einer E-Mail aus Versehen deine Chefin mit ins cc genommen. Was dort stand, war aber definitiv nicht für sie bestimmt. Du fühlst dich erschöpft und ausgelaugt, bist vielleicht überfordert von neuen Aufgaben. Wie gehst du dann mit dir um? Welche Sätze kommen dir in den Kopf? Die meisten Menschen wären wohl schnell dabei, sich zu verurteilen und hart mit sich ins Gericht zu gehen. Dann wird der innere Drill Sergeant rausgeholt, der einen anschreit, wenn man eh schon ganz unten ist. Und klar: Die Vernunft sagt uns, dass wir diese Standpauke brauchen, weil wir ja sonst faul auf der Couch liegen würden. Sie sagt uns: Es braucht diese harte, kritische innere Stimme, die uns in den Allerwertesten tritt – ohne Antreiber keine Motivation.

Wenn das Gleiche einer guten Freundin widerfahren würde, wie würdest du sie dann behandeln? Würdest du sie mit den Worten begrüßen: »War ja klar, dass du das mit der E-Mail vermasselst. Du bist total verpeilt und hast dich schon etliche Male unprofessionell verhalten«? Nein? Wie würdest du stattdessen mit ihr sprechen?

Die große Frage ist: Warum gehen wir mit uns selbst nicht so um wie mit einem guten Freund? Warum zeigen wir uns selbst gegenüber kein Mitgefühl, sondern gehen mit uns so hart ins Gericht? Wir haben es meist nicht anders gelernt von unseren Eltern, Bezugspersonen und der Gesellschaft und glauben daher fest daran, dass die »Motivation« des Drill Sergeants notwendig ist. Ohne ihn wären wir verloren und würden auf der Couch festwachsen – glauben wir zumindest.

Wissenschaftliche Studien belegen aber: Das Gegenteil ist der Fall. Selbstmitgefühl, also die Fähigkeit, freundlich und verständnisvoll mit sich selbst zu sein, insbesondere in Zeiten von Schmerz, Fehlern und persönlichen Misserfolgen, ist das Gegenmittel gegen Scham. Und darüber hinaus zeigt sich, dass Personen, die Mitgefühl gegenüber sich selbst zeigen, insgesamt motivierter sind, an sich zu arbeiten und sich moralisch zu verhalten[85]. Eine mögliche Erklärung dafür ist: Wenn dort im Innern in für uns schwierigen Situationen eine Stimme auf uns wartet, die uns noch mehr Stress macht, als wir ohnehin schon haben, erhöht sich unser gesamtes Stresslevel[86]. Stress ist in unserer Evolution dafür da, in gefährlichen Situationen schnell handeln zu können, und schließt dafür den Raum an Auswahlmöglichkeiten[87]. Wir können dann nur noch kämpfen, fliehen oder einfrieren. Nicht die besten drei Möglichkeiten, wenn ich gute und umsichtige Entscheidungen bei der Arbeit, in der Beziehung oder für mich selbst treffen will.

Für Kristin Neff, eine der führenden Forscherinnen zum Thema, besteht Selbstmitgefühl aus drei wichtigen Komponenten[88]: Die erste ist die Achtsamkeit, denn ohne sie werden wir auch hier unsere inneren Vorgänge gar nicht bemerken. Die zweite ist die Selbstfreundlichkeit, dass wir also anfangen, uns selbst so zu behandeln wie einen guten Freund. Und die dritte ist gemeinsame Menschlichkeit, also die Verbindung zu anderen Menschen. Wir alle scheitern, irren uns und machen Fehler. Es ist Teil der menschlichen Erfahrung und gehört dazu. Wir können das nie ganz verhindern. Was wir aber ändern können, ist unser Umgang damit.

Für mich ist es sehr wichtig geworden, freundlicher und wohlwollender mit mir umzugehen. Es muss nicht immer und in jeder Situation gelingen. Es wird auch nicht immer gelingen. Und dann wird genau so eine Situation zum Übungsfeld, um nachsichtig und großzügig mit sich selbst zu sein. Das spiegelt eine Haltung wider, die eng mit Gefühlsbereitschaft zusammenhängt und bei mir für deutlich mehr Lebensfreude sorgt.

Ich habe hier an dieser Stelle eine Trançen-Meditation für dich entworfen. Probier die Übung gerne regelmäßig aus und fördere so deine Achtsamkeit und Akzeptanz. Diese Übung kann dir helfen, eine größere Sensibilität für deine Gefühle zu entwickeln.

SCAN ME

Ich liege mittlerweile auf meinem kleinen Bett. Zusammengerollt halte ich meine Knie und schwebe in der Dunkelheit wie ein Embryo im Fruchtwasser. Nur dass der Mutterleib der wahrscheinlich verbundenste Ort der Welt ist – und das hier gerade der einsamste. Und ja, in diesem Moment brauche ich meinen eigenen Beistand. Ich brauche kein: »Ey, das ist nur ein bisschen Dunkelheit, das wirst du schon aushalten.« Viel zu lange war ich viel zu hart zu mir. Immer mein strengster Richter und Kritiker. Aber genau jetzt, in diesem Moment brauche ich jemanden, der an meiner Seite steht und für mich da ist. Und das kann nur ich selber sein. Manchmal, wenn ich vor großen Auftritten Angst habe, auf die Bühne zu gehen, stelle ich mir vor, wie ich hinter mir stehe und meine beiden Hände auf meinen Rücken auflege. So als ob ich mich selbst an mich anlehnen kann. Hier zusammengerollt in der Dunkelheit halte ich mich selbst. Mir kommen die Tränen. Tränen darüber, wie ich jahrelang mit mir selbst umgegangen bin. Tränen darüber, wie ich es auch noch heute in Teilen tue. Die Traurigkeit in diesem Moment tut nicht nur weh, sie trägt auch eine erkennende Erlösung in sich. Sie ist eine schöne Erinnerung daran, dass ich es in Zukunft anders machen will. Gefühle sind manchmal wie ein Klavier. Jede Taste eine Note, und mit jedem Akkord werden Erinnerungen an Momente wach, die mit diesem Gefühl verbunden sind. Der Akkord der Traurigkeit erklingt, die Dunkelheit verschwindet, und ein Erlebnis aus meiner Vergangenheit wird hell.

KAPITEL 4

WIE TRAUER BRÜCKEN DER VERBINDUNG BAUT

Heiligabend bei meinen Großeltern – nach langem Bitten konnte sich meine Oma doch noch durchringen, zu einer kleinen Familienrunde einzuladen. Eigentlich sind ihr Menschen zu viel geworden. Und nun saß ich hier an dem langen Tisch im Wintergarten, der reichlich gedeckt war mit Kuchen und Gebäck. Instinktiv wusste jeder, welchen Platz er einzunehmen hatte. Mein Opa saß am Kopf des Tisches. Der Rest der Familie verteilte sich an den Flanken. Ich saß auf der anderen Kopfseite des Tisches. Meine Blicke streiften die Familie wie das Licht eines Leuchtturms ab und blieben schließlich an meinem Opa hängen. Irgendetwas war anders. Zum ersten Mal beteiligte er sich nicht mehr lebhaft an den Diskussionen über Politik, Erinnerungen und die Arbeit. Es war laut um ihn herum, doch er saß nur still am Tisch und beobachtete das Geschehen. Wie jemand, der nicht in seinem Körper sitzt, sondern leicht entrückt hinter sich selbst steht. Sein Blick blieb nacheinander an jedem seiner drei Söhne hängen. Alles schien wie in Zeitlupe abzulaufen. Mein Opa, ein Astronaut, der wegdriftete von seiner Raumkapsel, die er 91 Jahre sein Zuhause genannt hat.

Auch seine Augen hatten sich verändert – als ob jemand trübe Rollos vor seine Pupillen gezogen hätte, damit niemand mehr sehen konnte, dass sich das Leben gerade von ihm verabschiedete. Hinter dem Fenster durfte er noch ein letztes Mal rausschauen. Durch das Spalier des Rollos trafen sich unsere Blicke, und in diesem Moment schien er zu wissen, dass ich ihn die ganze Zeit beobachtet hatte. Wir beide wussten, warum. Es war wie ein

Nicken, das durch unsere Augen ausgetauscht wurde. Meine Oma durchbrach den Moment: Opa sei müde und wir sollten bitte jetzt gehen.

Mein zitternder Opa hatte sich schon vor Jahren dem sicheren Rahmen der Fürsorge meiner Oma ergeben und folgte ihren Anweisungen. Der Mann, der einst für mich der stärkste der Welt gewesen war, erhob sich gebrechlich. Die fast restlos erschlafften Muskeln nahmen noch letzte Befehle der Kommandozentrale Gehirn an. Mit seinen Armen stützte er sich auf seine zwei Gehstöcke. Mein Opa war wie ein großes Baby, das seine ersten Gehversuche startete. Der Kreislauf des Lebens. Die Familie verließ die Szenerie mit einer kurzen Verabschiedung. Nur ich blieb wie gelähmt im Wohnzimmer vor meinem Opa stehen, der sich im Fernsehsessel niedergelassen hatte. Alles, was bis dahin nur eine leise Ahnung gewesen war, wurde jetzt zu einer klaren Stimme in mir: Ich würde meinen Opa hier und heute wahrscheinlich das letzte Mal sehen, bevor er nur noch in meiner Erinnerung weiterleben würde.

Mein Körper wurde schwer. Mein Kinn zitterte. Meine Augen wollten sich füllen wie die Elbe bei Hochwasser. Und trotzdem hielt mich etwas zurück. Eine unsichtbare Kraft. Mich überkam ein tiefes Gefühl der Traurigkeit. Ich wollte mich nicht klein, schwach und zerbrechlich zeigen vor meinem Großvater, der diese Verletzlichkeit von mir nicht kannte. Ich hatte bis in mein Erwachsenenalter noch nie vor meinem Opa geweint. Mein innerer Schleusenwärter hielt auch jetzt alles zurück. Selbst im letzten Moment völlig blockiert, obwohl alles kurz vor dem Brechen war. Ich wollte all diese Gefühle nicht. Aber die dringende Erkenntnis kam immer näher auf mich zu: Wahrscheinlich würde ich meinen Opa nicht wiedersehen.

Ich sagte zu mir selbst ganz bewusst: Wenn nicht jetzt, wann dann? Was hast du zu verlieren? Bist du bereit für dieses Gefühl? Dann gab ich mir selbst die Erlaubnis, alles aufzumachen, alles zu fühlen. Obwohl ich mich unsicher fühlte, betrat ich einen neuen Raum. Mein Opa saß in der Ecke und beobachtete mich. Auf die Knie sinkend umarmte ich ihn. Das erste Mal seit Jahrzehnten, ja vielleicht in meinem ganzen Leben, lag ich mit meinem Kopf auf seiner Brust, und meine Tränen tränkten sein blaues Hemd. Ich ließ einfach nur laufen und sprach in gebrochener Stimme zu ihm: »Opa, ich habe das Gefühl, dass wir uns heute das letzte Mal sehen. Das macht mich so unendlich traurig.« Es war ein Abschied. Ich sah ihn an, umarmte ihn und dankte ihm dafür, dass er mein Opa gewesen war. In Gedanken reiste ich zurück zu unseren gemeinsam verbrachten Momenten. Etwa, als wir auf seinem kleinen Boot die Seen von Berlin durchkreuzten. Es war sein großer Rentnertraum gewesen, dieses kleine Boot, das er öfter gepflegt denn gefahren hatte. Das Leben scheint manchmal so unendlich, doch in diesem Augenblick wurde mir schlagartig klar, dass wir gar nicht so viele Momente haben. Während ich meinen Opa umarmte, konnte ich das Zittern in seinem Körper deutlich spüren. Auch er war gerührt und klopfte auf meinen Arm. Wahrscheinlich stand auch er vor seinem Schleusenwärter, möglicherweise suchte er ihn auch, vielleicht wusste er gar nicht, dass es ihn gab. Er wirkte in diesem Moment wie ein kleiner Junge, der sich verlaufen hatte. Ein Junge, der zwei Straßen zu früh abgebogen war und nicht mehr wusste, wo er sich befand. Unsicherheit in seinen glasigen Augen. Er würde wahrscheinlich in seinen letzten Momenten auf der Erde seinen Schleusenwärter nicht mehr finden. Er trug eine emotionale Zwangsjacke, die ihn daran hinderte, voll und ganz in den Moment abzutauchen. Angst, Scham, Unsicherheit und Nichtwissen hatten seine Arme fest vor seinen Körper gebunden und hinderten ihn daran, sich in diesem Augenblick mit mir zu verbinden. Und so leid es mir auch tat, dass er diese Zwangsjacke tragen musste, weil er es nicht anders gelernt hatte, weil er aus einer Zeit kam, in der Menschen wegen Krieg stark sein mussten und Gefühle zweitrangig waren, so sehr wusste ich doch, dass auch ich diese emotionale Zwangsjacke trug, die von Generation zu Generation weitergegeben wird. Wir alle tragen diese Jacke aus festem Stoff. Maßgeschneidert. Wie angegossen. So lange schon, dass wir nicht mehr merken, dass wir sie tragen. Aber sie hindert uns daran, ein Leben voller Lebendigkeit zu leben: zufrieden, glücklich und erfüllt. Mit allen Farben. Und allen Schatten. Selbstbestimmt und frei.

Ich konnte meine Zwangsjacke in diesem Moment für einen kurzen Augenblick abstreifen. In einem Moment, in dem ich gefühlsbereit war. Mein Armaturenbrett der Emotionen hatte aufgeblinkt, und ich hatte diese rote Lampe gesehen. Sonst hätte der allerletzte Moment mit meinem Opa einfach mit einem »Auf Wiedersehen« aus der Ferne geendet. Ein Lebewohl für immer. Zwar war das Öffnen der Schleusen eine sehr große Überwindung gewesen, weil ich mich klein und verletzlich gefühlt hatte, doch es schuf die tiefste Begegnung mit meinem Opa, die ich jemals erlebt hatte. Meine Traurigkeit hatte mich auf diesen Augenblick hingewiesen, und ich bin sehr froh darüber, dass ich ihn nicht verpasst habe. Sie hatte mir den Hinweis gegeben, dass etwas nicht stimmte und ich genauer hingucken musste. Sie hielt die Lupe auf die Situation, verlangsamte die gefühlte Zeit und zeigte mir auf diese Art mein Bedürfnis. Sie hatte mir gezeigt, wie wichtig die Verbindung zu meinem Großvater ist. In den Tagen nach diesem Erlebnis habe ich mich viel mit dem Gefühl der Traurigkeit beschäftigt, das ein Teil der Trauer ist.

Der Sinn hinter der Trauer

Während Traurigkeit häufig auftritt, wenn ein Bedürfnis nicht erfüllt ist – wir uns zum Beispiel eigentlich Kontakt mit anderen Menschen wünschen, diesen aber in dem Moment nicht haben – geht die Trauer weiter. Sie ist komplexer, lang anhaltender und vielschichtiger. Trauer tritt auf, wenn wir einen Verlust von uns meist nahestehenden Personen, Tieren oder Lebensorten verarbeiten[89]. Dieser Verlust muss nicht zwingend auf den Tod zurückzuführen sein, er kann auch durch eine Scheidung oder Trennung verursacht werden. Wir alle werden früher oder später immer wieder vom Leben an diese Momente herangeführt. Weil wir selbst verlassen, verlassen werden oder weil geliebte Menschen sterben. Trauer ist Teil der menschlichen Erfahrung. Ein Gefühl, das uns alle irgendwann heimsucht. Die Frage ist nur: Wie begegnen wir diesem Gefühl?

Wenn ich mir ein Leben ohne Trauer vorstelle, frage ich mich: Welche Wichtigkeit hätten andere Menschen für uns, wenn ihr Verlust nichts in uns auslösen würde? Trauer zeigt uns die Bedeutung von Menschen, die uns nahestehen oder nahestanden. Sie erinnert uns im Hier und Jetzt an die Endlichkeit einer jeden Beziehung und erhöht damit ihren Wert, den sie für uns hat[90]. Es ist wichtig, die Lampen der Trauer in unserem Armaturenbrett wahrzunehmen, denn Trauer hilft uns dabei, uns an den erlittenen Verlust anzupassen. Wir lernen so, mit ihm umzugehen und uns auf die neuen Lebensumstände einzustellen[91]. Nach einem Verlust müssen wir unser Leben neu ausrichten. Trauer kann uns die Energie für diesen Wandel geben. Wenn jemand aus unserem Leben geht, bleiben zwar die Erinnerungen mit diesem Menschen, aber die Person hinterlässt auch eine Lücke.

Trauer ist mehr als nur Traurigkeit. Sie ist eine komplexe und oft anhaltende Erfahrung – vielleicht eine Art Dach, unter dem viele verschiedene Emotionen wohnen. Etwa die Angst, wenn wir nicht wissen, wie es ohne den geliebten Menschen weitergehen soll. Und auch die Wut über das Schicksal und die Frage, warum es gerade bei diesem einen so wichtigen Menschen zugeschlagen hat. Manchmal empfinden wir auch Wut gegenüber der Person, um die wir eigentlich trauern. Gedanklich machen wir ihr Vorwürfe und Vorhaltungen: Warum bist du einfach gegangen und hast dich damit aus der Verantwortung gezogen?

Warum lässt du uns alleine zurück? Trauer kann außerdem mit Schuldgefühlen einhergehen, wenn wir im entscheidenden Moment nicht da gewesen sind oder uns nicht verabschieden konnten. Mit der Trauer kann aber auch das Gefühl von Glück einhergehen. Glück darüber, diesen einen Menschen überhaupt kennengelernt zu haben und noch über den Tod hinaus die Liebe und starke Verbindung zu diesem Menschen zu spüren. Trauer kann uns dabei helfen, all diese unterschiedlichen Emotionen besser einordnen zu können.

Es gibt zahlreiche Modelle, die den Trauerprozess in unterschiedliche Phasen einteilen. Das wahrscheinlich berühmteste stammt von der Schweizer Psychiaterin Elisabeth Kübler-Ross, die in ihrem Modell fünf Phasen vorstellt:[92] Die erste Phase ist das »Leugnen und Nicht-Wahrhaben-Wollen«. Die Trauernden können ihren Verlust nicht fassen, sie befinden sich im Schockzustand. Teilweise fühlen sich die Betroffenen wie gelähmt. Oft überkommt sie Hoffnungslosigkeit: »Wie soll ich weiterleben?« In dieser Phase geht es ums nackte Überleben: Der Schockzustand wirkt wie ein Schutzschild. Er lässt nur genau so viel an uns heran, wie wir in diesem Moment verkraften können. Ist der erste Schock überwunden, nimmt das Leugnen ab, und die Realität dringt Schritt für Schritt durch. Betroffene stellen sich die Fragen nach dem »Wie« und »Warum«. Jetzt spielt Akzeptanz, die zweite Komponente der Gefühlsbereitschaft, eine große Rolle. Trauernde realisieren: Es ist wirklich passiert und kein schlechter Traum, ich habe diese Person verloren. Das Anerkennen der Realität ist der Startschuss für den Heilungsprozess. Es folgt meist Phase zwei, die von Wut und Zorn gekennzeichnet ist. Der Zorn kann sich gegen die Person richten, die uns verlassen hat, aber auch gegen die eigene Person. Wenn sich unsere Wut gegen Menschen richtet, die uns verlassen haben, oder gegen Menschen, die wir verlassen haben, sprechen manche Psychologen auch von Trennungsaggression. Der Name ist Programm: Wir brauchen genau diese Wut. Denn sie setzt Energie frei und mobilisiert uns, den nötigen Abstand zu den betreffenden Personen herzustellen. Wer zu schnell über die Wut-Phase hinweggeht, behindert möglicherweise die Verarbeitung der Trennung. Strenge moralische Grenzen oder gesellschaftliche Regeln im Sinne von »Du darfst doch jetzt nicht wütend sein« sind hier also fehl am Platz. Die Wut hat ihren Sinn, und sie darf da sein. Oft liegen unter der Wut noch andere Emotionen wie Traurigkeit, Scham oder Ohnmacht. Aber Wut ist oft die Emotion, die wir erst mal gut ertragen können, weil sie in unserer Gesellschaft gewohnter und anerkannter ist. Wut schickt uns mit ihrer Kraft häufig in die Aktivität, wir machen unserem Ärger Luft, und das kann uns die Illusion von Kontrolle geben. In Phase drei gehen wir dann in Verhandlung: »Wenn ich nur …, dann« oder »Was wäre gewesen, wenn …« sind dabei typische Gedanken. Diese Phase wird oft von Schuldgefühlen begleitet, die uns vor dem völligen Gefühl der Ohnmacht schützen sollen. Denn wenn ich schuldig war, hatte ich zumindest in meiner Illusion die Kontrolle über die Situation. Liegt die Schuld bei mir, kann ich zumindest zukünftig etwas an meinem Verhalten ändern und damit den Ausgang der nächsten Situation beeinflussen. Häufig passiert das, wenn wir Liebeskummer haben: Wir gehen die gescheiterte Beziehung in all ihren Einzelheiten noch einmal durch, um unseren »Fehler« zu finden. Anstelle in völliger Unsicherheit und damit Hilflosigkeit zu bleiben, hoffen wir, die Schuld auf uns nehmen zu können und dadurch eine Erklärung für das Scheitern zu finden. So kann der Eindruck entstehen, dass wir an der Situation noch etwas ändern können. Außerdem ist es auch der Versuch, der tiefen Traurigkeit zu entkommen. Doch diese blinkt so lange auf unserem Armaturenbrett der Gefühle, bis wir aufmerksam werden, hinschauen und sie zulassen. Ja, bis wir auch unsere Schuldgefühle akzeptieren und damit in Phase vier übergleiten. Phase vier ist von den Symptomen her ähnlich. Ein anhaltendes Gefühl der Leere und des Rückzugs macht sich breit. Trauernde fragen sich oft: »Hat mein Leben so noch einen Sinn?« Auch diese Phase gehört dazu und ist eine angemessene Reaktion auf Verlust. Die Entschleunigung innerhalb der Phase und die aufkommende Trägheit geben uns die Möglichkeit, genau hinzusehen und uns über die Größe und Bedeutung des Verlustes klar zu werden. Sie kann so Anlass zum Wandel geben. In der fünften und letzten Phase schließlich findet die Neuausrichtung und Neuorientierung im eigenen Leben statt. Wir fangen an, Stück für Stück unser neues Leben zu akzeptieren, und nehmen hin, dass der Zustand, in dem wir jetzt leben, also ohne die andere Person zu sein, wirklich von Dauer sein wird. Akzeptanz heißt hier nicht, dass wir den neuen Zustand gutheißen oder gar genießen, sondern dass wir das neue Leben so annehmen können, wie es ist.

Ein solches Trauerphasenmodell wie das von Kübler-Ross gilt zwar als weit verbreitet und kann Trauernden Orientierung geben, darf jedoch nicht als wissenschaftlich belegter Leitfaden gesehen werden. Trauern ist ein individueller Prozess, es ist nicht einmal erwiesen, dass er grundsätzlich stufenweise erfolgt. Allerdings hinkt die gesellschaftliche Erwartung manchmal noch hinterher, deshalb hören Trauernde dann oft Sätze wie: »Jetzt ist aber auch mal gut, du müsstest doch langsam darüber hinweg sein.« Oder auch: »Wie kannst du jetzt schon wieder normal weiterleben, bist du denn gar nicht mehr traurig?« Dabei ist Trauer weder starr noch linear.

Wie Trauer ihren Platz bekommt

So weh es auch tut, auch bei der Trauer ist Gefühlsbereitschaft wichtig: Wenn wir nicht gefühlsbereit sind und stattdessen unsere Trauer und Traurigkeit von Anfang an komplett unterdrücken, runterschlucken und wegschieben, also das Blinken auf unserem Armaturenbrett der Gefühle nicht wahrnehmen, behindern wir den Trauerprozess. Das ist, als ob wir die Schleuse zuhalten und damit all das, was von der Trauer angespült wird, nicht an uns herankommen kann. Unsere Wut, Schuld, Angst und Traurigkeit bleiben so unverarbeitet. In der klinischen Forschung wird davon ausgegangen, dass die Vermeidung von Erinnerungen an die geliebte Person und damit die Vermeidung von Gefühlen an der Entstehung einer anhaltenden Trauerstörung beteiligt sein könnte[93]. Das Fühlen und Annehmen, also zwei Bestandteile der ACT, kann bei Trauernden psychische Belastung dagegen reduzieren und sie damit beim Trauerprozess unterstützen[94]. Das Gefühl der Trauer ist dann aber doch irgendwie ein fieser Sonderfall, denn es weist uns auf ein darunter liegendes Bedürfnis hin, das wir nicht erfüllen können – und zwar wieder mit der geliebten Person vereint zu sein. Man kann die Person nicht mehr lebendig machen, unsere Handlungsmöglichkeiten sind limitiert. Der Mensch ist nicht mehr da! Deshalb ist es umso wichtiger zu wissen, dass die Trauer jetzt eine andere bedeutende Funktion übernimmt: Sie sorgt dafür, dass wir uns mit einer höheren Wahrscheinlichkeit mit anderen verbinden und so die wertvolle Unterstützung bekommen, die wir brauchen – wenn wir sie mithilfe von Gefühlsbereitschaft zulassen. Zeigen wir Trauer etwa in Form von Tränen, erfahren wir häufiger Trost und Verständnis, was wiederum förderlich für den Heilungsprozess ist.[95] Forscher konnten bei Trauernden sogar einen Anstieg von Oxytocin nachweisen, ein Hormon, das auch dann eine Rolle spielt, wenn wir in Liebesbeziehungen körperliche Nähe suchen oder wenn Eltern mit ihren Kindern kuscheln. Trauern steht also mit dem Bedürfnis nach Bindung in Beziehung.[96] Und: Gefühlsbereitschaft hilft uns nicht nur mit den traurigen Gefühlen, die im Trauerprozess aufkommen. Sie hilft uns auch, Momente der Freude und Dankbarkeit innerhalb des Trauerprozesses zu erkennen. Denn auch die weisen uns auf ein wichtiges Bedürfnis hin: abschalten, schönen Dingen nachgehen, auch mal auf andere Gedanken kommen und lachen dürfen. Auch das ist ein wichtiger Teil der Trauerbewältigung[97].

Zusammengefasst kann man also sagen: Trauer und die damit verbundenen Gefühle sind wichtig für uns. Sie sind eine Erinnerung an die eigene Vergänglichkeit und helfen uns so, über den Sinn und die Bedeutung des Lebens nachzudenken. Wir können neue Perspektiven gewinnen und damit möglicherweise eine tiefere Wertschätzung erlangen – für das Leben und die Beziehungen, die wir im Hier und Jetzt führen. Trauer in Verbindung mit Liebe hält nicht nur Kontakt zu den Menschen, die nicht mehr in unserem Leben sind, sie verbindet uns auch im Augenblick der Trauer mit den Menschen um uns herum.

In der Situation mit meinem Opa habe ich mich ihm gegenüber das erste Mal wirklich emotional geöffnet. Das hat nicht nur für eine tiefere Verbindung zwischen uns beiden gesorgt, sondern mich auch erleichtert. Als ob ich etwas, das ich schon lange auf dem Herzen hatte, endlich sagen konnte. Und dabei waren es nicht meine Worte, die entscheidend waren, sondern meine Gefühle. Heute weiß ich, dass ich in diesem Moment gefühlsbereit war. Durch ein kurzes Innehalten, durch einen Moment der Achtsamkeit konnte ich meine Traurigkeit überhaupt wahrnehmen. Mehr noch: Ich konnte sie anerkennen und so der zweiten wichtigen Komponente von Gefühlsbereitschaft ihren Platz einräumen – der Akzeptanz.

Schleusen auf mit Akzeptanz

Akzeptanz ist die bewusste und bereitwillige Offenheit gegenüber unseren Gefühlen und Gedanken. Wir nehmen die Realität so an, wie sie ist. Wir reduzieren den Widerstand, legen im Kampf gegen unsere Gefühle sozusagen die Waffen nieder. Widerstand bindet Energie. Akzeptanz lässt sie wieder frei. Dadurch können wir unsere Energie auf das richten, was für uns wichtig ist. In meinem Fall war es mein Opa.

Akzeptanz bedeutet nicht, ab jetzt alles im Leben so hinzunehmen, wie es ist. Manchmal ergibt es Sinn, Dinge zu verändern. Gerade bei Verhaltensweisen, die mir selber oder anderen schaden, ist Akzeptanz nicht die beste Wahl. Etwa zu sagen, »Ich brauche das eben einfach zur Entspannung«, wenn man über längere Zeit hinweg abends Wodka trinkt – das könnte ziemlich schnell zu einer Alkoholabhängigkeit führen. Aber: Bei unseren Gefühlen und Gedanken hilft uns Akzeptanz.[98] In wissenschaftlichen Studien konnte sogar gezeigt werden, dass Akzeptanz Angst und Depressionen[99], aber auch Stress reduzieren kann[100]. Außerdem kann Akzeptanz dabei helfen, besser mit körperlichen Schmerzen umzugehen[101].

Aber wie setzen wir das mit der Akzeptanz konkret um? Zunächst hören wir in unseren Körper hinein – wir richten unsere Aufmerksamkeit nach innen. Was nehmen wir dort wahr? Was verändert sich dort gerade? Welche Körperregion macht sich wie bemerkbar, und woher kenne ich diese Veränderung? Ein enges Gefühl um den Hals, ein Drücken auf der Brust, wacklige Knie oder ein leichtes Zittern in den Händen? Es braucht oft etwas Übung, diese minimalen körperlichen Veränderungen überhaupt wahrzunehmen, und, wie in Kapitel zwei beschrieben, ein kurzes Innehalten, um sie dann auch zu spüren. Viele von uns haben über Jahre keinen Kontakt mit sich gepflegt und dadurch den Bezug zu ihrem Selbst verloren. Als Kinder sind wir sehr eng mit unserem Körper verbunden, entfernen uns aber im Erwachsenwerden durch den damit einhergehenden Fokus auf das logische Denken davon[102]. Meist konnten wir uns das »auf Gefühle hören« auch nicht von unseren Eltern abgucken, wir konnten nicht »am Modell lernen«, wie wir in der Psychologie sagen. Es braucht also Geduld, um diesen Spürsinn wieder zu erwecken.

Eine körperliche Empfindung zu benennen und einem Gefühl zuzuordnen mag am Anfang nicht ganz leicht sein. Zunächst wird es vielleicht bei der innerlichen Beschreibung des merkwürdigen Drucks, des Engegefühls, des Zitterns bleiben. Nach einiger Zeit können wir dann präziser werden und das körperliche Empfinden einem konkreten Gefühl zuordnen: »Ich habe ein Gefühl von Traurigkeit in mir«, »Oh, da ist auch Wut«, oder »Ich spüre gerade die Angst in mir aufsteigen«. Akzeptanz besteht darin, auf diese Empfindung zuzugehen und sie dort sein zu lassen, wo sie sich gerade befindet, ohne sie verändern zu wollen. Wir geben ihr Raum, ohne sie bewerten zu müssen. Hilfreich dabei können Sätze sein wie: »Meine Trauer darf ihren Platz haben. So, wie sie jetzt ist, und dort, wo sie sich befindet, ist sie in Ordnung.«

Auch ich muss das üben: Ich habe manchmal Tage, da wache ich auf und bin aus irgendeinem Grund nicht gut drauf. Es ist ein diffuses Gefühl von »kein Bock«, mein Körper fühlt sich schwer und müde an. Es ist, als ob in mir gerade Beton anfängt zu trocknen. Die Freude, die ich normalerweise verspüre, wenn ich an den vor mir liegenden Tag denke, ist nicht da. Alles ist ein bisschen falsch. Anstatt wie früher dagegen anzukämpfen, mir die ganze Zeit zu sagen, wie prächtig alles läuft, was für tolle Freunde, Familie, einen super Job ich habe, gebe ich dem Gefühl heute seinen Platz. Denn ich darf trotz der privilegierten Umstände, in denen ich lebe, auch traurig sein. Ich lasse das Gefühl da sein, weil es ohnehin da ist. Wenn ich dagegen ankämpfe, ist meine ganze Energie, mein ganzer Fokus daran gebunden – und entsprechend auch meine Laune. Wenn ich aber meine Energie freigebe, kann ich mich darauf fokussieren, was wirklich wichtig ist, und kann mit mir selbst mitfühlend umgehen.

Gerade wenn unsere Gefühle, wie im Fall der Trauer, belastend und überwältigend sein können, brauchen wir Akzeptanz. Es gibt hier drei einfache Gefühlsregeln, die uns bei Gefühlsbereitschaft helfen können[103]. Sie können im Umgang mit Trauer und anderen herausfordernden Gefühlen eine Orientierung sein.

1. Gefühle bleiben nicht für immer. Oder hast du in der Vergangenheit schon mal ein Gefühl gehabt, das für immer geblieben ist? Emotionen sind flüchtig, sie unterliegen Veränderung, wie das Wetter.
2. Gefühle gehören zur menschlichen Erfahrung dazu und sind ganz natürlich. Wir alle haben sie. Niemand, weder die Gesellschaft noch ich selbst, können mir vorschreiben, wie ich mich gerade fühlen soll. Es gibt kein richtig oder falsch.
3. Emotionen zeigen mir, dass mir etwas wichtig ist. Gefühle geben mir häufig Handlungsimpulse, aber können mir nicht vorschreiben, wie ich mich verhalten soll. Sie sind ein Vorschlag. Wie ich mich entscheide, das liegt ganz bei mir.

Noch heute kann ich die Trauer meiner Oma hören, wenn ich mit ihr über ihre Mutter spreche. Die Trauer stellt die Verbindung zu ihrer verstorbenen Mutter her, einem geliebten Menschen. Es geht also gar nicht darum, nach vorne zu schauen und direkt weiterzumachen. Menschen, die schulterklopfend sagen: »Wird schon wieder«, sind meistens nicht wirklich am Gefühlsleben der anderen interessiert. Sie versuchen mit solchen Aussagen oft, ihre eigenen Gefühle zu vermeiden. Denn wenn wir trauern, berührt das häufig auch die Menschen in unserem Umfeld. Auch sie werden plötzlich an die Endlichkeit ihres eigenen Lebens erinnert. Floskeln und gute Zusprüche sind also meistens ein Versuch, aufkommende Gefühle zu regulieren. Wer sich tiefes Mitgefühl und Beistand wünscht, ist von oberflächlichen

Ratschlägen vermutlich enttäuscht. Aber jemand, der für die eigene Trauer nicht offen ist, ist nun mal auch nicht offen für die von anderen. Meine Uroma war für meine Oma, wie mein Opa für mich, ein wichtiger Teil des Lebens und wird es auch bleiben. Wenn wir mit jemandem mitfühlen, heißt das nicht, dass wir ihm den Schmerz nehmen können. So wie mir ein Rettungsarzt trotz großen Mitgefühls nicht den Schmerz meiner gebrochenen Schulter nehmen kann. Wenn andere aber unserem Schmerz Platz einräumen, kann uns das helfen, ihn besser zu akzeptieren. Es signalisiert: Ja, es tut weh, du darfst den Schmerz spüren und ihn auch zeigen. Ich bleibe an deiner Seite und passe auf dich auf in diesem schweren Moment.

Die Kraft von Tagebüchern

Ich saß vor nicht allzu langer Zeit mit meinem guten Freund Nate in einem italienischen Restaurant. Es war eine laue Sommernacht. Die gute Stimmung passte zum Sommerwetter. Als der Abend sich dem Ende zuneigte und der Kellner das Tiramisu an unseren Tisch brachte, klingelte Nates Handywecker. In meiner vergnügten Stimmung machte ich noch einen Witz: »Na, musst du schon nach Hause?« Nate reagierte nicht sofort, sah auf sein Handy und hielt für einen kurzen Moment inne. Dann schaute er mir mit seinem sanften und weichen Blick direkt in die Augen. Er zögerte kurz, weil er wahrscheinlich die Leichtigkeit des Abends nicht kaputtmachen wollte, und sagte dann mit einem leichten Zittern in der Stimme: »Dieser Wecker erinnert mich jeden Abend daran, ein Gespräch mit meinem Vater zu führen. Ich berichte ihm dann, was ich am Tag erlebt habe, wie es mir gerade geht und dass ich ihn vermisse.« Sein Vater starb 2021 an Krebs. Noch heute schießen mir die Tränen in die Augen, wenn ich diese Geschichte hier niederschreibe. Nate hat in diesem Moment riskiert, sich mir mit all seinen Gefühlen zu zeigen. Damit hat er eine Brücke zu mir und meinen

Gefühlen gebaut. Und er hat für sich einen Weg gefunden, mit dem Verlust seines Vaters umzugehen: Er hat seinem Vater einen neuen Platz in seinem Leben gegeben. Nate beschreibt das weiße Blatt Papier, das durch den Tod seines Vaters entstanden ist, neu, ohne ihn dabei vergessen zu müssen. Er wendet sich nicht von seiner Trauer ab, sondern lebt mit ihr weiter und redet über sie, mit sich und mit anderen. Er integriert sie. Ohne es zu wissen, hat Nate eine Strategie gewählt, deren Wirksamkeit in ähnlicher Form schon in Experimenten wissenschaftlich nachgewiesen werden konnte.

In den 1980er-Jahren erlebte der damals frisch promovierte amerikanische Sozialpsychologe James Pennebaker die Trennung von seiner Frau[104]. Er fiel in eine tiefe Trauer, verbrachte Wochen im Bett, sein Leben drohte aus den Fugen zu geraten. Pennebaker wunderte sich darüber, als Psychologe selbst eine solch starke Trauerreaktion zu haben und nichts dagegen tun zu können. Das trieb ihn nur noch tiefer in die Abwärtsspirale. Irgendwann setzte sich Pennebaker in seiner Verzweiflung an die Schreibmaschine. Er begann darüber zu schreiben, was gerade in ihm vorging, welche Gedanken und Gefühle ihn beschäftigten. Ohne über das Ziel seiner Notizen nachzudenken, schrieb er einfach drauflos – und öffnete damit seine Schleuse. Pennebaker fühlte sich nach wenigen Wochen merklich erleichtert, Stück für Stück ging es ihm besser. Er war von den positiven Effekten des Schreibens gleichermaßen begeistert und verwundert. So sehr, dass er seine gesamte Forschung darauf ausrichten sollte. Von nun an ging er davon aus, dass das Ausdrücken von Emotionen, insbesondere von unangenehmen oder emotional bedeutsamen Erlebnissen, zu einer Verbesserung der psychischen und körperlichen Gesundheit führen könnte.

Seine Hypothese belegte Pennebaker in einer Reihe von Studien. Das wohl bekannteste Experiment ist aus dem Jahr 1986[105]. Hier forderte Pennebaker Studierende dazu auf, über ihre emotional bedeutsamen Erfahrungen zu schreiben. Er stellte fest, dass die Studierenden im Vergleich zu einer Gruppe, die über neutrale Themen schrieb, anschließend weniger häufig medizinische Hilfe in Anspruch nehmen mussten. Pennebaker hat seine Forschung seitdem weiter vorangetrieben und verschiedene positive Effekte des therapeutischen Schreibens, auch Journaling genannt, gefunden[106, 107, 108]. Pennebaker gilt deshalb heute als Urvater des therapeutischen Schreibens.

Das hat auch mein Freund Nate für sich nutzen können: Das Ritual, mit seinem Vater zu sprechen, hilft ihm dabei, den Kopf freizubekommen, Emotionen zu verarbeiten, Akzeptanz für das zu finden, was ist, und ihn bei der Neuausrichtung zu unterstützen.

Journaling hilft uns aber nicht nur durch Krisenzeiten. Auch im Alltag kann es uns dabei unterstützen, mehr Klarheit zu erlangen. Aus diesem Grund schreibe auch ich selbst Tagebuch. Dabei kann ich jedes Mal schauen, was für mich gerade wichtig ist und welchen Dingen ich meine Aufmerksamkeit und Zeit geschenkt habe. Wenn ich Tagebuch schreibe, unterteile ich meine Erlebnisse, Gedanken und Gefühle dabei in vier Bereiche:

1. Persönlich / Ich selbst
2. Arbeit / Schule / Studium oder Berufung
3. Familie und Freunde
4. Liebesbeziehung oder Dating (falls es gerade Teil meines Lebens ist)

Bezogen auf die vier Teilbereiche schaue ich mir an, was jeweils der emotional unangenehmste und angenehmste Moment in diesem Monat war und welche Gefühle ich währenddessen hatte. Dann schaue ich mir an, warum dieses Erlebnis wichtig ist für die Art und Weise, wie ich mein Leben führen will. Wichtig: Das ist meine ganz persönliche Struktur. Nach den Untersuchungen von Pennebaker reicht es aus, wenn wir einfach nur ungefiltert runterschreiben, wie wir uns fühlen und gefühlt haben.

Ein Beispiel aus der Kategorie Familie: Ich habe eine Tochter, sie ist fünf Jahre alt. Mein emotional angenehmster Moment im letzten Monat war, als sie an einem regnerischen Tag unbedingt auf den Balkon wollte, weil die Tropfen so schön auf der Haut kitzeln würden. Erst fand ich es albern, aber dann sah ich ihre kleinen erwartungsvollen Augen. »Warum nicht?«, dachte ich mir. Also zogen wir die T-Shirts aus und tanzten im Regen. Irgendwann fing sie an zu singen, und ich stimmte mit ein. Für die Nachbarn muss das ein lustiges Bild gewesen sein. Für uns war es eine verbindende Erfahrung. Ich fühlte mich leicht, frei, glücklich und verbunden in meiner Liebe zu ihr. Ich beschrieb den Moment in meinem Tagebuch. Um ihn einzuordnen und danach zu reflektieren, überlegte ich, warum er relevant für mich war. Es sind für mich wichtige Augenblicke, die manchmal unter der Decke des Alltags verschwinden. Mich zu trauen, das auch in Zukunft einfach so zu machen, daran erinnert mich die Reflexion des Moments. Doch nicht nur die schönen Erinnerungen in meinem Leben stehen in Verbindung mit meiner Tochter. Das Tagebuchschreiben hilft mir auch, Akzeptanz für schwere Momente zu finden. Erst vor ein paar Tagen fragte mich meine Tochter, ob ich sie noch lieb hätte, weil ich es in letzter Zeit nicht mehr so oft zu ihr gesagt hätte. Da fiel mir auf, dass ich über die letzten Wochen so mit meinen Gedanken zu diesem Buch beschäftigt war, dass ich das Wichtigste in meinem Leben vernachlässigt hatte. Als mir das klar wurde, überkam mich ein tiefes Gefühl der Traurigkeit. Zuerst wollte ich schnell irgendeine Begründung für mein Verhalten finden, das Gefühl rationalisieren und damit abkapseln, weil es mich so traurig machte. Das tat ich nicht. Stattdessen akzeptierte ich es. Ohne Widerstand und ohne Kampf. So konnte ich meine gebündelte Energie auf das Hier und Jetzt ausrichten. Ich nahm sie in den Arm, hielt sie für eine Weile und sagte ihr dann, dass ich sie sehr, sehr lieb habe.

Nur die Akzeptanz im gegenwärtigen Moment lässt echte

Verbindung zu. Mit Gefühlsbereitschaft können wir unsere Gefühle und die Gefühle anderer sein lassen, wie sie sind. So musste ich auch meinem Kumpel Nate nicht auf die Schulter klopfen und ihm sagen, dass das schon wieder werden würde mit seinem Vater – weil das nicht stimmt. Mein Schulterklopfen ist keine bessere Herzrhythmusmassage, die seinen Vater wieder zum Leben erweckt. Stattdessen schaute ich ihm einfach in die Augen und akzeptierte, dass mir und ihm die Tränen kamen. Ich sah, wie sie ihm die Wangen runterliefen. Für einen Moment saßen wir einfach nur so da und ließen unserem Gefühl freien Lauf. In diesem Moment wurde mir klar, warum Trauer dieser soziale Kleber sein kann: Wenn wir gefühlsbereit sind, rücken wir in solchen Augenblicken näher zusammen und intensivieren unsere Beziehungen. Es ist natürlich kein Ausgleich für unseren Verlust, kann uns aber helfen, mit dem Schmerz und dem, was noch ist, umzugehen[109]. Es braucht dabei keine großen Lösungen. Keine großen Worte. Nur Achtsamkeit und Akzeptanz.

»Klopf, Klopf«, durchschneidet es die endlose Stille der Dunkelheit. Ein Zucken durchfährt meinen Körper, als hätte mich eine unsichtbare Hand berührt. Habe ich geschlafen oder war ich wach? Nochmal ein heftiges Klopfen an der Tür. Ich höre meine Stimme sagen, »Ja, einen Moment bitte«, und bewege mich vorsichtig zur Tür, um diese zu schließen. Der Flur ist verriegelt, damit ja kein bisschen Licht in meine Kammer fließt. Langsame Schritte kommen näher. In der Dunkelheit sind meine Ohren erwacht, und ich erkenne die Psychologin Morla, bevor sie etwas sagt. Sie wollte irgendwann nach mir sehen, um zu prüfen, ob ich mittlerweile durchgedreht bin. Jetzt ist also dieses »irgendwann«, es muss eine Nacht vergangen sein. Eine Nacht, in der der Übergang von wach zu schlafend so fließend war, dass ich ihn nicht bemerkt habe. Morla setzt sich mit einem Seufzen, und wir schweigen uns eine Weile an. Oft kommt das Bedürfnis in mir auf, etwas zu sagen, aber auch das Schweigen scheint eine Sache zu sein, die langsam ihren Platz in mir findet. Sie fragt, wie es mir bisher ergangen sei in der »dunklen Nacht der Seele« – so nennt sie den Aufenthalt im Dunkelretreat, in das ich mich begeben habe. Ich berichte ihr von den Gefühlen, von der Panik, von der Angst, von allem, was in mir vorging. Auch davon, wie ich meine Runden drehe. Morla meint, wir laufen vor allem weg. Am meisten vor dem Schmerz. Doch er holt uns immer ein, spätestens hier.

Obwohl ich weiß, dass sie wahrscheinlich recht hat, macht sie mich wütend, diese altkluge erhabene Frau. Die Schildkröte, die alles weiß. Sie spricht in Form von druckreifen Kalendersprüchen zu mir und hat alles schon gesehen und alles schon gehört. Für eine Schildkröte steht sie gut über den Dingen. Ich denke mich kurz in Rage. Das Gefühl der Wut kenne ich gut. Der alte Bekannte, der immer dann reinpoltert, wenn jemand meine Grenzen überschreitet oder mir Ungerechtigkeit widerfährt, aber viel öfter noch, wenn jemand alte Wunden berührt.

KAPITEL 5

IM SCHWITZKASTEN DER WUT

Die Reifen meines Fahrrads rollten schnell über den Teer der Berliner Straßen. Um den ersten wichtigen Call des Tages nicht zu verpassen, musste ich ordentlich in die Pedale treten. Was mich immer motiviert, ist der richtige Song im Ohr. Eine Hand am Lenkrad, eine Hand am Handy, ein Auge auf den Verkehr, ein Auge auf meine Playlist, da versperrte mir plötzlich ein großer blau-weißer Bus die Sicht nach links. Dank seiner Geschwindigkeit wusste ich schon: Ich bin gemeint. »Einmal rechts ranfahren bitte«, wies mich der Polizist mit schroffer Stimme an. »Scheiße, ich hab doch nur eine Sekunde auf mein Handy geschaut«, dachte ich. Per Handzeichen wurde mir eine kleine Parkbucht zugewiesen, und der Mannschaftswagen hielt vor mir, versperrte mir den Weg, als hätte ich gleich mit meinem Ferrari-Fahrrad eine abenteuerliche Flucht durch die Stadt geplant. Die Schiebetür öffnete sich ruckartig, und es kam nicht nur ein Beamter aus dem Fahrzeug, sondern sechs. Alle richteten sich vor mir auf, als ob sie zusammengefaltet im Bus verstaut gewesen waren und sich jetzt groß machen mussten. Sie umstellten mich – anscheinend bestand Fluchtgefahr. »Was ist los?«, dachte ich. Hatte mir irgendjemand unbemerkt ein Päckchen Kokain unter den Sitz geklemmt, das ich jetzt durch die Stadt transportierte? »Sie wissen, warum wir Sie anhalten?«, fragte einer der Polizisten – ein Satz, den ich abgrundtief hasste. Warum klingt er so, als ob ich die Polizisten mit meiner Ordnungswidrigkeit persönlich beleidigt hätte? Dieser Satz trieft vor Überheblichkeit. »Ja, weil Sie sich mal meine neuen Schuhe anschauen wollten«, schoss es mir durch den Kopf. Diese Bemerkung verließ aber zum Glück nicht meinen Mund. Ich nickte nur und fragte mich, ob die Polizisten tatsächlich glaubten, dass ich unter einer schweren Amnesie litt und mich an die vergangenen sechzig Sekunden nicht erinnern könnte. Sie rückten geschlossen ein Stück näher. Ein anderer Polizist trat aus der Umzingelung an mich heran: »Na dann mal bitte den Führerschein, falls vorhanden, zeigen, und bitte auch den Ausweis.« Meine Brust spannte sich an. Mein Herz begann zu pumpen und versorgte die Adern in meinen Händen mit reichlich Blut. Meine Mimik verfinsterte sich. Mein Atem wurde schneller. Hitze stieg in mir auf. In mir schrie es: »Was soll der Dreck? Ich habe nur einen verdammten Song auf meinem Handy gesucht. Alle mal einen Schritt zurück! Abstand! Was kommt ihr so dicht an mich ran!« – Gedanken, die blitzschnell durch meinen Kopf gewitterten. Es kribbelte in meinem ganzen Körper, während jeder Muskel so fest wurde wie ein Handtuch, aus dem der letzte Tropfen rationales Denken ausgewrungen wird.

Als ich nicht gleich reagierte, schloss sich die Schlinge an Polizisten noch mal enger um mich herum. Innerlich stand ich an einem Abgrund – kurz davor, mich von meiner Wut hinunterstoßen zu lassen. Zynisch dachte ich: »Wissen Sie eigentlich, was viel besser wäre, als mich hier mit einem Mannschaftswagen am helllichten Tag zu umstellen? Eine Nachtschicht am Drogenpark um die Ecke, wo Sie die ganzen Dealer einsammeln könnten. Aber ist natürlich angenehmer hier, wo man ein bisschen am Handy daddelt, ab und an mal die Tür aufmacht, bequem aussteigt und einen Fahrradfahrer abkassiert.« Spätestens mit diesen Worten hätte mich meine Überheblichkeit auf dem Wutstrom davongetragen. Wir gerieten an Fronten, die so verhärtet waren wie 1988 die Berliner Mauer. Hier stand ich nun inmitten einer Gruppe Polizisten, gut geschützt in meiner Rüstung aus bitterer Wut und Hochmut. Mein innerer Kochtopf fast am Überlaufen. Der Deckel klapperte, und ich war kurz davor, auszurasten.

Wut ist ein Gefühl, das wir alle schon mal erlebt haben. Nicht nur bei uns selbst, auch bei anderen. Im Straßenverkehr, wenn uns jemand partout nicht in seine Spur lassen möchte, obwohl das Reißverschlussprinzip gilt – für das aber auch gesunder Menschenverstand ausreicht. Der überhebliche Kollege, der eine geklaute Idee präsentiert. Oder wenn man bei einem Streit im Recht ist, der andere aber nur mit dem Kopf schüttelt. Wenn wir selbst Ungerechtigkeit erfahren oder Zeuge werden, wie jemand anderes respektlos behandelt wird, aber auch bei Bedrohung, Enttäuschung, Eifersucht oder Neid. Und nicht zuletzt bei Betrug oder wenn wir uns von anderen nicht gesehen fühlen. Auf unserem Armaturenbrett der Bedürfnisse blinkt unser Wut-Lämpchen und sagt uns: Halt, stopp! Hier hat jemand meine Grenzen übertreten oder ein Bedürfnis von mir ist nicht erfüllt.

Unsere Grenzwächterin, die Wut

Wut begleitet die Menschheit seit Jahrtausenden und hat uns einen wichtigen evolutionären Vorteil gebracht. Obwohl sie kein hohes Ansehen genießt, ist Wut bei uns allen aus gutem Grund angelegt: Immer dann, wenn wir unseren Standpunkt in der Gruppe, aber auch gegen Eindringlinge verteidigen mussten, hat sie uns die nötige Energie dafür bereitgestellt. Unser Sympathikus wird aktiviert, also der Teil unseres autonomen Nervensystems, der uns auf den Kampf vorbereitet. Unser Puls steigt, die Durchblutung von Herz, Lungen, Gehirn und Muskeln wird verbessert, Adrenalin wird ausgestoßen. Wut führt zu Tunnelblick und Schwarz-Weiß-Denken. Durch die maximale Erregung hat Wut uns auch bei der Jagd geholfen, die nötigen Kräfte zu mobilisieren und die Beute zu erlegen[110]. Ist dir einmal aufgefallen, dass du besonders leicht wütend wirst, wenn du hungrig bist[111]? Diese Verbindung hat auch die Werbeindustrie für sich entdeckt, um einen Schokoriegel zu promoten. »Du bist nicht du selbst, wenn du hungrig bist« – oder vielleicht bist du einfach du selbst, aber in einer alarmierten Form.

Auch heute kann Wut extrem nützlich sein, wenn es darum geht, sich selbst zu behaupten und die eigenen oder die Grenzen anderer zu verteidigen. Ich stand einmal mit meiner zweijährigen Tochter in einer Sammelumkleide im Schwimmbad. Ich war kurz davor, ihr die Badehose anzuziehen, als ein älterer Herr, offenbar sehr kinderlieb, auf meine nackte Tochter zukam, ein paar Worte an sie richtete und ihr dann in die Brust kneifen wollte. Seine Hand war schon auf dem Weg dorthin, als ich ihn blitzschnell am Unterarm packte und am ganzen Körper spürte, wie mich meine Wut mobilisierte. Der Mann war erschrocken, doch meine Grenze habe ich ganz klar gezogen. Ähnlich war es, als erst kürzlich in der Berliner S-Bahn eine Frau von zwei Männern bedrängt wurde und in mir ein merkwürdiges Gemisch aus Angst und Wut aufkam. Die Wut überwog, und ich ging dazwischen. Diese Form von Wut wird auch als »empathischer Ärger« bezeichnet: Wenn wir sehen, dass einer Person Unrecht getan wird und uns das in diesem Moment wütend macht, sind wir eher gewillt, dem Opfer zu helfen[112].

Wut kann aber noch mehr, als für unsere und für die körperliche Unversehrtheit von anderen zu sorgen. Sie ist ein enorm kraftvoller Motor und macht es möglich, kreative Ideen hervorzubringen. So kann sie zum Beispiel Antrieb für Menschen sein, Grenzen zu verteidigen, zu demonstrieren und somit den Fokus auf eine Sache zu richten, die verändert werden soll. In meinen psychologischen Gesprächen habe ich außerdem häufig erlebt, dass es denjenigen, die ihre Wut nicht fühlen, größere Schwierigkeiten bereitet, sich aus ungesunden Beziehungen zu lösen. Ohne Wut keine Trennungsenergie.

Wut ist aber nicht nur ein individuelles, sondern auch ein gesellschaftliches Sprachrohr. Mit ihr verschaffen wir uns Gehör bei Ungerechtigkeiten. Wie viel Wandel hätte es in unserer Welt ohne Wut gegeben? Wut über Ungerechtigkeit mobilisierte Frauen, unerbittlich für ihr Wahlrecht zu kämpfen. Wut brachte die afroamerikanische Bürgerrechtlerin Rosa Parks dazu, sich 1955 zu weigern, ihren Sitzplatz im Bus für einen weißen Fahrgast aufzugeben. Wut treibt heute junge Menschen an, sich aus Protest gegen die Klimapolitik auf Straßen zu kleben.

Auch bei der kindlichen Entwicklung ist Wut sehr wichtig. Zum Beispiel dann, wenn Kleinkinder mehr und mehr selbst machen wollen, aber die Eltern sie nicht lassen. Oft heißt es dann: »Alleine machen!« Getragen von Wut können Kinder Selbstvertrauen entwickeln[113]. Aber auch später im Erwachsenenalter, wenn wir wütend erfolgreich unsere Grenzen verteidigen, uns behaupten und für uns oder andere einstehen, gibt uns das ein Gefühl von Selbstwirksamkeit: »Ja, ich kann etwas verändern und ich habe Einfluss auf die Welt, die mich umgibt.« Und Selbstwirksamkeit hat einen starken positiven Einfluss auf unser Selbstwertgefühl[114].

Trotzdem hat Wut keinen guten Ruf und wird in der Erziehung oft sanktioniert. Wut ist in manchen Kulturen der Welt sogar so verpönt, dass sie schlichtweg unterdrückt wird. In Korea gibt es die sogenannte »Wutkrankheit«, auch Hwa-Byung genannt[115]. Sie äußert sich beispielsweise durch Niedergeschlagenheit und depressive Symptome. Denn wer Frustration und Ungerechtigkeit empfindet, aufkommende Wut aber unterdrückt, muss mit Folgen rechnen: In der psychosomatischen Medizin geht man davon aus, dass Unterdrückung und Zurückhaltung von Emotionen zu höherem Stressempfinden und Krankheit führt[116]. Studien zeigen: Menschen, die ihre Wut nach innen richten, sind öfter ängstlich besorgt[117]; das Hemmen der eigenen Wut wird auch mit höherer Schmerzempfindlichkeit in Verbindung gebracht[118]. Auch das drückende Gefühl auf der Brust kennen viele Menschen, wenn es um das Unterdrücken der eigenen Wut geht. Wie war das bei dir in deiner Kindheit: Hatte Wut ihren Platz? War sie erlaubt oder wurde sie nicht gerne gesehen und vielleicht sogar bestraft? Wurde Wut vielleicht als bedrohlich und unberechenbar angesehen?

Wenn Wut sanktioniert oder abgewertet wird, kann das dazu führen, dass Kinder lernen: Wenn ich wütend werde, dann bedroht das meine Beziehung zu Mama und Papa. Aber auch wenn aggressive Eltern Wut unkontrolliert ausleben, stellt das ein Risiko für die Entwicklung dar[119]. Kinder sind stark von ihren Eltern als Versorger abhängig und deshalb stets darauf bedacht, alles für eine gute Verbindung zu den Eltern zu tun. Oft verstecken sie deshalb ihre Wut in einer inneren Schublade. »Hab keine Angst«, »Reg dich nicht so auf« oder »Sei nicht so eine Zicke« – gerade Mädchen werden immer noch häufiger dafür belohnt, wenn sie lieb, angepasst, leise und brav sind. So zeigen Studien, dass das Empfinden von Wut bei Mädchen eher mit Traurigkeit verbunden ist, während Wut bei Jungen sich eher in aggressivem Verhalten äußert[120]. Auch im Erwachsenenalter zeigen Frauen gerade in sozialen Kontexten weniger Wut als Männer[121]. In meinen psychologischen Beratungen stelle ich immer wieder fest, dass es häufiger Frauen sind, die ihre Wut ablehnen und diese nach innen richten. So werden häufig destruktive Glaubenssätze wie »Immer mache ich alles falsch« oder »Wenn ich geliebt werden will, muss ich so sein, wie mich andere haben wollen« geformt. Aber wenn die eigene Wut nicht sein darf, wie gut können wir dann später für uns einstehen und in den entscheidenden Momenten Nein sagen?

Mut zur Wut

Ich plädiere hier nicht dafür, dass wir alle zu Wutbürgern werden. Wir sollten aber unseren Mut zur Wut auch nicht verlieren. Jetzt denkst du vielleicht: Wut haben wir doch genug. In Schlägereien am Rande von Fußballstadien, in den mehr als 500 Fällen von häuslicher Gewalt jeden Tag allein in Deutschland[122] und in den Kriegen dieser Welt. Und tatsächlich, Wut kann eine wahnsinnig große Sogwirkung haben, aus der es schwer ist, wieder herauszukommen. Wut kann in uns und in anderen Angst auslösen. Sie kann zerstörerisch sein und in Momenten des absoluten Kontrollverlusts zu Gewalt und Tod führen. Wenn Wut kein angemessenes Ventil bekommt, dann sucht sie sich eins – häufig ist es aggressives Verhalten, das ist dann gar nicht mehr so angemessen. Im Laufe dieses Kapitels haben wir aber bereits festgestellt, dass auch das Unterdrücken der Wut keine gute Lösung ist. Deshalb ist wieder unsere Gefühlsbereitschaft gefragt.

Lasst uns für die Erklärung kurz gemeinsam in meine Kindheit reisen. Als ich sechs Jahre alt war, trennten sich meine Eltern. Meine Mutter lernte einen neuen Mann kennen, der ziemlich schnell bei uns einzog. Dabei hatte ich als kleiner Junge, der nur seinen Vater gewohnt war und die Situation nicht so schnell verstand, meine Anpassungsprobleme. Ich akzeptierte den neuen Hausherrn nicht und gab ihm bereits mit meinen knapp 1 Meter 20 zu verstehen, dass für mich nur die Regeln meiner Mutter und meines Vaters galten. Ihm passte das nicht, und so gerieten wir immer wieder aneinander. Eines Abends beim Zubettgehen eskalierte die Situation so heftig, dass er mich nach einer wilden Verfolgungsjagd durch mein Zimmer am Schlafanzug packte und in einen Schwitzkasten nahm. Was wie eine kleine Rauferei zwischen zwei ungleichen Gegnern begann, endete in einem erbitterten Kampf. Er forderte mich immer wieder auf, mich zu ergeben. Und jedesmal, wenn ich widersprach und sagte, meine Mama und mein Papa würden mich erziehen, drückte er fester zu. Ich schrie ihn an, er solle mich loslassen, und wurde rasend vor Wut. Die Emotion verteidigte in diesem Moment mein Bedürfnis nach Sicherheit. Doch ich hatte keine Chance gegen diesen großen, kräftigen Mann. Minuten vergingen. Er drückte und drückte, und ich zappelte wie ein Fisch, der in einem Netz der Dominanz gefangen war. Er wollte den Kampf gegen diesen kleinen rebellischen Jungen ein für alle Mal gewinnen. Doch meine Wut gab mir die Kraft zur Gegenwehr. Zeit verstrich. Ich schaute zwischendurch immer wieder auf meinen kleinen digitalen Wecker, in der Hoffnung, dass er mich mit der Zeit loslassen würde. 19:12 … 19:24 … 19:51 … die Zahlen haben sich in meine Erinnerung gebrannt. Ich flehte und bettelte, dass er mich gehen lassen solle. Doch er hielt mich mit aller Kraft in seinem bedrohlich engen Schwitzkasten. Dabei tropfte sein Schweiß auf mich und lief an mir herunter wie eine dicke, gelbe Brühe. Irgendwann. Endlich. Die Erlösung. Ich hörte Schritte auf der Treppe. Meine Mutter näherte sich dem Zimmer. Sie trat ein, und ich flehte sie an, mir zu helfen. Sie hielt für einen kurzen Moment inne, dann wandte sie sich ab. Innerlich war es, als ob etwas in mir nach hinten kippte und ich die Kontrolle verlor. Alles in mir erschlaffte. Ein tiefes Gefühl der Hilflosigkeit überkam mich. Ich fühlte mich wie betäubt. Ich weiß noch, dass ich in meinem kleinen Kinderkopf wie von außen auf die Szene blickte, entrückt aus meinem Körper. Von oben beobachtete ich mein Bett mit der blauen Motivdecke. Genau wie diesen großen, behaarten Mann und den kleinen Körper in seinem eisernen Griff, der nicht mehr meiner war. »Wofür sollte ich kämpfen, wenn ich alles verloren habe?«, dachte ich. Nachdem meine Mutter den Raum verlassen hatte, ließ er von mir ab. In dieser Nacht war ich noch lange wach, bevor ich in meinem nass geschwitzten Bett einschlief.

Obwohl die Situation schon Jahrzehnte zurückliegt, sind beim Schreiben die Gefühle von früher noch einmal hochgekommen. Noch heute empfinde ich Mitgefühl mit dem kleinen Jungen, der noch immer ein Teil von mir ist. Dieser kleine Junge musste eine tiefe Grenzverletzung erleben. Der damalige Freund meiner Mutter hat Gewalt über mich gewonnen, und meine Wut lief ins Leere. Sie konnte mich nicht schützen und meinen Raum nicht wahren. Das Gegenteil von Selbstwirksamkeit ist Ohnmacht. Und genau das spürte ich zutiefst, als meine letzte Hoffnung, meine Mutter, sich in diesem Moment von mir abwandte.

Das war nicht die einzige Erfahrung absoluten Kontrollverlusts in meiner Kindheit, aber eine, an die ich mich sehr lebhaft erinnere.

Es folgten Jahre, in denen ich es immer wieder mit Menschen zu tun hatte, die meine gefühlte Freiheit einschränken wollten: Ich musste ins Lehrerzimmer wegen aufmüpfigen Verhaltens, war frech zu Türstehern am Club und hatte Anzeigen von der Polizei wegen Beleidigung. Ich war genau die Sorte Mensch, die ich nicht ausstehen kann. Aber wer sich nicht frei fühlt, muss wieder und wieder für Freiheit kämpfen. Meine Wut war damals mein Schutzmantel. Mein einziges Instrument, mich zur Wehr zu setzen.

Es brauchte noch mal ein paar weitere Jahre, bis ich mittels der ACT aus dem Kreis der Eskalation aussteigen konnte und verstand, was hier eigentlich geschah: Wann immer jemand meine persönliche Grenze überschritt und damit meine Freiheit wieder in Gefahr brachte, erwachte meine Erinnerung an diese unheimliche Bedrohung von damals – das für mich bis dahin unerträgliche Gefühl von Hilflosigkeit, Ohnmacht und Todesangst. Ein Gefühl, das ich niemals mehr fühlen wollte und daher immer, wenn es versuchte hochzukommen, durch Wut ersetzte. Ein eiserner Vorhang um mich, der »Halt, stopp!!« ruft – bis hierhin und nicht weiter. In der Psychologie gibt es passende Begriffe dafür: primäre und sekundäre Gefühle. Ein primäres Gefühl ist das ursprünglich ausgelöste Gefühl, das oft als überwältigend und sehr schmerzvoll empfunden werden kann. So schmerzhaft, dass derjenige es nie wieder spüren möchte und sich stattdessen ein erträglicheres sekundäres Gefühl sucht, in dem er Übung hat, welches das Primäre überdeckt. In meinem Fall war das Wut. Hinter einer Wut liegt häufig eine andere Emotion: Hilflosigkeit, Einsamkeit, Todesangst und Ohnmacht. Lange war mir das nicht bewusst, aber heute weiß ich, was meine Wut bedeutet und dass sie das Gefühl ist, dem ich am wenigsten trauen kann. Denn ich kann mir nie ganz sicher sein: Ist das hier gerade die Wut aus einem alten Erlebnis, die wach wird, oder tatsächlich die Reaktion auf eine akute Bedrohung? Ich blicke durch die Brille meiner Vergangenheit auf Gegenwart und Zukunft. Wenn du in einer konkreten Situation überprüfen möchtest, ob deine Wut gerade hilfreich und aktuell oder alt ist: Folge kurz dem Gefühl, stell dir die Wut einmal vor und frage sie: Worauf bist du gerade so wütend? Da Wut eine große Kraft hat, ist sie oft zu einer Antwort bereit und schmettert dir vielleicht etwas entgegen wie: »Schon wieder einer, der dir ohne Rücksicht auf die Füße tritt.« Wenn du »schon wieder« oder »immer« in der Antwort findest, gibt dir das zumindest den Hinweis, dass sich deine Wut »nicht nur« auf die jetzige Situation bezieht.

Genau diese Frage kannst du dir auch bei anderen Gefühlen stellen und damit herausfinden, welchem Gefühl du am wenigsten trauen kannst. Für einige ist es Wut, für andere Trauer. Vielleicht ist es auch eines der anderen behandelten Gefühle hier aus diesem Buch: Scham, Einsamkeit, Liebe, Hilflosigkeit und Ohnmacht, Angst, Glück oder Freude.

Das Faszinierende an der Wut ist, dass wir aus ganz unterschiedlichen Gründen wütend werden: Der telefonierende Vordermann im Zug, der am Telefon so laut spricht, dass man zwangsläufig mithören muss, das Pärchen, das Händchen haltend im Schneckentempo vor einem schlendert, oder aber, wenn der Partner seine Socken und sein dreckiges Geschirr nicht wegräumt. Einen hohen Einfluss auf unsere Wut hat in solchen Situationen unsere Verfassung. Neben Hunger spielt dabei auch Stress eine wichtige Rolle[123, 124]. Ist man etwa spät dran und es bleiben nur noch fünf Minuten, um zu einem wichtigen Vorstellungsgespräch zu kommen, ist ein vor uns dahinschleichendes Fahrzeug extrem ärgerlich. Wer dagegen durch die Gegend fährt, um die Landschaft zu genießen, wird sich darüber wahrscheinlich nicht ärgern. Der Unterschied liegt in unserer Bewertung der Situation: »Wenn ich jetzt zu spät komme, dann verpasse ich diese eine Jobchance. Diese Arbeit hätte mich so glücklich gemacht, und von dem Geld wollte ich in den Urlaub fahren.« Ein solcher innerer Monolog ist darauf ausgelegt, uns unglücklich zu machen. Diese Bewertung der Situation passiert blitzschnell und oft unbemerkt. Je nachdem, wie sie ausfällt, macht sie uns wütend, oder wir bleiben gelassen.

Das Gleiche passierte in meiner Interaktion mit der Polizei. Einige würden die Umzingelung der Polizisten wütend machen, andere nicht. Mich machten ähnliche Situationen in der Vergangenheit rasend. Eben durch meine Bewertung: »Das ist zu eng. Ich bin hilflos und verloren.« Die Erfahrungen, die ich in der Vergangenheit gesammelt habe, haben großen Einfluss auf meine heutigen Bewertungen: Durch die Situation werde ich zurückversetzt in den Moment, als ich das letzte Mal bedrängt wurde und mich hilflos gefühlt habe. In der Psychologie nennen wir diese Anbindung an ein früheres, hoch emotionales Erlebnis Affektbrücke[125]: Die Bedrängung der Polizisten im Hier und Jetzt hat eine Brücke in meine Kindheit gebaut. Gedanklich bin ich also wieder kurz davor, im Schwitzkasten des Freundes meiner Mutter zu landen. Mein Gefühl sagt mir: Einzig und allein das Ausleben von Wut kann mich jetzt schützen.

Der Wut die Tür aufmachen

Heute habe ich die Werkzeuge der ACT bei mir und kann sie in Wutsituationen nutzen. Der erste wichtige Schritt, wenn sie aufkommt, ist: Die Wut überhaupt zu bemerken. Einige werden jetzt vielleicht sagen: Wut poltert so laut, dass sie eigentlich nicht zu überhören ist. Das Problem ist, dass wir sie meist erst dann wahrnehmen, wenn sie schon lange das Steuer übernommen hat, mit quietschenden Reifen die Kurve nimmt oder uns ins Schleudern bringt. Sie hat das Kommando übernommen, und wir sitzen auf der Rückbank. Sie ist sehr schnell darin, die Kontrolle über uns zu gewinnen – die Wut ist der Sprinter unter den Gefühlen. Ihr Warnlämpchen blinkt oft nur kurz auf unserem Armaturenbrett der Emotionen, bevor sie wie eine unsichtbare Kraft ins Lenkrad greift. Wenn wir nicht wirklich gefühlsbereit sind, bleibt die Wut oft unbemerkt, bis es vielleicht zu spät ist und wir Dinge tun, die wir bereuen. Schon wenn Wut nur leise anklopft, sollten wir den Raum zwischen Reiz und Reaktion öffnen. Gefühlsbereitschaft ist dann der Seismograf für das aufkommende Wutbeben. Vor allem Achtsamkeit kann dann nicht nur helfen, Wut frühzeitig zu erkennen, sie wirkt sogar prophylaktisch: Wenn wir achtsam sind, können wir gelassener bleiben und haben die Freiheit, Situationen gelassener zu interpretieren[126].

Wut ist nicht nur schnell, sondern gleichzeitig sehr intensiv. Das macht es schwer, in einem solchen Moment rationale Entscheidungen zu treffen. Im Volksmund heißt es bei heftigen Wutreaktionen nicht ohne Grund »den Verstand verlieren« oder »blind vor Wut sein«. Und tatsächlich ist unsere Amygdala bei Wut überaktiviert. Gehirnbereiche, die für Ruhe, rationale Überlegungen und Problemlösungen verantwortlich sind, werden durch das intensive Gefühl blockiert[127]. Zum Beispiel unser präfrontaler Kortex – der Teil des Gehirns, der uns hilft, Situationen zu beurteilen[128].

Wut kann daher ein guter Hinweis sein, eine Situation erst mal zu verlassen, um wieder Zugang zum eigenen Denkapparat zu bekommen. Weil Wut uns häufig körperlich so stark erregt, hilft es meist, sie über den Körper abzuleiten: eine Runde um den Block gehen, sich selbst abklopfen (heißt, wirklich den eigenen

Körper mit den Handflächen zu betrommeln), tanzen oder Sport machen[129]. Der Körpersprachenexperte Dirk Eilert hat mir einmal erzählt, dass er mit seiner Ehefrau ein Codewort dafür ausgemacht hat. Wenn sie hitzig streiten, sagt einer der beiden »Amygdala« – dann wissen beide, dass sie die Auseinandersetzung erst in 30 Minuten fortführen. In der Zwischenzeit können sich beide eine der oben genannten Wutübungen aussuchen. Denn: In wilder Wut zu diskutieren ist genauso ratsam, wie mit auf den Rücken gebundenen Händen zu schwimmen. Das Wasser schwappt uns dann über den Kopf, genau wie die Wut. Ähnlich ist es mit wichtigen Entscheidungen. Treffen wir sie in heftiger Wut, sind sie weniger durchdacht[130]. Was meist dazu führt, dass wir sie später bereuen.

Es ist ratsam, ein geeignetes Ventil für die eigene Wut zu finden, sobald man sie in sich spürt. Im Sinne der Gefühlsbereitschaft braucht Wut ein Flutungsbecken. Die Forschung hat unterschiedliche Strategien im Umgang mit Wut untersucht, darunter Ablenkung, Rumination und kognitive Neubewertung.[131] Mit Ablenkung sind die meisten von uns wahrscheinlich gut vertraut: Macht sich die Wut bemerkbar, widmen wir uns Dingen, die uns auf andere Gedanken bringen. Laut Forschung kann das sogar helfen. Als Rumination bezeichnet es die Psychologie, wenn wir mit unserer Aufmerksamkeit an der Situation verhaftet bleiben, die uns wütend gemacht hat. Es ist noch stärker als das gewöhnliche Grübeln, denn unsere Gedanken kreisen unentwegt um die Situation mit all ihren Ursachen und Konsequenzen. Das kann dann so klingen: »Warum hat der blöde Kollege das gesagt?«, oder »Wenn sie meinen Geburtstag vergisst, bin ich ihr nicht wichtig und wir können gleich unsere ganze Beziehung beenden«. Diese Strategie ist laut Forschung wenig sinnvoll, denn sie sorgt nicht dafür, dass Wut abnimmt[132], sie wird zum Teil sogar noch verstärkt[133]. Kognitive Neubewertung wiederum ist der Prozess, bei dem wir die Situation, die Wut in uns ausgelöst hat, neu einschätzen. Statt zum Beispiel anzunehmen, dass uns der Arbeitskollege mit einem spitzen Kommentar provozieren wollte oder dass unsere Partnerin unseren Geburtstag vergessen hat, weil wir ihr nicht wichtig sind, finden wir alternative Begründungen: »Der Kollege hatte einen schlechten Tag«, oder »Meine Freundin hatte in letzter Zeit einfach viel Stress«. Wir verstehen, dass die Person nicht so gehandelt hat, um uns zu schaden, dass also das Verhalten nichts mit uns zu tun hat. Auch das kann die Wut reduzieren.

Jetzt könnte man behaupten: Warum brauche ich Gefühlsbereitschaft, wenn es die Ablenkung auch tut? Hier ist Vorsicht geboten: Ablenkung ist zwar effektiv, damit wir bei starker Wut erst einmal wieder klar denken können. Um dann aber nicht immer wieder in denselben Situationen wütend zu werden, müssen wir die Bedürfnisse, die hinter unserer Wut stecken, erkennen, ernst nehmen und dann gut für uns sorgen. Und genau dafür brauchen wir Gefühlsbereitschaft.

Hand in Hand mit der Wut

Warum nervt mich der Kollege? Warum fühle ich mich immer wieder übersehen und vernachlässigt? Warum stehe ich ständig unter Zeitdruck? Nur wer sich traut, seine Wut genau anzusehen, kann Neubewertungen vornehmen und Strategien finden, um sich in Zukunft weniger schnell auf die Palme bringen zu lassen. Es gilt also: Wut empfinden? Ja! Wut in Form von Aggression gegen andere ausleben? Nein. Mit dem Ausleben der Wut verstärke ich nur die Anspannung und empfundene, wütende Energie. Ich beschäftige mich aber nicht mit dem Bedürfnis, das dahinterliegt. Damit wird Wut wieder zu einer Form der Bedürfnisvermeidung. Um mit unserer Wut umgehen zu können, müssen wir sie also wahrnehmen und erkennen, dann bändigen, um die Kontrolle über unser Denken und Handeln zurückzugewinnen, und schließlich die dahinterliegenden Bedürfnisse angehen.

Zugegeben, manche Situationen machen uns das gar nicht so einfach. Nicht immer haben wir die Gelegenheit, uns abzulenken, Sport oder einen Waldspaziergang zu machen, und nicht in jeder Situation sind die Personen uns so vertraut, dass wir »Amygdala« rufen können, um danach klarer denken zu können. Manchmal bleibt uns auch keine Zeit, um unsere Gedanken zu sortieren und neu zu bewerten. Wir müssen schnell und in dem Moment reagieren. Wer dann das Gefühl hat, von der eigenen Wut überrollt zu werden, kann sich mit der Übung »Luft-Beinpresse« helfen. Hierfür stellst du dich hüftbreit hin, spannst Po und Beine an und tust so, als würdest du einen unsichtbaren Medizinball zwischen den Beinen halten und diesen mit den Knien und Oberschenkeln ganz fest zusammendrücken. Diese Spannung hältst du dann für eine ganze Weile, mindestens aber zehn Sekunden. Es soll wirklich anstrengend sein. Die Muskulatur im Bauch und Rückenbereich sollte nicht mit angespannt werden, denn die meisten Menschen halten dabei ihren Atem an, was eher kontraproduktiv ist. Die Übung aktiviert die größten Muskelgruppen im Körper, also die Gesäß- und Oberschenkelmuskulatur, und hilft dir so beim kurzfristigen Abbau hoher Anspannung.

Alternativ kannst du deine Anspannung auch über die Atmung regulieren. Eine einfache Übung[134]: Atme vollständig durch den Mund aus und mach dabei ein zischendes Geräusch. Schließe deinen Mund und atme ruhig durch die Nase ein, zähle dabei gedanklich bis vier. Danach stoppst du deinen Atem und zählst bis sieben. Atme dann vollständig durch den Mund aus und mach dabei wieder ein zischendes Geräusch, zähle dabei bis acht. Atme nun erneut ein und wiederhole diesen Zyklus noch dreimal für insgesamt vier Atemzüge[135]. Ist deine Wut dann etwas abgeklungen, funktionieren dein Bewusstsein und Denken wieder besser, du kannst wieder sinnvolle Entscheidungen treffen und dich um einen aktiven Umgang mit der Wut kümmern.

Für einen aktiven Umgang mit der eigenen Wut ist ein Werkzeug aus der ACT-Toolbox besonders gut geeignet: das Beobachter-Selbst – oder der Regiestuhl, wie ich es nenne. Du beobachtest dich selbst auf der Bühne und nimmst deine Gedanken, Gefühle, Selbstbilder, Überzeugungen und Empfindungen bewusst wahr.

Hier kann es etwa helfen, das Gefühl im Körper zu benennen. Stelle dir dafür folgende Fragen: Wo in meinem Körper spüre ich Wut? Was genau passiert in meinem Körper? Zieht sich mein Bauch zusammen? Legt sich ein schweres Gefühl auf meine Brust? Ballen sich meine Fäuste? Legt sich meine Stirn in Falten? Wenn du das Gefühl im Körper bestimmt hast, kannst du es benennen, zum Beispiel: »Ich bin gerade wütend.« Danach hilft es, die Wut in ihrer Schutzfunktion anzuerkennen. Du kannst zum Beispiel sagen: »Danke, Wut, dass du mich beschützen willst, aber das ist hier nicht mehr nötig, weil ich kein kleiner Junge mehr bin und der Polizist auch nicht der Freund meiner Mutter ist.« Es kann entlastend sein, anzuerkennen, dass die Wut dich beschützen will, es also gut mit dir meint und in deinem Sinne psycho-logisch agiert. Das kannst du mit all deinen Gefühlen machen. Gerade wenn du dich einsam, hilflos oder ängstlich fühlst, will dein Gefühl dich meist vor etwas warnen oder schützen.

Diese positiven Eigenschaften zu benennen hilft mir beim Loslassen. Aber: Ich darf meine Wut auch in ihre Schranken weisen. Manchmal hat meine Psyche eben das letzte Update verpasst, und ich muss das alte Programm mit den neuen Erfahrungen, die ich im Hier und Jetzt mache, überspielen. Wer in das Beobachter-Selbst geht, kann sein statisches Selbstbild und Programm auflockern. Mittlerweile läuft bei mir das Programm »Ich bin ein hilfloser kleiner Junge« nicht mehr automatisch ab. Ich kann mir bewusst darüber werden, dass ich heute erwachsen bin und mich gut schützen kann.

Am besten übst du diesen Weg zum flexibleren Selbst in einem ruhigen Moment, um die Technik dann in emotionalen Momenten parat zu haben. Nimm dir dazu etwas Zeit und vervollständige folgende Sätze für dich:

Ich bin ein ...
Ich bin kein ...
Ich bin gut darin ...
Ich bin schlecht darin ...
Ich bin jemand, der ...
Ich bin nicht jemand, der ...

Auch diese Fragen kommen aus der ACT-Therapie. Sie helfen beim Umgang mit Wut. Denn: Verschiedene Studien zeigen, dass die Kombination aus Achtsamkeit und kognitiver Neubewertung ein geeigneter Weg zum besseren Umgang mit Wut ist[136, 137].

In der beschriebenen Situation mit der Polizei sah dieses Vorgehen folgendermaßen aus: Ich nahm meine Wut bewusst in meinem Körper wahr und benannte sie innerlich als Wut. Ich atmete tief durch und regulierte mich damit so weit herunter, dass ich klar denken und die Regie übernehmen konnte. So realisierte ich, dass ich mich in keiner aktuellen Gefahrensituation befand, sondern in einer Polizeikontrolle. Ich konnte dann die Polizisten mit freundlicher Stimme fragen, ob es heutzutage üblich ist, dass so viele Polizisten im Einsatz sind. Ein älterer Beamter antwortete etwas streng, dass das eine Übung für die Auszubildenden sei. Dadurch entspannte sich die Situation. Ich zahlte mein Bußgeld und konnte weiterfahren, froh, dass die ganze Situation nicht eskaliert war.

Auf dem Fahrrad (ohne Handy in der Hand) dachte ich im Anschluss noch kurz über die Situation nach. Wahrscheinlich hätte das mit dem Handy in der Hand schiefgehen können. Ich lächle: 55 Euro für mein Leben – Schnapper. Eine Prise Dankbarkeit für diese Erinnerung erfüllte mich. Und das galt auch für meine Wut. Die Polizisten hatten nur ihren Job gemacht. Gleichzeitig war und ist mir klar, dass ich sehr privilegiert bin: Andere Menschen werden aufgrund von Hautfarbe, Geschlecht und Herkunft durchaus grundlos aufgehalten und auch anders behandelt. Wut ist dann wichtig und richtig, Wut zu zeigen oder auszuleben kann aber auch sehr gefährlich werden.

In meiner persönlichen Geschichte wird klar, dass ich mich sehr intensiv mit meiner Wut auseinandersetzen musste. Jetzt bist du an der Reihe: Wie gut kennst du deine Wut? Bist du mit ihr verbunden? Steht sie dir vielleicht sogar manchmal im Weg? Oder solltest du sie noch stärker in dein Leben einladen? Um das herauszufinden, kannst du wieder auf deinem Regiestuhl Platz nehmen. Frage dich: Was habe ich für Überzeugungen und Konzepte über mich selbst? Bin ich nur liebenswürdig, wenn ich lieb und angepasst bin? Habe ich wirklich das Gefühl, dass ich meine Meinung sagen darf? Bin ich wütend genug? Oder oft grundlos wütend? Es ist immer gut, Bekanntschaft mit der eigenen Wut zu machen. Das heißt nicht, dass wir immer auf sie hören müssen. Aber wir sollten sie in jedem Fall wahrnehmen. Ohne meine Gefühlsbereitschaft hätte ich mich wahrscheinlich immer über meine Wut gewundert. Meine Reise in die Vergangenheit dagegen hätte ich nie begonnen – und hätte niemals erfahren, dass dort ein kleiner verletzter Junge auf mich wartet, den ich heute an die Hand nehmen kann.

Wie ich so in meinen Erinnerungen versunken bin, vergesse ich, dass ich hier alleine in der Dunkelheit ausharre. Bis auf die wenigen Besuche von Morla bin ich die ganze Zeit auf mich selbst gestellt. Im Alltag ist das Alleinsein für mich manchmal ein Genuss, wie ein heißes Bad an einem kalten Tag. An anderen Tagen wiederum ist es unerträglich, und ich fühle mich einsam. Und obwohl der Zustand, in dem ich mich gerade befinde, selbst gewählt ist, merke ich, wie viel lieber ich jetzt mit meinen Freunden zusammen wäre. Sie sitzen bestimmt gerade beisammen, reden und lachen. Gefühlt bin ich am anderen Ende der Welt, vergessen in meinem Loch der Dunkelheit. Wie gerne würde ich jetzt meinen besten Freund anrufen. Nur mal einen kleinen Zwischenbericht abliefern, wie es mir ergeht, und mich erkundigen, was bei ihm los ist. Zum ersten Mal spüre ich hier etwas anderes als Angst. Ein Gefühl wie eine nasse, schwere Decke, die auf mir liegt, obwohl ich ohnehin schon friere. Es ist wie eine tiefe Sehnsucht. Wie Hunger oder Durst, der immer unerträglicher wird. Ich fühle mich einsam.

KAPITEL 6

DIE KRAFT DER EINSAMKEIT

Etwas verunsichert fuhr ich an diesem Morgen in die Firma. Ich war gestresst, weil ich in drei Wochen mit meinem Geschäftspartner und besten Freund Timo auf Tour gehen würde. Wir hatten noch nicht viel für unsere Show getan. Besser gesagt: Gar nichts! Keine Idee, kein Ansatz, nur weiße Blätter. Vor meinem inneren Auge tat sich mein größtes Horrorszenario auf: Ich stehe auf der Bühne, 2000 erwartungsvolle Augen auf mich gerichtet, und ich weiß nicht, was ich sagen soll. Ich habe den roten Faden verloren und erstarre ohne Orientierung in einem Moment der erdrückenden Stille. Dann das erste Tuscheln. Nein! So weit sollte es nicht kommen. Und obendrein: Die Besucher bezahlen ja auch für diesen Abend, planen und organisieren. Sie schenken uns das Wichtigste, was sie haben: ihre Zeit. Und alle wollen unterhalten werden. Einige wollen lachen und gleichzeitig nachdenken. Andere wollen von der Arbeit abschalten. All das müssen wir erfüllen.

Diese Gedanken wurden vom Rührgerät in meinem Kopf ordentlich durchgeknetet, als ich das Büro betrat. Zehn Minuten später kam auch Timo etwas aus der Puste zur Tür herein: »Entschuldige bitte, meine Bahn hatte Verspätung«, sagte er. »Kein Problem, aber lass uns gleich anfangen«, entgegnete ich ihm. Die Anspannung in mir stieg. »Wir hätten schon viel früher anfangen sollen«, sagte Timo, während er sich gemächlich in seinen Bürostuhl fallen ließ. Mit »wir« bin meistens ich gemeint.

»Ja, da hast du recht. Was hast du denn für Ideen mitgebracht?«, fragte ich. »Na ja, noch nichts Konkretes, man könnte ja einfach ein paar Sachen bringen, die wir letztes Jahr auch gemacht haben. Hat doch super funktioniert«, sagte Timo. ›Danke für deine Innovationskraft!‹, zischte es durch meine Gedanken wie eine von Ironie angezündete Silvesterrakete. ›So schlau war ich auch schon.‹ Und plötzlich platzte es aus mir heraus: »Weißt du, was ich richtig scheiße finde: Deine Haltung zu dem Ganzen hier. Alles wird schon irgendwie. Dein geringer Anspruch an die Dinge kotzt mich richtig an. Das Leben ist doch keine Selbstverständlichkeit. Denkst du, es kommt immer alles von alleine so per Zufall auf einen zugeflogen? Wenn wir das nicht machen, macht es keiner. Wo wären wir, wenn wir nicht hart dafür arbeiten würden? Und mit ›Wir‹ meine ich uns beide zusammen und nicht immer nur mich. Ich kann mich nicht auf dich verlassen.« Ich presste meinem Freund und Geschäftspartner eine empörte Rede rein, dekoriert mit Anschuldigungen, angefeuert von meinen tiefen Glaubenssätzen. Ziemlich unprofessionell für einen Psychologen, der es eigentlich besser wissen sollte.

Hier war sie wieder, meine Wut. Zur Stelle, wenn es sich brenzlig anfühlt. Sie kreiert genau das, was ich in diesen Momenten am meisten fürchte. Denn sie bildet einen Panzer um mich herum und hält den Glauben am Leben, dass ich mich auf keinen Menschen so richtig verlassen kann und immer alles alleine schaffen muss. »Ich bin alleine verantwortlich« ist mein Glaubenssatz, meine tief in mir sitzende Wahrheit, die sich zu einem Gefühl formt. Wenn ich in meine Wut eintauche und tief an den Grund meiner Empfindungen komme, entdecke ich da noch andere Gefühle: Unter dem Sturm und Wind ist eine ganz leise Form der Unruhe. Sie schwingt latent mit, wie eine Strömung, die mich treibt, doch ich habe keinen Anker. All das wird begleitet von einem ständigen Gefühl der Leere. Ein tiefer Stachel, an den ich mich nach all diesen Jahren gewöhnt habe. Und wenn ich am Grund meiner Gefühle ankomme, ist da ein winzig kleiner Tresor, dessen Schlüssel ich vor Jahren weggeworfen habe. In ihm eine Spieluhr, die leise ihr Lied im Hintergrund spielt. Für dieses Lied schäme ich mich sehr. Es ist ein tiefes Gefühl von Einsamkeit.

Die meisten Menschen verbinden sich ungern mit dem Zustand von Einsamkeit, weil es sich verdammt unangenehm anfühlen kann. Und doch kommen viele von uns nicht drum herum. Denn fast jeder zehnte Deutsche gibt in einer Befragung an, sich einsam zu fühlen[138]. Und das, obwohl wir digital verbundener denn je sind: Wir telefonieren, chatten, schreiben Mails, kommentieren und liken in den sozialen Netzwerken. Wir haben täglich etliche Unterhaltungen, und doch scheinen diese unser Bedürfnis nach Kontakt nicht zu befriedigen.

Die Einsamkeits-Epidemie, in der wir leben, ist so ein großes Problem geworden, dass die ehemalige britische Premierministerin Theresa May 2018 sogar eine Ministerin für Einsamkeit berief, genauer für Sport, Zivilgesellschaft und Einsamkeit. Mittlerweile können in Großbritannien soziale Aktivitäten sogar von Ärzten verordnet werden[139]. Auch die Daten der deutschen Krankenkassen zeigen eine Zunahme psychischer Erkrankungen, laut Gesundheitsreport der DAK gehören sie zu den häufigsten und auch kostenintensivsten Erkrankungen und sind nach Erkrankungen des Muskel-Skelett-Systems und der Atemwege für den häufigsten Krankenstand verantwortlich[140]. Und Einsamkeit ist ein Risikofaktor für unsere psychische Gesundheit.[141]

Was steckt hinter der Einsamkeit?

Nimm dir bitte einen kurzen Moment Zeit und beantworte innerlich die Fragen: Wann hast du dich das letzte Mal einsam gefühlt? Warst du unter Leuten oder ganz alleine? Wie hat es sich in deinem Körper bemerkbar gemacht? War es ein Drücken auf der Brust, die Empfindung von Leere oder etwas ganz anderes? Spürst du es selten oder häufiger?

Wir dürfen Einsamkeit nicht mit dem Alleinsein verwechseln: Robin Williams, der oscarprämierte Schauspieler, sagte in seiner Rolle in *Zeit des Erwachens*: »Früher dachte ich, das

Schlimmste im Leben sei, ganz alleine zu enden. Das ist es nicht. Das Schlimmste im Leben ist, mit Menschen zu enden, die dich einsam fühlen lassen.« Einsamkeit hat eben nicht zwangsläufig etwas mit Alleinsein zu tun[142]. Einsam kann ich mich auch dann fühlen, wenn ich viele Beziehungen führe, die für mich aber nicht die Qualität haben, die ich mir wünschen würde. Folglich können wir uns auch auf einer riesigen Party zwischen vielen lachenden Gesichtern sehr einsam fühlen. Andererseits können wir uns alleine ins Kino, auf eine Radtour oder Weltreise begeben, ohne auch nur ein kleines bisschen einsam zu sein. Alleinsein ist dann ein neutraler oder positiver Zustand, den wir selbst gewählt haben. Denn ebenso wie wir die Bindung brauchen, müssen wir immer wieder auch autonom unser Ding machen können, Zeit für uns haben und auf den sozialen Pausenknopf drücken können. Einsamkeit ist dagegen ein unfreiwilliger Zustand, der mit Gefühlen wie Trauer, Angst und Wut verbunden sein kann.

Grundsätzlich gilt: Menschen sind soziale Wesen, und wenn wir zu lange in der nicht freiwillig gewählten Isolation leben, steigt das Risiko für diverse Krankheiten.[143] Das Bedürfnis nach Gemeinschaft und Kontakt ist tief in uns verankert und hat sich im Laufe der Evolution herausgebildet. Der Gegenspieler, nämlich der Zustand der Einsamkeit, hat uns dazu gedrängt, Bindung und damit die Zugehörigkeit zur Gruppe zu suchen. Denn die Gruppe hat uns das Überleben gesichert. Einzelgänger hatten eine größere Wahrscheinlichkeit zu sterben[144], sei es an Hunger, Durst oder durch Raubtierangriffe. Die, bei denen Einsamkeit schneller aufkam, suchten den Schutz der Gruppe, jagten zusammen und bildeten Gemeinschaften, in denen der Nachwuchs großgezogen wurde. Dieses wohlig warme Gefühl, einer Gruppe anzugehören, schützt uns bis heute. Studien zeigen, dass Menschen mit wenigen sozialen Kontakten speziell in angespannten Situationen deutlich mehr vom Stresshormon Cortisol ausschütten als Menschen, die gut eingebunden sind[145].

Es braucht noch nicht einmal herausfordernde Situationen, um unseren Stresspegel ansteigen zu lassen.

Die Nachricht der Einsamkeit

Einsamkeit bedeutet für unseren Hirnstamm wohl also immer noch so was wie Tod. Der Zustand von Einsamkeit sagt uns daher: »Suche dir Gemeinschaft.« Außerdem sorgt er dafür, dass wir uns um unsere Nachkommen kümmern und damit indirekt, dass wir uns fortpflanzen und damit unsere Gene weitergeben.[146] Die Grundlagen für diese Empfindung sind bereits mit der Geburt in uns angelegt. Auch wenn Babys nicht nach ihren Gefühlen gefragt werden können und sie noch nicht die kognitiven Fähigkeiten besitzen, um Einsamkeit im erwachsenen Sinne zu empfinden, bereitet es ihnen Unbehagen und Stress, längere Zeit alleine gelassen zu werden und somit ihr natürliches Bedürfnis nach Nähe, Berührung und Pflege nicht gestillt zu bekommen[147]. Säuglinge kommunizieren das in erster Linie mit Weinen. Von dem Rat, Babys mal eine Nacht schreien zu lassen, damit sie lernen, ohne ihre Eltern in einem separaten Zimmer zu schlafen, ist man heute aus entwicklungspsychologischer Sicht längst weggekommen[148]. Das wäre ungefähr so, als würde man Erwachsenen raten, in einem Kriegsgebiet unter einer einsturzgefährdeten Brücke zu nächtigen. Die verspürte Todesangst kann zu starkem Stress und Panik führen. Ähnliche Gefühle werden in Babys ausgelöst, wenn Eltern ihre Kinder emotional vernachlässigen, sie in ihren Bedürfnissen nicht ausreichend wahrnehmen oder in ihrem Schmerz nicht ernst nehmen. Gerade unsere frühen Bindungserfahrungen haben einen ganz entscheidenden Einfluss darauf, wie wir uns emotional entwickeln und im Hier und Jetzt Beziehungen führen. Wenn bei Babys und Kindern dauerhaft das Bedürfnis nach Nähe und Zuwendung unerfüllt bleibt, kann das zu langfristigen Entwicklungsproblemen und der tief sitzenden Angst führen, sich auch als Erwachsener nicht auf Beziehungen einlassen zu können oder verlassen zu werden[149]. Ein Zustand der Einsamkeit, der uns ein Leben lang begleiten kann.

Ob Baby, Kind oder Erwachsener: Wir alle haben, wie der Psychotherapieforscher Klaus Grawe zeigt, ein natürliches Bedürfnis nach Bindung[150]. Sie ist der Gegenspieler der Einsamkeit und lässt uns Beziehungen führen, um uns auszutauschen, uns gegenseitig zu unterstützen und Unterstützung zu bekommen. So schließen wir uns Sportgruppen und Vereinen an, leisten freiwillige Arbeit oder nutzen das Smartphone, um Kontakt zu unseren Nächsten zu halten. Bindung ist wichtig für unsere Lebenszufriedenheit. Wir wollen lieben und geliebt werden, emotional und körperlich berührt werden, uns umsorgt und geborgen fühlen. Einsamkeit ist das Gegenteil von Verbundenheit und blinkt immer dann auf unserem Armaturenbrett der Bedürfnisse auf, wenn unsere sozialen Beziehungen bedroht oder nicht so vorhanden sind, wie wir es uns wünschen.

Das Gleichgewicht zu finden zwischen Bindung und Autonomie – denn wir brauchen beides –, genau dabei können uns unsere Gefühle helfen, und hierfür brauchen wir unsere Gefühlsbereitschaft. Woher sonst sollten wir die Motivation nehmen, Kontakt mit anderen zu knüpfen, wenn wir das Gefühl von Einsamkeit verpassen oder schlichtweg ignorieren? Wenn wir Einsamkeit nicht wahrnehmen, das Blinken auf unserem Armaturenbrett, dann ist das, wie ohne Öl zu fahren. Wir können unserem Bedürfnis dahinter nicht nachkommen, und das Gefühl muss uns so lange darauf hinweisen, bis wir es wahrnehmen. Einsamkeit kann sich über viele Wege bemerkbar machen. Bei mir ist es manchmal so, dass ich mich wie in einem Schneckenhäuschen vergrabe und traurig werde. Immer weiter entferne ich mich dann von Freunden und Familie, bis ich merke, dass mich das Gefühl der Einsamkeit und die Angst vor Verletzungen eigentlich hierher getrieben haben. Sozialer Rückzug ist ein Verhalten, welches sich bei Einsamkeit einstellen kann. Aber auch Schlaflosigkeit oder übermäßiger Schlaf, ein Gefühl von Leere oder dass wir sensibler auf Kritik reagieren kann uns darauf hinweisen, dass wir uns eigentlich einsam fühlen. Auch körperliche Symptome sind nicht selten. Manchmal schlägt die Einsamkeit auf den Magen oder Kopf, unser Appetit verändert sich, und wir können Verdauungsprobleme bekommen. Lang anhaltende Einsamkeit kann aber sehr schädlich für unsere geistige und körperliche Gesundheit sein: Wer lange einsam ist, hat ein erhöhtes Risiko für Schlafstörungen und Herzerkrankungen[151]. Einsamkeit ist außerdem ein Risikofaktor für Depressionen[152]. Einsame Menschen bewegen sich weniger[153] und haben häufiger einen erhöhten Blutdruck[154]. Gerade bei älteren Menschen, die statistisch gesehen auch die größte Wahrscheinlichkeit haben, allein zu sein, ist Einsamkeit gefährlich: Einsamkeit geht mit einem erhöhten Risiko für Demenz einher[155].

Die Psychologin und Sozialforscherin Julianne Holt-Lunstad fand heraus, dass der Effekt von Isolation und Einsamkeit auf unsere Gesundheit mit dem von Rauchen und Alkohol vergleichbar ist[156]. Dabei geht es um das Gefühl: Es spielt also keine Rolle, ob wir wirklich sozial isoliert leben oder uns eben »nur« einsam fühlen. Gesundheitlich riskant sind beide Varianten gleichermaßen[157]. John T. Cacioppo und Louise C. Hawkley zeigen außerdem in einer Studie: Bei Menschen, die lange einsam sind, erhöht sich der Rückgang mancher Gedächtnisfunktionen und der Aufmerksamkeit. Genauso verhält es sich laut Studie mit unserer Planungsfähigkeit, was natürlich dazu führen kann, dass wir schwerer aus der Einsamkeit finden, denn genau diese Fähigkeiten sind dafür notwendig. Zusätzlich erleben einsame Menschen mit einer höheren Wahrscheinlichkeit ihr Umfeld als bedrohlicher und beängstigender, was den Kreislauf der Einsamkeit nochmals verstärkt[158]. Wenn wir lange einsam sind, beeinflusst das also weitreichend unser Denken, Fühlen und Handeln. Einsamkeit ist ein Strudel, der mit fortgeschrittener Zeit an Momentum gewinnt. Aus der mit der Einsamkeit verbundenen Traurigkeit und Unruhe ziehen wir uns immer mehr zurück und gehen immer weniger raus in die Welt, um mit anderen in Verbindung zu kommen. Wenn wir auf unsere Einsamkeit nicht reagieren, dann wird die Chance, andere, korrigierende Erfahrungen zu machen, immer geringer. Stattdessen werden die anfänglichen Sorgen, Ängste und Glaubenssätze aufrechterhalten und immer wieder bestätigt. Die Folge ist, dass Menschen, die sich abgelehnt oder ausgeschlossen fühlen, häufig aggressiver, defensiver oder selbstzerstörerischer sind. Dieses Verhalten führt in unserer Gesellschaft wiederum zum sozialen Ausschluss[159]. Genau das können wir in allen Teilen unserer Gesellschaft beobachten. Die eigentliche Angst vor der Einsamkeit endet somit in dem, was befürchtet wurde: Ausgestoßen werden, isoliert sein und positioniert am Rande der Gesellschaft. Auch ich kenne genau diesen psychologischen Teufelskreislauf: Immer dann, wenn ich die Zuversicht, eine Umarmung oder die Verbindung zu anderen am meisten brauche, fällt es mir am schwersten, danach zu fragen oder diese anzunehmen.

Auf den Spuren der Einsamkeit

Das Entdecken meiner tief sitzenden Einsamkeit begann mit einer Reise in die Vergangenheit. Ich fragte mich: Warum habe ich eigentlich diesen tiefen Glauben in mir, ich müsste alles alleine schaffen, wenn es hart auf hart kommt? Warum glaube ich, dass ich mich auf niemanden verlassen kann? Und bin ich wirklich auf mich allein gestellt? Die Gründe dafür sind wahrscheinlich vielschichtig, aber eine Spur führt in meine Kindheit. Die Scheidung meiner Eltern brachte mein Leben ganz schön durcheinander: Mein Vater war nur noch alle paar Wochen da, und meine Mutter musste unsere spärlichen finanziellen Mittel nun alleine zusammenhalten. Ich kann mich noch lebhaft an einige Gespräche am Esstisch in der Küche erinnern, in denen meine Mutter ihre große Sorge darüber teilte, ob das Geld noch bis zum Ende des Monats reichen würde. Bei uns gab es die Regel, sich immer nur wenig Marmelade aufs Brot zu schmieren und die Bekleidung von den Geschwistern aufzutragen, was für mich total blöd war, denn ich hatte eine ältere Schwester. Was in der heutigen Zeit zum Glück keinen mehr interessieren würde, brachte mir damals des Öfteren verwunderte Blicke und Lacher meiner Mitschüler ein. In mir entstand die ständige Angst, dass wir jeden Moment pleitegehen. Ich hatte mehrere Jahre, und verstärkt in der Zeit, als wir von Hartz IV lebten, den immer wiederkehrenden Albtraum, dass ein großer, glatzköpfiger Gerichtsvollzieher an unserer Wohnungstür klingelt und wir uns auf dem Dachboden verstecken müssen. Als Kind ist in mir so der Glaube herangewachsen, dass ich mich auf meine Mutter, die meine wichtigste Bezugsperson in dieser Zeit war, nicht verlassen kann. So fing ich bereits als kleiner sechsjähriger Junge an, die Verantwortung für meine Schwestern und für meine Mutter zu übernehmen. Aus mir wurde ein richtiger kleiner Sparfuchs, der darauf achtete, dass meine Mutter beim Einkaufen wirklich die günstigen Sachen in den Wagen legte. Wenn mal eine Nachzahlung vom Amt reinkam, verzichtete ich auf neue Bekleidung und versuchte auch immer die Heizkörper runterzufahren, damit wir auch hier Kosten sparten. Das wenige Geld, das ich hatte, hielt ich eifrig zusammen. An eine Situation erinnere ich mich besonders lebhaft: In der dörflichen Gemeinschaft in Niedersachsen, wo ich den Großteil meiner Kindheit verbrachte, gab es einen kleinen Supermarkt. Er war nicht billig, aber in der Nähe meines Hauses. So war es immer ein Abwägen, noch mehr Benzin zu verbrauchen und den billigeren anzusteuern oder doch im kleinen Supermarkt einzukaufen. Als ich eines Tages mit meiner Mutter wieder einmal einkaufen war, wir unsere Sachen gut verpackt in unseren Beuteln und Kisten gerade abtransportieren wollten, versperrte uns ein großer Mann den Weg zum Ausgang. Meine Mutter zuckte zusammen. Ich war einfach nur perplex und hatte keine Vorstellung davon, was passiert sein könnte. Mit kurzen Wortsalven wies er uns an, ihm ins Büro zu folgen. Als ich dort die vielen Monitore sah, dämmerte mir langsam, was passiert sein musste. Meine Mutter wurde gebeten, die Taschen zu leeren, und als sie ihre Hand öffnete, offenbarte sich ein kleines Tiegelchen Gesichtscreme. Im ersten Moment dachte ich, es sei ihr versehentlich in die Jacke gefallen, weil wir als Kinder schon früh beigebracht bekommen haben, dass man nicht klauen darf. Dass meine Mutter selbst gegen diese Regel verstoßen würde, war schlichtweg keine Möglichkeit für mich. Als ich aber hochguckte und das Gesicht meiner Mutter sah, wusste ich, dass sie es gestohlen hatte. Schuld und Scham liefen an ihren Augen runter. Die Polizei wurde gerufen, wir erhielten eine Anzeige sowie Hausverbot für ein ganzes Jahr. Auf dem Weg nach Hause sagte ich meiner Mutter, dass ich ihr beim nächsten Mal doch einfach die Creme kaufen könne.

Wenn Kinder den Eindruck haben, sich nicht auf ihre Eltern verlassen zu können, übernehmen sie häufig die Verantwortung, um die Beziehung zu ihnen zu sichern. Kinder sehen die Schuld oft nicht bei den Eltern, sondern bei sich selbst. So bleibt ihnen die Möglichkeit, etwas für das Gelingen der Beziehung zu tun. Würden sie die Schuld nicht bei sich suchen, wären sie den Umständen hilflos ausgeliefert, und es würden nur noch die Hoffnung und zuletzt die Ohnmacht bleiben. Dieses Phänomen der Verantwortungsübernahme der Kinder für das Verhalten der Eltern und damit die Rollenumkehrung nennt die Psychologie *Parentifizierung*. Die Entstehung kann viele Gründe haben: Von Krankheit oder Behinderung der Eltern über physische und emotionale Abwesenheit bis hin zu psychischen Problemen, Suchterkrankungen oder finanziellen Notlagen.

Die Erlebnisse in meiner Kindheit haben mir den Eindruck vermittelt, dass ich auf mich alleine gestellt bin und deshalb alles alleine schaffen muss – das prägt mich bis heute. Noch heute löst der Anblick von reduzierten Lebensmitteln ein unheimliches

Verlangen in mir aus, sie in den Einkaufswagen zu legen. Dabei sind schon die erstaunlichsten Gerichtskombinationen zustande gekommen, wie Nudeln mit Erdnussbuttersoße und Gurken, in der Pfanne geschwenktes Brot mit Gemüse und Kaiserschmarrn aus zerkleinerten Haferflocken.

Mittlerweile ist mir bewusst, wie sehr meine Vergangenheit jeden gegenwärtigen Moment beeinflusst. Heute kann ich in Situationen, die in mir ein altes Programm von früher abspielen, aufmerksamer sein. Dafür brauche ich aber unbedingt meine Gefühlsbereitschaft. Ohne die wäre ich in der Stresssituation mit Timo wie im Autopiloten weiter meiner Wut bis zur Eskalation gefolgt. Unser Gespräch wäre im Streit geendet, und wir hätten uns noch mehr Vorwürfe an den Kopf geworfen. Der Mantel meiner Wut hätte sich immer weiter um meinen Körper geschnürt, weil ich eigentlich nicht bereit bin, mein Gefühl von Einsamkeit wahrzunehmen, das durch die Wut verdeckt wurde. Um durch Gefühlsbereitschaft mein dahinterliegendes Gefühl zu erkennen, wende ich eine Technik aus der ACT an. Ich habe sie bereits im Kapitel eins als Gedankenkino beschrieben: Ich beobachte meine Gedanken wie der Besucher eines Kinofilms, ohne mit ihnen völlig identifiziert zu sein. Meine Gedanken sind dann wie Dialoge auf der Leinwand. Ich sehe, was passiert, ohne mich von ihnen gefangen nehmen zu lassen. Mit dem größeren Abstand verlieren sie ihre Sogkraft. Ich nehme sie als das an, was sie sind: Ein Versuch, die Zukunft vorauszusagen, eine Zusammenstellung an Informationen, die ich in der Vergangenheit gesammelt habe, nicht aber als Tatsachen. Das Gleiche gilt auch für meine Gefühle. Ich führe mir vor Augen: Meine Gefühle sind bewusste und unbewusste, auf eine Situation bezogene blitzschnelle Einschätzungen und Handlungsvorschläge. Ich sollte sie alle wahrnehmen. Das heißt aber nicht, dass ich tun muss, was sie mir raten. Wenn ich zurückgelehnt im Gedankenkino sitze, kann ich mir erst mal in Ruhe das bewusst machen, was da auf der Leinwand vor mir passiert. Dort steht in fetten Buchstaben geschrieben: »Ich kann mich auf niemanden verlassen«, »Ich muss immer alles alleine machen«. Aus diesen Gedanken entsteht, wenn sie unbewusst bleiben, das Gefühl von Einsamkeit, und weil das so schwer für mich zu ertragen ist, wird es von meiner Wut überdeckt. Mit dem Satz »Ich kann mich auf niemanden verlassen« will mich mein Gefühl auf eine Art schützen. Denn wenn ich weiß, dass ich mich auf niemanden verlassen kann, versuche ich es gar nicht erst und verhindere damit jegliche Enttäuschung. Aber: Wenn ich mich auf niemanden einlasse, dann kann ich auch nie die Erfahrung machen, dass ich vertrauen kann.

Dank meiner Gedankenkinoübung konnte ich mich in der beinahe eskalierenden Streitsituation also fragen: »Kann ich mich wirklich auf niemanden verlassen?« »Bin ich wirklich alleine oder kreiere ich hier vielmehr meine eigene Realität durch mein Verhalten?« Ich konnte mich selbst auf die Probe stellen, meine Gedanken an der Realität, also am Hier und Jetzt überprüfen und so feststellen: »Ich kann nicht alles glauben, was ich denke. Heute ist es anders als damals. Ich bin erwachsen und kann mich sehr wohl auf meine Mitmenschen verlassen. Der beste Beweis dafür ist Timo, der mir schon in etlichen Situationen geholfen hat. Muss er immer alles so sehen und machen, wie ich mir das vorstelle? Nein, ganz sicher nicht. Ist er bisher immer für mich da gewesen, wenn es brenzlig wurde? Definitiv.« Dieses Bewusstsein darüber, dass ich stabile und verlässliche Beziehungen in meinem Leben habe, musste natürlich erst mal wachsen. Bei mir waren es (und sind es noch heute) viele kleine Klickmomente, die die Gewissheit in mir größer werden ließen, dass ich nicht mehr alleine bin und dass ich mich auf meine Mitmenschen verlassen kann. Heute weiß ich aber auch, dass ich mich, wenn ich mal auf die Nase falle, auch wieder aufrappeln kann. Das habe ich ja bereits sehr früh gelernt.

Denn jeder Schmerz, der uns widerfährt, kann auch Qualitäten in uns hervorbringen. Für mich sind es die Qualitäten, dass ich heute sehr selbstständig bin, daran glaube, dass ich die Welt, in der ich lebe, mitgestalten darf und mich zum Beispiel traue, dieses Buch zu schreiben. Ich sehe es heute so: Als Kind konnte ich viel für mein psychologisches Grundbedürfnis der Autonomie tun und darf mich heute in der Bindung üben. Dabei helfen mir meine Gefühlsbereitschaft und das Gedanken- und Gefühlskino.

Gibt es eine sich wiederholende Situation in deinem Leben, die immer nach einem sehr ähnlichen Muster abläuft, in der du schnell traurig oder wütend wirst oder eine andere Emotion fühlst? Frage dich hier: Was sind typische Sätze, die dir dabei in den Sinn kommen? Was sind die drei häufigsten Sätze/Filme in deinem Gedankenkino? Es ergibt durchaus Sinn zu schauen, ob es da eine Verbindung in die eigene Vergangenheit gibt und ob diese Gedanken von früher heute noch wahr sind.

Übrigens: So ganz alleine aus der alten Mühle auszusteigen gelingt mir auch nicht jedes Mal. Ich bin sehr froh darüber, dass ich einen Freund wie Timo habe, der auch in der beschriebenen Situation geduldig auf mich gewartet hat und mit liebevoller Stimme am Ende meiner Wutrede fragte: »Willst du gewinnen oder eine gute Lösung für uns beide finden?« Mir ging es in Streits nämlich ganz häufig ums Gewinnen, damit ich recht haben kann und meine Gefühle nicht fühlen muss. Ich habe recht, und der andere ist schuld. Heute baut Timo mit mir zusammen das neue Fundament unserer Beziehung. Somit kann ich aus meinen alten Programmen aussteigen. So kann ich das tun, was mir schwerfällt, und sagen: »Timo, auch wenn ich es in der Vergangenheit oft alleine gemacht habe, hier, bei der Vorbereitung der Show, brauche ich deine Hilfe.« Ein Satz, der mir lange Zeit nicht über die Lippen gegangen wäre. Aber dann hätte ich auch niemals erlebt, wie es ist, Hilfe zu erhalten. Mit dieser neuen Erfahrung, die ich in der Freundschaft zu ihm mache, kann ich mein altes Programm Stück für Stück überschreiben.

Und ich glaube fest daran, dass wir das alle können: Wir können uns in vielen Bereichen umprogrammieren und damit unsere Gehirne neu verkabeln. Neuroplastizität macht es möglich. Das ist die Fähigkeit unseres Gehirns, neue synaptische Verbindungen einzugehen und damit seine Struktur und Funktion zu verändern. Wenn wir unser Verhalten verändern, verändert sich auch unser Gehirn, das ist mittlerweile wissenschaftlich nachgewiesen. Wichtig dabei: Das geht ein Leben lang. Wir haben Einfluss. Jeden Tag. Sonst könnten wir nichts lernen, Therapien würden nicht funktionieren, und dieses Buch würde keinen Sinn ergeben. Wie gefühlsbereit wir sind, bestimmt, wie stark der Stift der Emotionen schreiben darf und wie sehr sich in unserem Innern etwas verändert. Die Tatsache, dass unsere Verbindungen im Gehirn nicht starr sind, sondern sich flexibel anpassen können, ist eine der wichtigsten Erkenntnisse der Neurowissenschaft[160]. Auch dafür sind Freundschaften und alle Arten von Beziehungen, die wir führen, wichtig. Natürlich besteht das Risiko, verletzt zu werden, wenn wir etwas Neues ausprobieren. Aber wir leben unser ganzes Leben mit den alten Wunden, wenn wir nicht die frische Luft der neuen Erfahrungen dran lassen. Heute kann ich mit dem Gefühl von Einsamkeit besser umgehen, weil ich weiß, was es von mir will. Mein Gefühl sagt mir: »Hab ehrlichen und aufrichtigen Kontakt mit anderen Menschen.«

Gemeinsam gegen Einsam

Doch warum fühlen wir uns einsam, obwohl es so wirkt, als ob wir durch den technologischen Fortschritt verbundener denn je wären? Während wir uns vor ein paar Jahrzehnten noch von

Angesicht zu Angesicht begegnen mussten, um mit anderen zu kommunizieren, brauchen wir heute nur ein paar Zeichen auf unseren Bildschirm einzutippen. Auch die Veränderungen auf dem Arbeitsmarkt tragen ihren Teil dazu bei. Heute können viele von zu Hause aus arbeiten. Während man sich vor Corona an der Kaffeemaschine getroffen hat, treffen wir uns heute in digitalen Meetingräumen. Oft ohne Bild. Wir schalten uns auf stumm, hören mit einem Ohr zu und denken an etwas anderes. Selbst im Supermarkt müssen wir uns heute nicht mehr begegnen – die Lebensmittel können wir uns ja ganz bequem an die Haustüre liefern lassen.

Jede Entwicklung hat Licht- und Schattenseiten. Und während sich in der westlichen Welt Menschen heute immer mehr selbst verwirklichen, ihre persönliche Freiheit wächst und sie autonomer werden, fühlen sich viele auch immer einsamer. Wir sind zunehmend weniger aufeinander angewiesen. Alle können alles alleine. Eine Struktur, in der wir Jahrtausende zusammen gelebt haben, zerbricht: die Notwendigkeit von Gruppen. Daran kann auch unser Smartphone nichts ändern. Während sich der Griff zum Handy in einsamen Momenten wie eine kurze Erleichterung anfühlen kann, zeigen Studien, dass wir uns umso einsamer fühlen, je mehr Zeit wir in den sozialen Medien verbringen[161]. Und das Erstaunliche an diesen Studienergebnissen ist, dass gerade Menschen, die die sozialen Medien dafür nutzen, ihre Beziehungen aufrechtzuerhalten, sich einsamer fühlen als diejenigen, die die gleiche Zeit aus anderen Gründen dort verbringen. Wir brauchen also echte, physische Nähe, um Einsamkeit zu überwinden.

Einsamkeit ist also nichts, was wir alleine lösen können. Wir brauchen dafür immer ein Gegenüber. Was wir dagegen nicht brauchen, ist eine große Anzahl an Freunden. Viel wichtiger ist die Qualität und Tiefe der zwischenmenschlichen Beziehung innerhalb der Freundschaften[162]. Ich habe es also selbst in der

Hand, wie sehr ich mich meinen Mitmenschen gegenüber öffnen möchte. Das ist nicht immer leicht, denn im Kern wollen wir alle geliebt werden, tragen aber häufig tiefe Überzeugungen in uns, dass das, was da in uns ist, nicht ausreicht, um geliebt zu werden. Wir glauben, einem bestimmten Bild entsprechen zu müssen, damit wir es wert sind, Liebe und Zuneigung von anderen Menschen zu erfahren. Diese Überzeugung, dass irgendwas mit uns falsch bzw. nicht richtig ist, sorgt ganz häufig für Einsamkeit. Ein Kreislauf, der sich immer wieder selbst verstärkt.

Allerdings ist Einsamkeit nichts, was wir ein für alle Mal loswerden können. Sie ist vielmehr ein Zustand wie Hunger oder Durst, der immer wieder mal aufkommen kann. Sie gründet in unserer angeborenen Sehnsucht nach Bindung. Was kann dabei helfen, wenn wir uns einsam fühlen? Auch Einsamkeit ist ein extrem unangenehmes Gefühl und wird gerne mal unter den Teppich gekehrt. Verspannungen oder Schmerzen in meinem Körper, schlechte und unruhige Nächte, weniger Appetit, eine Unruhe im ganzen Körper, ein Gewicht auf der Brust oder ein Gefühl von Schwere, so kann sich Einsamkeit körperlich bemerkbar machen. Um das richtig wahrzunehmen und zuordnen zu können, brauche ich Achtsamkeit. Mit der Akzeptanz für mein Gefühl der Einsamkeit schaffe ich eine Basis für meine Verhaltensänderung. Mithilfe unseres Gedanken- und Gefühlskinos können wir dann zu unseren Gedanken, die uns vielleicht in der Einsamkeit durch den Kopf gehen, Abstand gewinnen: »Ich bin ein langweiliger Mensch. Kein Wunder, dass sich niemand für mich interessiert.« »Ich würde mich auch nicht mögen.« »Ich werde für immer einsam bleiben.« Und anschließend diese Gedanken hinterfragen: »Ich fühle mich vielleicht gerade einsam, aber das ist auch in Ordnung. Was habe ich denn für Kontakte in meinem Leben? Wie habe ich sie gepflegt, und was kann ich dafür tun, wieder mehr in den Kontakt zu kommen, den ich mir wünsche?« Wir können mit dem Gedankenkino die eigene Bereitschaft erhöhen, auf andere Menschen zuzugehen. So können wir unsere Gedanken, die uns bisher daran gehindert haben, in Beziehung zu treten, hinter uns lassen und aktiv werden. Denn ganz oft hindert uns die Angst vor Ablehnung mit Sätzen wie: »Na ja, der will eh keinen Kontakt zu dir, sonst hätte er sich mal gemeldet«, »Beim letzten Mal war so eine merkwürdige Stimmung. Ich denke, sie hat eigentlich keine Lust«, oder »Ich bin vielleicht doch etwas zu langweilig« davor, es überhaupt zu probieren. Das Gedankenkino kann auch sehr dabei unterstützen, diese Gedanken als »Einsamkeitsgedanken« zu labeln. Das schafft den nötigen Abstand, den wir brauchen, um uns nicht von ihnen lähmen zu lassen. In der Einsamkeit gehen uns häufiger Gedanken durch den Kopf, die uns runterziehen und eher ein negatives Selbstbild von uns kreieren. Das ist ganz natürlich. Wenn wir Abstand zu unseren Gedanken haben, können wir uns ganz realistisch einmal fragen: »Ja klar, ich habe auch meine Fehler, aber was mache ich denn richtig gut?«

Einsamkeit erkennen und hinterfragen ist die eine Sache. Konkrete Dinge gegen die Einsamkeit tun ist die andere: Oft hilft es, gerade zu Anfang kleine Schritte zu machen: eine kurze Unterhaltung im Café oder beim Einkauf, ein nettes Lächeln für einen Fremden oder das neue Hobby im Verein. Was auch gegen Einsamkeit helfen kann: anderen helfen. Ich war erst neulich in einem gut sortierten Buchladen und hab mir einen Spaß daraus gemacht, statt nach Selfhelp-Büchern nach Help-others-Büchern zu fragen. Die Verkäuferin wusste nicht, wovon ich sprach, und sah mich nur entgeistert an.

Es müssen nicht immer große Gesten sein, stattdessen können wir uns fragen: Wen habe ich schon lange nicht mehr angerufen? An wen denke ich gerade und möchte das dem Menschen auch mitteilen? Wer könnte gerade meine Hilfe gebrauchen? Die Effekte auf das eigene Wohlbefinden sind mittlerweile wissenschaftlich erforscht[163]. Eine weitere Idee gegen Einsamkeit kann also zum Beispiel ein Ehrenamt oder freiwillige Arbeit sein. Dass die wirksam sein kann, wurde sogar durch eine Studie belegt[164]. Denn wir sind nicht die Einzigen, die sich einsam fühlen. Das nächste Mal, wenn wir fragen: »Wie geht's?«, kann es mehr als nur eine Floskel sein. Für mich ganz persönlich ist Ehrlichkeit die beste Medizin bei Einsamkeit. Die Beziehung zwischen zwei Menschen ist die kleinste Gruppentherapie der Welt, wenn wir uns verletzlich zeigen. Das merke ich immer wieder. Wenn mich heute ein guter Freund oder eine Freundin anruft und mich fragt, wie es mir geht, sage ich nicht sofort: »Danke, gut«, sondern bin stattdessen gefühlsbereit und antworte ganz ehrlich. Ich gehe also kurz in mich und sage, wie es wirklich in mir aussieht. Denn wenn ich anfange, meine Gefühle zu fühlen und diese auch zu teilen, baut das Verbindungen auf zu den Gefühlen von anderen. Die meisten Menschen brauchen einfach jemanden, der ihnen zuhört. Jemanden, der mit seiner vollen Aufmerksamkeit da ist und offen für seine Gefühle und Gedanken ist, ohne sie zu verurteilen. Es braucht niemanden, der einen repariert, denn das kann Menschen, die in Sorge oder Not sind, den Eindruck vermitteln, falsch in dem zu sein, was sie empfinden. Denn oft sind wir besonders schnell darin, anderen einen ungefragten Ratschlag zu erteilen. Wir brauchen Menschen, die mit uns zusammen im Regen sitzen. Vielleicht erinnerst du dich an Situationen, in denen Freunde auf dich zugekommen sind, die deine emotionale Unterstützung gebraucht haben. Hast du mit ihnen zusammen im Regen gesessen oder warst du ein Reparateur? Zuhören und mit ihnen im Regen sitzen ist eine Sache, die wir kultivieren und üben können. Carl Rogers, amerikanischer Psychologe und Begründer der personenzentrierten Psychotherapie, hat mit seiner gleichnamigen

Art der Gesprächsführung einige Techniken aufgezeigt, die auch abseits von Therapiesitzungen wertvoll sind[165]:

1. Empathisch zuhören: Hier geht es erst mal darum, die Welt aus der Perspektive des Gesprächspartners zu sehen und dessen Gefühle und Gedanken wahrzunehmen.
2. Wertschätzend zuhören: Gleich, ob die Gedanken und Gefühle des Gegenübers aus unserer Perspektive richtig oder falsch sind, schätzen wir die Person, die uns gegenübersitzt. Unser Gedanken werden kommen, wenn unser Gegenüber spricht. Ob wir diesen Gedanken folgen, bleibt uns überlassen.
3. Authentisch zuhören: Wir sind ehrlich im Umgang mit unseren Gesprächspartnern, ohne dabei die eigenen Gefühle und die eigene Persönlichkeit zu verstecken.

Mit dieser Haltung können wir besser zusammen im Regen sitzen. Dabei sollten wir so wenig wie möglich den Redefluss des anderen unterbrechen. Wir schenken ihm unsere volle Aufmerksamkeit und Energie. Ein freundliches Nicken und eine offene und zugewandte Körperhaltung helfen uns dabei. Es geht darum, den anderen wirklich zu verstehen und zu fühlen. Dabei kann es helfen, immer mal wieder in eigenen Worten zusammenzufassen, was das Gegenüber gesagt hat, ohne dabei unsere Meinung oder Haltung zu ergänzen. Das mag sich am Anfang etwas merkwürdig anfühlen, einfach weil es ungewohnt ist, hilft dem Gesprächspartner aber, die eigenen Gedanken mit etwas Abstand zu betrachten, und uns, unser Gegenüber tiefer zu verstehen. Genau dabei können konkrete und offene Fragen unser Gegenüber ermutigen, tiefer in seine Erlebniswelt einzutauchen. Und natürlich können wir am Ende mit Fragen wie »Kann ich dir dabei helfen?« unsere Unterstützung anbieten, ohne zum ungefragten Reparateur zu werden. Ebenso gilt umgekehrt, wenn ich jemanden brauche, der mir zuhört, weil ich mich einsam fühle: Es braucht ein Bewusstsein über die eigene Gefühlslage, um zu spüren, dass ich mich gerade einsam fühle. Außerdem braucht es Mut, genau das auszusprechen: »Ich brauche im Moment keine Ratschläge. Kannst du mit mir einfach im Regen sitzen?«

Wir sollten also unseren Gesprächspartnern und uns selbst gegenüber gefühlsbereit sein. Vielleicht ist es genau das, was mich und meinen besten Freund schon seit fast zwanzig Jahren verbindet. Ich weiß, dass er es gut mit mir meint, er mich als Mensch schätzt und mir wertfrei zuhört. So haben wir füreinander einen sicheren Hafen geschaffen, wenn wir vom Sturm des Lebens einkehren und der Einsamkeit den Rücken zuwenden. Er meinte mal zu mir im Spaß, dass wir keine Freundschaft, sondern eine Beziehung führen – und ein bisschen recht hat er damit.

Der wohlige Gedanke an unsere Freundschaft nimmt mir hier in der Dunkelheit ein bisschen das drückende Gefühl der Einsamkeit. Ich wärme mich an ihm, bis ein Klappern hinter der Tür ertönt und ich weiß, dass das Essen gebracht wird. Teller, Schalen und Schüsselchen erzeugen eine kleine kulinarische Symphonie beim Abstellen auf dem winzigen Tisch im Flur. Ich freue mich auf die Ablenkung. Im Alltag ist Essen für mich meist nur eine schnelle Notwendigkeit. Hier ist es ein Highlight, welches das unendliche Nichts in Düfte und Geschmäcker unterteilt. Ein Teil von mir will sofort drauflosstürmen, alles aufreißen und runterschlingen. Doch ich weiß, dass der Genuss mit ein paar gierigen Happen weg ist und damit auch die Freude. Und so liege ich da und stelle mir vor, wie es gleich sein wird. Diese Art der Vorfreude habe ich schon lange nicht mehr gespürt. Angestrengt wühle ich in meinem Gedächtnis. Dann kommt mir doch eine Situation in den Sinn. Es waren die Stunden und

Minuten, bevor ich meine letzte Freundin sah. Ganz am Anfang, als wir noch frisch verliebt waren, wenn sie die Treppe heraufkam, ich ihre Schritte näher kommen hörte und wusste: Gleich umarmen wir uns, und sie ist bei mir.
Sofort schießen mir aber auch andere Seiten unserer Beziehung ins Gedächtnis. Und die bringen schmerzhafte Erinnerungen ans Tageslicht. Als ich mich an dieses unangenehme Gefühl heranwage, spüre ich ganz deutlich, dass ich genau davor die ganze Zeit weggelaufen bin. Das ist also die Quelle meiner Unruhe. Mit den Gedanken an meine Ex-Freundin kommen auch Tränen, Trauer, Wut, Schuld, Angst. Doch hier gibt es kein Weglaufen. Die Dunkelheit wartet in jeder Ecke auf mich. Sie kreiert einen Raum für alle Themen, die in mir sind. Der Druck in meiner Schleuse steigt, und das Wasser wird sich bald seinen Weg suchen.

KAPITEL 7

DIE ANGST VOR DER LIEBE

Als ich sie das erste Mal sah, stand sie auf einer kleinen Empore an der Spree. Es war bereits Nacht. An der Wasseroberfläche spiegelten sich viele bunte Lichter. Ihre dunklen schwarzen Locken fielen ihr über die Schultern. Als ich noch etwa drei Meter von ihr entfernt war, blickten wir uns das erste Mal in die Augen. Ich dachte nicht sofort, »Wow, mit ihr werde ich alt und bekomme Kinder« – so was hört man ja oft von Paaren in Filmen, die nach vierzig Jahren Ehe noch verliebt zu sein scheinen. Aber ein Funke ist in jedem Fall auf mich übergesprungen. Zwischen uns gab es von Anfang an eine besondere Anziehung. In mir machte sich ein eigenartiges Gefühl der Aufregung breit: Mein Herz klopfte, mein Fokus war komplett auf sie gerichtet, alles um uns herum wurde still. Wir liefen ein paar Meter, und unser Gespräch ging so schnell in die Tiefe wie ein U-Boot. Wir redeten über ihre Kindheit, ich fand Gemeinsamkeiten mit der Art, wie ich aufgewachsen bin. Nach ein paar Stunden verabschiedeten wir uns. Was blieb, als sie hinter der nächsten Häuserecke verschwand, war der Wunsch, sie wiederzusehen. Sie nahm schon beim ersten Treffen ein kleines Stück von mir mit. In den nächsten Wochen gingen wir Schlittschuhlaufen auf den zugefrorenen Kanälen Berlins, feierten Partys oder saßen auf dem Teerdach mit dem Blick über die Stadt und tauchten tiefer in Gesprächen ab. Meine Gefühle zu ihr wollte ich mir lange nicht eingestehen, und obwohl wir uns immer besser kennenlernten, blieb sie mir auch nach Monaten auf sonderbare Weise fremd. Wahrscheinlich auch, weil es da immer etwas gab, was wir vor dem jeweils anderen verschlossen hielten: unsere Zuneigung, unsere Gefühle, unsere Verletzlichkeit. Was wir dagegen gut konnten, war, einander gegenseitig unsere Unabhängigkeit zu demonstrieren. Immer wieder versicherten wir uns direkt und indirekt, dass wir bei anderen ach so gefragt seien und das zwischen uns hier eher etwas Lockeres sei. Aus alten Wunden heraus blieben wir innerlich voneinander fern wie Kinder der heißen Herdplatte. Die Sehnsucht nach Nähe und Heimat war groß, noch größer jedoch die Angst davor, sich zu verbrennen. Manchmal frage ich mich, ob wir uns nicht nur in eine Person verlieben, weil wir ihre Art zu reden mögen, sie gut riechen können und ihre Augen schön finden, sondern weil wir uns im Schmerz des anderen zu Hause fühlen.

Erst nach Monaten des unverbindlichen Datings, auf unserem ersten Roadtrip nach Italien, gestanden wir einander unsere Gefühle. Auf unserer Reise übernachteten wir in duftenden Kiefernwäldern. Die Sterne, die Stille und wir. Später wohnten wir in kleinen, weiß gestrichenen Hotels an der Amalfiküste, während wir uns am Meer die besten Oliven Italiens in den Mund warfen. Oder wir wanderten durch die engen Gassen auf der Suche nach dem kleinsten und bestversteckttesten Restaurant. Egal wo wir waren, wir waren stets am Ziel unserer Reise. Verliebte sind immer zur richtigen Zeit am richtigen Ort. Wir hatten Sex, um uns so nah wie möglich zu sein, und waren für die Menschen um uns herum ziemlich sicher unerträglich. Aber das war egal, da wir ja eh niemanden außer uns selbst wahrnahmen. Alles fühlte sich so gut an, wie ein tosender Wasserfall des Glücks, der uns durchflutete. Und doch war da die ständige Angst im Rücken, dass das hier bald vorbei sein könnte.

Ich sollte recht behalten: Einige Monate später, als der Druck des Wasserfalls der Hormone etwas abklang und meine Sinnesorgane wieder für andere Eindrücke empfänglich waren, kam die Angst immer öfter zu uns ins Zimmer. Sie legte sich in unser Bett und schlief zwischen uns. Wir stritten uns immer häufiger. Wir hatten Diskussionen darüber, warum der Name meiner Ex-Freundin, der Mutter meiner Tochter, noch an meinem Klingelschild stand oder weshalb sie mich, obwohl sie noch in der Nacht zu mir kommen wollte, erst am nächsten Morgen von der Couch ihres besten Freundes aus anrief. Dieser eine Teil in uns, der schon von Anfang an verschlossen blieb, dieser Teil, der immer hinter den Mauern unserer Kindheit gewartet hatte, war nicht bereit dafür, sich zu öffnen. Keiner wollte die Zugbrücke runterlassen für die Öffnung, die nötig gewesen wäre, um den nächsten Schritt zu gehen. Jedenfalls ging es mir so. Ich verpasste jede Chance, genau das anzusprechen, und war damit beschäftigt, meine Angst, Unsicherheit und Hilflosigkeit herunterzuschlucken. Äußerlich lässig, innerlich verzweifelt. Immer wieder fochten wir Duelle der Eifersucht, um uns zu beweisen,wie begehrenswert wir für andere waren. Ihre Schritte im Treppenhaus, die vorher so große Vorfreude ausgelöst hatten, bekamen jetzt eine andere Bedeutung. Es wurde zum Signal, mich jedes Mal neu beweisen zu müssen. Die Beziehung war Reiz und Schmerz zugleich. Im Nachhinein könnte man sagen: Das war kindliches Verhalten. In dem Moment aber war mein System so von Angst und Stress überschwemmt, dass ich einfach nur versuchte, mich selbst vor dem Ertrinken zu retten.

Irgendwann kam der Moment, in dem die vielen kleinen Streitereien und Spielchen zwischen uns das Fass zum Überlaufen brachten und ich mich entschloss, alle Verbindungen zwischen uns abzubrechen. Ich resignierte, konnte die ganzen Gefühle einfach nicht mehr aushalten und suchte einen Weg, mich zu trennen. Ich wollte jede Möglichkeit zerstören, die Beziehung irgendwann wieder aufzunehmen, weil ich sonst immer wieder zu ihr zurückgekehrt wäre. Es sollte eine Sache sein, die für immer zwischen uns stehen würde. Als der Entschluss gefasst war, machte sich eine Erleichterung in mir breit. Das erste Mal nicht in Seenot, keine Wellen im Gesicht, kein Meerwasser im Mund. Nicht kurz vor dem Ertrinken.

Ein paar Wochen später ergab sich dann mein Fluchtweg. Ein Date mit einer anderen, unverbindliche Küsse, eine gemeinsam verbrachte Nacht. Die nächsten Tage fühlte ich mich leicht und frei. Es hatte geklappt. Ich hatte die Gefühle für meine Freundin abgestreift wie eine Schlange ihre Haut. Das dachte ich zumindest. Doch dann holte mich meine Tat ein, wie jemanden, der alles, woran er je glaubte, verraten hatte. Es heißt, dass es Menschen gibt, die sich selbst nicht mehr im Spiegel ansehen können. Ich hielt das immer für ein überspitztes Bild, aber als ich selber ganz dicht vor meinem Spiegel stand, merkte ich, dass es stimmte. Mir wurde schlecht beim Anblick von dem Menschen, der da vor mir stand. Der Typ, der seine Freundin betrogen hatte, um sich feige aus der Verbindung zu stehlen und seiner eigenen Verletzlichkeit zu entkommen. Der Typ, der zu viel Angst hatte vor seinen eigenen Gefühlen. Aber der Mensch da im Spiegel … das war ich. Vielleicht war es Liebe, vielleicht durchtrennte ich auch das Band zwischen uns, bevor Liebe daraus wachsen konnte. Aber meine Angst vor der Liebe und der damit entstehenden Abhängigkeit war jedenfalls so groß, dass ich die Beziehung zu ihr nicht leben konnte.

Liebe – so ein großes Wort, und noch größer ist das Gefühl dazu. Zu Anfang eine Frage an dich: Gab es Momente in deinem Leben, in denen du Liebe nicht zulassen konntest? Der Schauspieler Jim Carrey ging dieser Frage 2014 in seiner Graduation Speech an der Maharishi International University auf den Grund[166]. Die letzten Worte seiner Rede waren in etwa: Im Leben haben wir eigentlich nur zwei große Wahlmöglichkeiten – Angst oder Liebe.

Ich hatte mich für meine Angst entschieden. Es führte zu der schmerzhaftesten Trennung in meinem Beziehungsleben.

Was Liebe mit uns macht

So weh die Liebe auch tun kann, so wichtig ist sie für uns. Sie sorgt dafür, dass wir Menschen nicht aussterben. Als liebende

Eltern sind wir zum Beispiel bereit, unseren Nachwuchs aufzuziehen und zu verteidigen. Viele Eltern werden das Gefühl kennen, dass man für seine Kinder alles tun würde, ja sogar sich selbst in Lebensgefahr bringen, um ihr Leben zu schützen. Aber wir lieben nicht nur unsere Kinder und Beziehungspartner. Auch unsere Eltern, Geschwister und Freunde können wir lieben. Natürlich auch Haustiere und nicht zuletzt im Idealfall auch uns selbst.

Liebe wird oft synonym für eine ganze Sammlung an Gefühlen und Empfindungen verwendet. Am Anfang steht häufig die Verliebtheit, in der wir die berühmt-berüchtigte »rosarote Brille« aufhaben, Schmetterlinge in unserem Bauch fliegen und der oder die Angebetete perfekt zu sein scheint, ganz ohne Makel. Beim Verliebtsein wird ein Cocktail an Neurotransmittern und Hormonen ausgeschüttet, die uns Glücks- und Belohnungsgefühle bescheren[167]. Gleichzeitig steigt unser Cortisolspiegel, und unser Serotoninspiegel sinkt, was zu dem oft fast zwanghaft wirkenden Verlangen führt, unsere Person der Begierde wiederzusehen[168, 169]. Einen niedrigen Serotoninspiegel findet man nicht nur bei Verliebten, sondern auch bei Menschen mit psychischen Störungen wie Zwangsstörungen[170]. Ihnen gemein ist dieses obsessive Nachdenken über eine Sache – im Falle der Verliebtheit über die Wunschperson. Verliebtsein versetzt uns also in einen Sonderzustand, in dem unsere Gedanken überdurchschnittlich häufig um eine bestimmte Person kreisen[171]. Das obsessive Beschäftigen mit einem Menschen ist nicht nur angenehm, sondern häufig auch anstrengend und mit einer gewissen Unsicherheit verbunden: Wir wissen noch nicht genau, wie die andere Person fühlt, denkt oder ob es mit ihr klappen wird.

Mit den ganzen hormonellen Umstellungen, die im Körper vor sich gehen, wird Verliebtsein zum puren Stress. Unser Sympathikus, also der Teil unseres vegetativen Nervensystems, der in Stresssituationen aktiv ist, zeigt beim Anblick unserer Beziehungspartner eine höhere Aktivierung[172]. Wir haben schwitzige

Hände, einen erhöhten Puls und ein besser durchblutetes Gesicht. Verliebtheit findet nicht im Herzen statt, sondern im Gehirn. Bestimmte Teile des Gehirns, wie das limbische System, das für Emotionen zuständig ist, sind besonders wichtig, wenn es um Liebe und Verliebtsein geht. In dem Statement »Liebe macht blind« steckt außerdem tatsächlich Wahrheit: Denn das Verliebtsein kann unsere Aufmerksamkeit und Wahrnehmung verändern.[173] Darum ist es auch nicht ratsam, in der Verliebtheitsphase große weitreichende Entscheidungen zu treffen: Hauskauf, Kinderplanung oder Eheschließungen können in der Regel auch noch ein paar Monate warten, denn das Verliebtsein ist in der Regel nach circa zwölf Monaten vorbei[174]. Die Verliebtheit will alles und sofort. Doch in der Verliebtheit findet zusätzlich eine automatische Vermeidung von unangenehmen Emotionen statt, die uns mittels eines schlechten Bauchgefühls vor einigen weitreichenden Entscheidungen schützen würden: Wir sind in der Verliebtheit in unserer gesamten Gefühlspalette eingeschränkt, angenehme Gefühle werden verstärkt und unangenehme Gefühle unterdrückt, was auch die sprichwörtliche »rosarote Brille« erklärt[175].

Aber dieses übermächtige und starke Gefühl ist nicht nur rauschartig, es kann zudem sehr schmerzhafte depressionsartige Gefühle auslösen[176], wenn es nur einseitig ist und keine Erwiderung erfährt. Wer schon einmal unglücklich verliebt war, der kennt das Gefühl der absoluten Hilflosigkeit. Wenn aber beide verliebt sind, kann das Gefühl stark genug sein, um die Freunde oder die Familie zu verlassen, in ein anderes Land zu ziehen oder in Extremfällen sogar zu töten. Wohl wieder eine raffinierte Erfindung der Evolution, um die Mischung von Genen verschiedener Gruppen zu fördern.

Liebe kann buchstäblich zum Rausch werden. Wenn wir die Charakteristiken von Verliebtsein und Sucht vergleichen, finden sich verblüffende Ähnlichkeiten: Wir lenken unseren absoluten Fokus auf eine Person, wir denken sehr viel über die Person nach, wir haben ein großes Verlangen nach der Person, und wir sind bereit, große Risiken einzugehen, um mit der Person zusammen zu sein. Dazu kommen buchstäblich Entzugserscheinungen, wenn die Person nicht bei uns ist. Wenn wir jetzt in den vorherigen Zeilen noch »Person« mit »Substanz« tauschen, sind wir ziemlich nah dran an den Symptomen einer Abhängigkeit. Und auch Hirnscans bestätigen dieses Phänomen: Das ventrale tegmentale Areal ist aktiviert, der Bereich des Gehirns, der mit Verlangen, Motivation und Fokus assoziiert ist[177]. Die Anthropologin und Liebesforscherin Helen Fisher vergleicht Verliebte daher mit Kokainsüchtigen[178]. Beim Ausspruch »verliebt sein fühlt sich wie ein Rausch an« kann also getrost das »wie« gestrichen werden.

Genau diesen Rausch spürte ich auch, als ich in meine Freundin verliebt war. Was aber aus meiner Perspektive wirklich für den Klick-Moment sorgte, war etwas anderes: Ich suchte ein emotionales Zuhause. Ein emotionales Zuhause, das heißt nicht, dass es besonders gut oder wohltuend für uns sein muss, sondern dass wir uns mit der Geschichte des anderen verbinden können und uns darin wiederfinden. Ich suchte das, was ich aus den Erlebnissen meiner Kindheit kannte. Und fand es in ihrer Geschichte.

Sie und mich verbanden einschneidende Erlebnisse, und damit fühlte ich mich ihr auf dieser Ebene vertraut, verbunden und verstanden. Wie ein Frosch, der immer wieder dahin zurückkehrt, wo er aus dem Laich schlüpfte. Vertraut, weil wir eine ähnliche innere Landkarte der Prägungen hatten. Und damit kannte ich diesen Ort. Ich meinte zu wissen, wie ich darin navigieren muss. In diesem neuen Zuhause nahm ich meine alte Rolle ein: Ich wollte ihr helfen, um aus ihrer Geschichte zu entkommen. Ein Teil von mir wollte sie retten, wie ich immer versucht hatte, meine Mutter zu retten. Der Teil in mir, der glaubte, dass ich das tun müsste, weil ich ohne Aufgabe nicht liebenswert sei. Der Teil in mir, der immer dachte, ich müsse meine Mama glücklich machen, versuchte nun, sie glücklich zu machen. Und während ich das versuchte, verloren wir uns in der von mir unbewusst erzeugten Retter-Dynamik. Wir verloren nicht nur die Augenhöhe und die Anziehung. Nein, ich wartete auch innerlich die ganze Zeit auf die Enttäuschung, den Reinfall, denn den hatte ich ja auch schon in der Vergangenheit erlebt.

Ich glaube, man könnte mich als beziehungsängstlich bezeichnen. Was vielen Menschen fehlt, die beziehungsängstlich sind, ist ein Urvertrauen. Ein ganz tiefes Vertrauen, dass Bindungen und Partnerschaften stabil sein können. Menschen mit einem Urmisstrauen sind in Partnerschaften schnell verunsichert. Sie rechnen nicht damit, dass eine Bindung etwas Verlässliches und Vertrauenswürdiges ist, sondern mit ständiger Ablehnung. Wie schon in Kapitel 1 beschrieben, haben unsere bisherigen Erfahrungen einen starken Einfluss auf unsere Gedanken, Gefühle und Einschätzungen und damit auf die ganz individuelle Realität, in der wir leben. Wir machen also die ganze Zeit Annahmen über die Zukunft, einzig und allein aufgrund der Erfahrungen, die wir in der Vergangenheit gemacht haben. Jeder Ton, jedes Geräusch, jedes Bild – alles was wir wahrnehmen, wird in rasanter Geschwindigkeit mit unserer Vergangenheit abgeglichen[179]. So prägt Betrug in der vorhergehenden Partnerschaft auch eine neue Beziehung und sorgt für Misstrauen.

Wer bringt einem eigentlich die Liebe bei?
Wo können wir lernen, wie Liebe geht?
Wer hat dir in deinem Leben gezeigt, was Liebe bedeutet?

Aufgrund meines fehlenden Urvertrauens hatte ich immer Zweifel an der Liebe. Sie war nie selbstverständlich für mich, sondern war für mich in einer gewissen Form immer an Bedingungen geknüpft: Ich musste also etwas dafür tun, um geliebt zu werden. Ich musste großartig, hilfsbereit und perfekt sein – das ist natürlich auf Dauer wahnsinnig anstrengend. Vielleicht habe ich auch durch die Scheidung meiner Eltern nie wirklich gelernt, was es bedeutet, in Beziehung zu leben oder wie Liebe zwischen Erwachsenen funktioniert. Tatsächlich zeigt auch die Forschung, dass Kinder geschiedener Eltern weniger stabile Beziehungen haben und sich schneller scheiden lassen[180].

Ich will an dieser Stelle nicht den Verlauf meiner Kindheit dafür verantwortlich machen, wie ich in meiner letzten Beziehung gehandelt habe – auch andere Erlebnisse haben mich geprägt. So hat mich beispielsweise meine erste Freundin mit meinem damaligen besten Freund betrogen. Noch heute kann ich mich an dieses Gefühl von überwältigender Ohnmacht und Enttäuschung erinnern, als ich davon über Dritte erfuhr.

All diese Erlebnisse haben vielleicht noch heute einen Einfluss auf mich, aber es gibt nicht diesen einen Grund, warum meine letzte Beziehung gescheitert ist. Die Gründe sind vielfältig. Ich könnte mich jetzt hinter ihnen verstecken, als Opfer meiner Vergangenheit. Aber mit dieser deterministischen Perspektive würde ich heute die Chance verpassen, etwas anders zu machen. In jedem Fall habe ich bei meiner Ex-Freundin das kreiert, was ich selbst am meisten vermeiden wollte: Den Schmerz, verlassen zu werden. Diese Angst davor, verlassen zu werden, kennen viele Menschen, die Angst vor Beziehungen haben. Es ist nicht die Angst vor der Liebe, sondern die Angst vor dem, was die Liebe eben auch mit sich bringen kann. Die unangenehmen Gefühle wie Schmerz, Enttäuschung, Angst, Trauer, Eifersucht, das Gefühl von Unfreiheit und Wut.

Was sagt uns die Liebe?

Zwischenmenschliche Liebe sorgt dafür, dass die Bindung und der Zusammenhalt in der Gruppe gestärkt werden, wir uns bei der Nahrungsbeschaffung unterstützen und selbstlos teilen. Die Liebe gibt uns Hinweise auf eine Vielzahl an Bedürfnissen. Das Gefühl kann auf den Wunsch nach Nähe, sozialer Bindung,

Zusammenhalt, Unterstützung und Loyalität hindeuten[181]. Unser Gehirn schüttet in der Verliebtheit vermehrt Dopamin aus, was unter anderem dafür sorgt, dass wir uns so euphorisiert fühlen[182]. Dopamin wird auch dann ausgeschüttet, wenn wir etwas Leckeres essen, eine Nachricht auf unserem Telefon aufploppt oder uns jemand lobt[183]. Dadurch lernen wir, was vermeintlich gut für uns ist. Und in der Verliebtheitsphase ist es ebendie Person, auf die unsere Wahl gefallen ist. Gerade in der Verliebtheit sorgt aber auch diese Unsicherheit zwischen zwei Menschen, die sich gerade erst kennenlernen, dafür, dass das Stresshormon Cortisol ausgeschüttet wird[184]. Der Verdacht liegt nahe, dass die Evolution so dafür sorgen will, dass wir uns für den anderen anstrengen und auch wirklich alles dafür tun, um mit ihm oder ihr zusammenzukommen und damit unsere Fortpflanzung zu sichern.

Das klingt vielleicht reichlich pragmatisch. Die Liebe ist aber auch eine Chance, Menschen in dein Leben zu lassen, die deine Seelenverwandten werden könnten, und die Chance, dich selbst mit deinen Präferenzen, Wünschen, Träumen, aber auch mit deinen tiefen Ängsten und Unsicherheiten besser kennenzulernen und dich mit all dem anzunehmen. Liebe lehrt uns viel über uns selbst. Dazu müssen wir aber lernen, sie zu erkennen und anzunehmen. Bist du ein ähnlich beziehungsängstlicher Mensch wie ich, kannst du dir folgende Fragen stellen:

Bin ich bereit, diese Gefühle zu fühlen?
Wovor habe ich genau Angst?
Was kann es mir bringen, die Liebe in mein Leben zu holen?

Ich war während der Beziehung mit meiner Ex-Freundin nicht bereit, meine Gefühle zu spüren, ohne mir darüber so richtig bewusst zu sein. Und lange Zeit danach wollte ich mir nicht eingestehen, was ich als Folge dessen getan hatte. Stattdessen hielt ich die Schleuse verschlossen und fand alle möglichen Ausreden und Rechtfertigungen. Ich ging in die Gefühlsvermeidung. Heute weiß ich: Ich war nicht gefühlsbereit, wollte meine alte Angst, die ich aus der Kindheit kannte, nicht spüren. Die klopfte nämlich an, sobald es näher und intimer in Beziehungen wurde, um mich vor den alten Enttäuschungen zu warnen. Dieser Prozess lief wegen meiner mangelnden Gefühlsbereitschaft unbewusst ab, und so bin ich ihm wie eine Marionette an den Fäden meiner Angst gefolgt. Ich betrat nicht den Raum zwischen meiner Angst und meinen Taten, sondern ließ mich einfach von meiner Angst führen, bis zum Ende unserer Beziehung. So konnte sich aus dem Zustand der Verliebtheit keine Liebe entwickeln, ja noch schlimmer, so kreierte ich Leid, Enttäuschung, Ärger, Wut, Ohnmacht und Verletzung.

Mir genau das einzugestehen, fiel mir lange sehr schwer. Ich ahnte, dass da ein Haufen Gefühle auf mich wartete. Ich surfte Monate nach der Trennung im Internet und stieß zufällig dabei auf ein kurzes Video des Schauspielers Robert Downey Junior[185]. Dieser war wegen etlicher Drogendelikte und seiner Sucht in den 1990er-Jahren mehrmals im Gefängnis gelandet und hätte um ein Haar alles verloren: Seine Familie, seine Freunde, seinen Job. Das Video zeigte ihn auf einer Filmpreisverleihung, als er seinem Freund Mel Gibson dafür dankte, dass er ihm geholfen hat, da rauszukommen. Nicht nur, dass er ihm Essen auf den Tisch stellte, ein Dach über dem Kopf beschaffte und auch seine erste wichtige Rolle nach seinem Gefängnisaufenthalt vermittelte. Mel Gibson hat ihm auch einen entscheidenden Rat gegeben: Erst wenn du bereit bist, die Verantwortung für dein Fehlverhalten, den Schmerz, den du kreiert hast, zu fühlen, erst wenn du diesen Teil in dir annehmen kannst, den du als hässlich empfindest, erst wenn du es schaffst, den Kaktus in dir zu umarmen, kannst du dich ändern. Und hier sind wir wieder bei Gefühlsbereitschaft: Mein erster Schritt auf meinem Weg der Veränderung lag darin, genau diesen Teil in mir anzunehmen, den ich als hässlich empfand. Den ich nicht wahrhaben wollte. Den ich eigentlich auch nicht in diesem Buch haben wollte, weil ich nicht will, dass ihn jemand sieht oder davon weiß. Der aber dennoch in mir ist. Erst mit der Achtsamkeit und Akzeptanz für all die Gefühle, die dieser Teil mit sich bringt, brauche ich nicht mehr wegzulaufen und habe die Chance, das zu spüren, was ich bei anderen und damit in mir verursacht habe. Und ja, es fühlt sich tatsächlich so an, als ob man einen inneren Kaktus umarmt. Es pikt, schmerzt, es tut richtig weh, aber dadurch kann ich einen neuen Weg in meinem Leben gehen, weil die Erfahrung tief eingesunken ist in meinem System und ich sie nicht mehr ignoriere.

Was Werte mit Liebe zu tun haben

Was mir beim Thema Liebe neben meiner Gefühlsbereitschaft definitiv auch in der Beziehung zu meiner Ex-Freundin gefehlt hat, war, im größten Sturm meiner Angst meine Werte zu kennen. Meinen inneren Kompass in der Hand zu halten und zu wissen, wo es für mich hingeht. Wie bereits erwähnt, sind Werte aus der Sicht der ACT frei gewählt und müssen keiner Norm von außen entsprechen. Mir ist spätestens bei meinem Anblick im Spiegel bewusst geworden, dass ich gegen viele meiner Werte verstoßen hatte: Ehrlichkeit, Vertrauen, Loyalität, Gemeinschaft und Integrität. Ja, es ist nicht immer leicht, im Leben herauszufinden, was wir am meisten wertschätzen, und dann insbesondere in akuten Krisensituationen danach zu handeln. Aber die Orientierung an den eigenen Werten hilft uns, keine vorschnellen Entscheidungen zu treffen, sondern uns nach dem Höheren zu orientieren. Auch wenn es kurzfristig unangenehm für mich ist, ist es langfristig die richtige Entscheidung. Vielleicht kennst du das auch, dass du mal was gemacht hast, was völlig gegen deine Werte war und sich dementsprechend schlecht angefühlt hat, weil es eine innere Reibung in dir erzeugt hat? Wenn wir unser Leben und Handeln an den eigenen Werten ausrichten, dann kehrt eine Art innerer Frieden, eine innere Ruhe ein. Ich bin außerdem davon überzeugt: Durch die Orientierung an den eigenen Werten steigt auch unser Selbstwertgefühl. Dieses ist ganz dicht verknüpft mit Selbstbestimmung und *Selbstwirksamkeit*, also dem Eindruck, dass ich etwas in der Welt bewegen und verändern kann.

Bisher haben wir nur über das Verliebtsein gesprochen und dabei einen ganz wichtigen Teil vergessen: die Liebe. Ich finde, die englische Sprache ist bei der Liebe recht präzise, denn dort sprechen wir beim Verliebtsein von »to fall in love«. Diese Beschreibung impliziert, dass es sich dabei um etwas handelt, was uns eher widerfährt, worauf wir nur einen geringeren Einfluss haben. Weiter vermittelt der Ausdruck »to stay in love« das Verständnis eines Zustandes, in dem wir bleiben. Aber was sorgt dafür, dass wir uns nicht nur verlieben, sondern lieben? Wie können wir erfüllte, anhaltende und glückliche Beziehungen führen? Die Antwort auf die Frage lohnt sich, denn gesunde Beziehungen sind, wie im Kapitel 1 beschrieben, der wichtigste Faktor für ein glückliches und zufriedenes Leben.

Natürlich wusste ich, dass die Verliebtheit irgendwann aufhört, aber ich hatte mich innerlich nie auf die Veränderung des Gefühls eingestellt und oft gedacht, dass ich die Person dann wohl doch nicht wirklich will. Das kann auch vorkommen. Ich hatte aber der Liebe zu selten eine wirkliche Chance gegeben und mich kaum einmal in ihren aktiven Prozess der Beziehungsarbeit begeben. Mein Maßstab für eine gute Beziehung war häufig: Bin ich gerade glücklich oder nicht? Ich bin jahrelang davon ausgegangen, dass Glück etwas ist, was wir mit dem Beziehungspartner finden und was man damit wie selbstverständlich bekommt, habe aber nicht gewusst, dass wir auch etwas für das Glück tun müssen. Dazu gibt es eine spannende Untersuchung, bei der indische Ehe-Forscher Paare, die aus Liebe geheiratet haben, mit arrangierten Ehen über zehn Jahre verglichen haben[186]. Ihr Eheglück wurde regelmäßig auf einer Liebesskala gemessen. Das Ergebnis verblüfft wahrscheinlich westlich geprägte Menschen. In den ersten Ehejahren fühlten sich die Paare mit der Liebesheirat glücklicher, allerdings holten die Paare in der arrangierten Ehe Jahr für Jahr auf, bis sich ihre Werte auf der Liebesskala bereits im fünften Jahr umkehrten. Nun waren die Paare in der arrangierten Ehe glücklicher als die, die einander frei gewählt hatten. In den nachfolgenden Jahren verstärkte sich die Liebe in arrangierten Ehen noch weiter, während sie bei den Paaren mit Liebesheirat weiter abnahm. Generell zeigte sich, dass die Liebesheirat der arrangierten Ehe auf Dauer nicht überlegen ist[187]. Nun gibt es sicher noch andere Faktoren, die diese Ergebnisse beeinflussen, wie die Erwartungshaltung der Eheleute. Ich will mich hier auch nicht für arrangierte Ehen aussprechen, trotzdem macht die Untersuchung vor allem deutlich: Für unsere Beziehungen müssen wir etwas tun.

Wir können zum Beispiel Glück in der Beziehung kultivieren. Genau diesem Feld hat sich das Psychologen-Paar John und Julie Gottman gewidmet. Gemeinsam mit Kollegen untersuchten sie in ihrem »Love Lab« die Faktoren für glückliche Beziehungen. Hierfür wurden Paare bis zu zwanzig Jahre lang begleitet. Die Forscher konnten herausfinden, dass es so etwas wie eine Art Formel für gesunde und glückliche Partnerschaften gibt[188]. Auf jeden Streit, also jede unangenehme Interaktion, folgen in zufriedenen Partnerschaften fünf ausgleichende Begegnungen, wie liebe Worte, eine Umarmung oder Hilfeleistung. Das heißt jetzt nicht, dass wir nach jedem Ausrutscher unserem Partner etwas Leckeres kochen müssen. Die 5:1-Formel betont aber, dass eine gewisse Balance, Wohlwollen und Proaktivität gesunde Beziehungen beflügeln. Im Gegenzug dazu fanden die Gottmans Faktoren, die schnell zum Ende einer Partnerschaft führen können. Die Beziehungsforscher nannten sie die »Vier apokalyptischen Reiter«, angelehnt an die Bibel – die Reiter kündigen in der Johannesoffenbarung den nahenden Weltuntergang an. Vielleicht bist auch du am Ende einer Beziehung zumindest mal auf einem der Pferde geritten. Sie heißen Kritik, Abwehr, Verachtung und Abblocken.

Mit dem ersten Reiter, der ständigen Kritik, ist nicht die Tatsache gemeint, dass wir sagen, wenn uns etwas stört, sondern die Art und Weise, wie und woran wir Kritik äußern. Besonders schädlich für die Beziehung ist die Kritik an der Persönlichkeit und am Charakter des Partners. Dabei werden laut Gottman beleidigende Sätze häufig mit »nie«, »jedes Mal« oder »immer« verstärkt. Darauf folgt dann meist eine Abwehrhaltung oder Rechtfertigung, die nach Gottman den zweiten apokalyptischen Reiter darstellt und oft mit »ja, aber« eingeleitet wird. Heftige und ständige Auseinandersetzungen können dazu führen, dass sich beide Partner nicht in ihren Bedürfnissen gesehen fühlen. Wenn es sich von hier weiter zuspitzt, kann es passieren, dass die Partner anfangen, sich zu verachten. Verachtung ist laut Gottman der dritte apokalyptische Reiter. Wenn es dann nicht schon zum wirklichen Ende der Beziehung kommt, kann die Verbindung zwischen den Partnern mit dem vierten apokalyptischen Reiter durchtrennt werden: Mauern oder Abblocken – eine Art inneres Ende. Austausch und Kommunikation sind dann schwer bis unmöglich. Genau dieser emotionale Rückzug ist einer der Hauptprädiktoren für Scheidung[189]. Gottman sagte einmal, »Love is a verb, not a noun.«[190] Damit betonte er den aktiven Prozess, der für das Aufrechterhalten der Liebe notwendig ist.

Die ehemaligen Lehrenden der Stanford University David Bradford und Carole Robin definierten 2021 sechs Faktoren, die außergewöhnlich gute Beziehungen ausmachen[191]. Der erste Faktor ist, dass beide Partner in der Beziehung das Gefühl haben sollten, sie selbst sein zu können. Am Anfang einer Beziehung versuchen wir oft noch, die beste Version nach außen zu präsentieren, verstellen uns und verbergen gewisse Anteile. Das ist auf Dauer anstrengend, und wenn wir dieses Programm fortsetzen würden, wären wir nie ganz in Beziehung, sondern nur die Anteile von uns, die wir für attraktiv und liebenswert halten.

Beim zweiten Faktor geht es um den Mut, sich vor dem Partner verletzlich zu zeigen, was für Intimität und Nähe sorgt. Ja, dem Partner sagen zu können, wovor wir Angst haben, was wir uns wünschen und unsere Gefühle offenbaren zu können. Sich selbst verwundbar zu machen, ist ein essenzieller und wesentlicher Teil in einer Beziehung und kann zum Beispiel auch Menschen helfen, die Probleme haben, sich zu verlieben. Aus meinen psychologischen Gesprächen haben die meisten Menschen, die Probleme mit dem Verlieben haben, vor allem Probleme damit, sich selbst zu öffnen und verwundbar zu machen. Und für den dritten Faktor muss das, was eine Person über sich selbst offenbart, in sicheren Händen beim Partner bleiben. Es darf also nicht gegen ihn verwendet werden, sonst müssten wir wahrscheinlich einen fünften apokalyptischen Reiter erfinden. Bei diesen drei Faktoren geht es um Selbstoffenbarung. Sie sorgen dafür, dass wir an unsere Gefühle angebunden sind und bereit, diese auch zu fühlen. Überlege einmal für dich, falls du in einer Partnerschaft bist oder warst, inwieweit du diese drei Aspekte lebst oder gelebt hast?

Die zweite Hälfte der sechs Faktoren, die außergewöhnlich gute Beziehungen ausmachen, können eher als kommunikative Fähigkeiten bzw. als Umgang mit Konflikten bezeichnet werden. Allen voran der Faktor Ehrlichkeit, also wie aufrichtig wir unserem Partner oder unserer Partnerin gegenüber sind. Erfinden wir kleine oder große Notlügen, um den Status quo nicht zu gefährden, oder sind wir wirklich ehrlich mit unseren Wünschen und mit dem, was uns beschäftigt? Der fünfte Faktor ist der produktive Umgang mit Konflikten. Denn auch in gesunden Beziehungen wird gestritten. Es ist dabei nicht wichtig, ob man sich streitet, sondern vor allem, wie man es tut. Und auch hier: Hört man dem anderen im Streit wirklich zu? Geht es ums Rechthaben oder darum, eine gemeinschaftliche Lösung zu finden? Ist man am Wohl des anderen interessiert? Viele Streits brechen nicht aus, weil es tatsächlich um das Streitthema geht, sondern weil wir uns vom anderen nicht gesehen fühlen. Der letzte und sechste Faktor ist laut Bradford und Robin, ob sich beide Partner gegenseitig in ihrem Wachstum und ihrer Entwicklung unterstützen[192]. Für mich geht das so: wirklich zuhören, wenn mein Gegenüber von seinen Zielen, Ängsten und Sorgen spricht. Ich brauche dafür keine Lösung, keinen Reparaturservice, sondern nur meine volle Aufmerksamkeit. Zum anderen brauchen wir, um die andere Person zu unterstützen, die Jim-Carrey-Zutat: Wir sollten aus Liebe und nicht aus Angst handeln. Das kann heißen, dass wir unseren Partner dabei unterstützen, ein halbes Jahr im Ausland zu arbeiten, obwohl wir Angst haben, diesen zu verlieren. Oder, dass wir unserer Partnerin den Rücken stärken, ihre Arbeit zu kündigen, obwohl wir Existenzängste haben, oder aber ihr dabei helfen, sich Zeit für sich selbst zu nehmen, auch wenn wir uns dann einsamer fühlen. Dabei kann es helfen, sich immer mal wieder auf den Regiestuhl zu setzen, um auf die eigene Beziehung zu schauen. So lösen wir uns aus den alltäglichen Verstrickungen und können die eigenen Dynamiken erkennen. Alle sechs Faktoren haben aus meiner Erfahrung eine entscheidende Voraussetzung. Du ahnst es wahrscheinlich – es ist das, was ich Gefühlsbereitschaft nenne. Die Psychologin Sue Johnson beschreibt es als emotionale Empfänglichkeit – die Fähigkeit, unsere eigenen und die Gefühle bei anderen zu erkennen und auch ausdrücken zu können – und bezeichnet es als eines der wichtigsten Kriterien für gesunde Beziehungen[193].

Beziehungen dauerhaft stärken

Die vielleicht bekannteste Paartherapeutin der Welt, Esther Perel, beschäftigt sich in ihrer Arbeit damit, wie wir das Feuer in Beziehungen aufrechterhalten. Sie sagt, dass wir unseren Partner immer dann am attraktivsten finden, wenn er in seinem Element ist, also sein eigenes Ding macht[194]. Diese »Zeit für sich« macht es möglich, mit neuen Erfahrungen zurück in die Beziehung zu kommen und seinen Partner und damit auch sich neu zu entdecken. Aber auch die gemeinsame Zeit, besonders gemeinsame Abenteuer, lässt die Paarbeziehung wachsen und das Paar noch nach Jahren eine intensive Partnerschaft führen. Esther Perel fand durch ihre Befragungen auch heraus, dass wir in der Liebe auf der einen Seite Sicherheit suchen und ein Gefühl von zu Hause sein, wir wollen uns also auf den anderen verlassen können, aber gleichzeitig auch das Bedürfnis nach Abenteuer, neuen Erfahrungen und Überraschungen in uns tragen[195]. Diese zwei Begehrlichkeiten stehen einander gegenüber. Wir suchen heute in unserem Partner einen besten Freund, Vertrauten und gleichzeitig einen leidenschaftlichen Liebhaber[196]. Ich bin mir sicher, dass uns unsere Gefühlsbereitschaft bei allen angenehmen und unangenehmen Gefühlen, die auf diesem Weg auftauchen können, helfen wird.

Auch wenn wir sehr wertvolle Erkenntnisse aus der Wissenschaft ziehen können, so bleibt die wirkliche Magie doch den tatsächlichen Erfahrungen im Leben überlassen. Was bedeutet Liebe für dich in deinem Leben? Wo lebst du sie im Rahmen deiner Partnerschaft und auch in anderen Bereichen? Für mich kann ich sagen, dass ich heute näher an meiner Liebe bin als je zuvor. Ganz entscheidend dazu beigetragen hat die Geburt meiner Tochter. Als sie das erste Mal auf meinen Händen lag, spürte ich schon diese warme Verbindung zu ihr. Als ich mich entschied, Vater zu werden, sagte mir mein Vater, dass es nichts gebe, was einen wahrhaftiger mache als die eigenen Kinder. Das stimmt auf eine besondere Weise, denn ich kann sagen, dass ich durch ihre Geburt viel gefühlsbereiter geworden bin und ich mich damit viel lebendiger fühle. Ich nehme richtig am Leben teil und bin durch die Beziehung zu ihr und meiner Gefühlsbereitschaft auch viel näher und bei mir selbst. Mit meiner Tochter habe ich eine wichtige Sache über die Liebe lernen können: Sie kann wachsen, wenn wir das wollen. Je mehr ich von meinem Gefühl, meiner Zeit, meinem Herz gebe, desto mehr wächst die Verbindung und, wenn man so will, meine Liebe zu ihr. Also liebe ich auch das, was ich mit Liebe umsorge, behandele und gebe. Zum Beispiel, indem ich ihr eine gesunde Mahlzeit koche, sie umarme oder ganz simpel, dass ich sie früher aus der Kita abhole, obwohl ich noch viel zu tun habe. Wenn ich Dinge aus Liebe mache, steigt auch wieder das Gefühl von Liebe in mir auf, und genau das versuche ich Stück für Stück auf die Welt, die mich umgibt, zu erweitern.

Manchmal sind es ganz kleine Gesten, bei denen ich auch die Liebe anderer beobachten kann. Als ich vor ein paar Tagen zum Bahnhof fuhr, wurden gerade die letzten Betrunkenen der Berliner Clubs auf die Gehwege gespült. Ich sah einen Mann auf die Straße gehen und wunderte mich, warum er stehen blieb. Dann bückte er sich, hob eine zerbrochene Flasche auf und beseitigte sie. Vielleicht ist es banal, aber ich war tief berührt von der Geste der Liebe zur Welt und zu seinen Mitmenschen. Was würde mit unserer Welt passieren, wenn wir anfangen würden, öfter die zerbrochenen Flaschen aufzusammeln: bei der Arbeit, in unserer Familie und vielleicht im Internet. Wenn wir mehr aus Liebe handelten als aus Angst. Für mich und meine Geschichte bedeutet das, obwohl es manchmal sehr unangenehm ist, an der Beziehung zu meinen Eltern zu arbeiten, und ich bin ihnen unendlich dankbar, dass sie mich mit offenen Armen und Herzen empfangen. Es bedeutet, auch in den alltäglichen Begegnungen offener, herzlicher und wohlwollender zu sein, aber auch für meine Bedürfnisse einzustehen. Denn ganz wichtig ist es, die

Beziehung zu mir selbst gut zu führen, auch wenn manchmal Kaktusstacheln an mir kleben.

Ich habe dir an dieser Stelle eine Trancen-Meditation für die Liebe mitgebracht. Was du in dieser auch nochmal vertiefen kannst, ist die Anerkennung und Liebe für dich selbst. Probiere sie mal aus und schau, was sie mit deinem Gefühl von Liebe und Geliebtwerden macht. Wiederhole sie gerne, so oft du willst.

SCAN ME

Gedanken an die Vergangenheit zuzulassen ist manchmal, wie den Stöpsel aus einem alten Fass zu ziehen. Heute hier in der Dunkelheit sehe und fühle ich den Schmerz stärker als je zuvor. Was habe ich alles aufgegeben, um meiner Angst nicht begegnen zu müssen!

Tränen fließen über meine Wangen und tropfen an meinem Kiefer herunter ins Nichts. Ich weine nicht gerne vor anderen Menschen, ja, früher habe ich noch nicht mal vor mir selbst geweint. Dieses kleine Türchen meiner Verwundbarkeit wollte ich nie aufmachen. Aber hier in der Dunkelheit kann mich niemand sehen. Hier kann ich es laufen lassen – und spüre mit der Begegnung des Gefühls eine Erleichterung. Nein, es ist nicht gut, nicht ungeschehen, nicht halb so schlimm, aber einfach nicht mehr so belastend. Das Wasser war vor dem Schleusentor, und ich habe aufgemacht. Der Druck sinkt. Und mit dem Abfließen des belastenden Gefühls muss ich nicht mehr ständig dagegen ankämpfen. Es ist das erste Mal seit Monaten, dass ich mich richtig entspanne. Ich mache innerlich Urlaub.

KAPITEL 8

WIE MIR KURZ VOR DEM TOD MEINE WERTE EINFIELEN

Zurück zum Anfang des Buches: Südafrika – ich hatte mich so sehr auf die Berge, das Meer und die Menschen gefreut. Ein Land, gezeichnet von seiner Geschichte, vom Kampf um die Freiheit und jederzeit bereit, sein Herz zu öffnen. Hier wollte ich alles nachholen, was ich in meinem stressigen Alltag verpasst hatte. Alles Leben, welches ich mir zuvor verwehrt hatte, aus den sechs Wochen quetschen: Surfen, Wandern, Lesen, Museumsbesuche, Ausschlafen, Märkte besuchen, Freunde treffen, gutes Essen und Kitesurfen.

Für mich gibt es kaum ein besseres Gefühl, als vom Wind gezogen über das schroffe Meer zu gleiten. Der Kitzel, wenn du weißt, dass zwischen der spiegelnden Oberfläche und dem Grund 100 Meter Wasser liegen und die Kraft der Natur dich völlig umschließt … so hatte ich es auf jeden Fall in Erinnerung, denn tatsächlich war ich schon seit zehn Jahren nicht mehr Kiten.

Um Wind und Wellen nicht völlig ausgeliefert zu sein, hatte ich mich entschlossen, etwas Unterricht zur Auffrischung zu nehmen. Nach kurzer Suche fand ich eine nette Schule, in der mir ein sympathischer Kitelehrer vorgestellt wurde. Zusammen ging es an den Strand, und dort erklärte er mir noch einmal kurz, wie man den Drachen lenkt, was passiert, wenn ich die Bar, also die Stange vor meinem Körper, ranziehe oder loslasse. Ich bewegte den Kite in der Luft, und alles fühlte sich ganz natürlich an. Wie früher Drachen fliegen, nur mit sehr viel mehr Wind und einem überdimensional großen Schirm, an dem mein Körper hängt. Wozu die Kombination aus Kiteschirm, Wind und Wellen in der Lage ist, zeigte mir ein Blick entlang der Küste: Hunderte bunte Drachen waren am Himmel verstreut. Die Kiter sprangen immer wieder in die Luft und segelten schwerelos über das Meer – faszinierend und angsteinflößend zugleich. Dann war ich dran. Der Kite ruckte. Ich zog an einer Seite der Bar, und der Drachen startete. Mit dem Brett unter den Füßen ging es raus aufs Meer. Meine Horrorvorstellung bei diesem Sport ist es, zu weit rauszufahren. So weit, dass mich niemand mehr sieht, die Strömung mich immer weiter treibt und ich so den Sichtkontakt zur rettenden Küste verliere. Aber die tatsächliche Gefahr, die mich erwartete, hatte ich zu diesem Zeitpunkt noch nicht einmal erahnen können. Ein paarmal fuhr ich an diesem Tag mit dem Kite raus aufs Meer und wieder zurück Richtung Küste. Trotz der großen Wellen bekam ich es einigermaßen gut hin. Dann stürzte der Kite ins Wasser. Der Wind war stark und zerrte an allem, was ich hatte. Nicht weit vom Strand entfernt schlüpfte ich schnell im flachen Wasser in die Laschen vom Brett, dann gab ich dem Kitelehrer das Signal: Go, lass den Drachen los! Wie der Blitz schnellte der Kite unkontrolliert dem Himmel entgegen. Erst da begriff ich, dass sich mehrere Seile verknotet hatten – das machte den Drachen für mich unsteuerbar. Er flog einen Looping und entwickelte eine solche Zugkraft, dass es mich mit voller Wucht aus dem Brett in die Luft katapultierte. Ich spürte den überwältigenden Ruck am ganzen Körper, ohne auch nur die geringste Chance zu haben, dagegenzuhalten. Alles passierte mit einer solchen Gewalt, solch einer Geschwindigkeit und solch einem Druck, dass mich ein Gefühl von Ohnmacht überkam. Mein ganzer Körper war wie gelähmt, außerhalb meiner Kontrolle. Mein Atem stockte, und ich merkte, wie ich gleich das Bewusstsein verlieren würde. Für einen kurzen Moment sah ich alles von oben. Ich war zehn Meter über dem Strand und spürte schon im selben Moment den Kipppunkt, wie bei der Achterbahn, wenn es runtergeht. Ich sah noch die straffen Seile an meinem Körper hängen, während vor mir dieser riesige Drachen vom Wind gejagt wurde. Ich war hilflos, konnte nichts tun, außer mich von der Wucht der Seile ziehen zu lassen. Während ich für den Bruchteil einer Sekunde am höchsten Punkt schwebte, stieg eine Gewissheit in mir auf: Den Sturz in die Tiefe werde ich nicht überleben. »Jetzt sterbe ich«, »So schnell ist alles vorbei«, »ein kurzes Leben«, ging es mir durch den Kopf. Alles ratterte durch mein Bewusstsein, wie ein Gewitter aus Bildern und Sätzen, eine Diashow in Lichtgeschwindigkeit. Sequenzen meiner Familie, meiner Reisen und schöne Erlebnisse bei der Arbeit. Bilder von Freunden und Partnerinnen. Das Konzentrat der Emotionen meines Lebens. Ein kurzer Augenblick der Dankbarkeit, dass ich all die schönen Momente meines Lebens erleben durfte, durchschnitt die Ohnmacht, bevor sie von einem anderen Gefühl abgelöst wurde: Traurigkeit und Wehmut. »Gerne wäre ich noch länger Vater gewesen«, überkam es mich. Eine Traurigkeit in einem Ausmaß, wie ich sie noch nie zuvor gespürt hatte. Dann zog es mich runter in Richtung Boden, dorthin, wo das Wasser alles hart und glatt gezogen hatte. Völlig überwältigt von der Kraft des Sturms flog ich mit dem Kopf in Richtung Strand und schlug ein. Es war, als ob mir jemand mit dem Hammer einen Schlag auf meinen Kopf verpasste. Der Aufprall brachte alles, was in mir leuchtet, zum Erlöschen.

Meine Tochter hat mich einmal gefragt, wie es sich anfühlt, tot zu sein. Während ich noch kurz überlegte, gab sie sich selbst eine Antwort: »Bestimmt so wie die Zeit, bevor man geboren wurde.« Und genau so fühlte es sich in diesem Moment an – ich fühlte nichts und ich wusste nichts. Dieses Gefühl, das mich dort oben in der Luft überkommen hat, ließ mich spüren, dass alles gleich vorbei sein wird. Dass das Ende unausweichlich ist. Diese pure Überwältigung haben viele von uns in anderen Situationen schon einmal gespürt. Zum Beispiel, wenn man aus heiterem Himmel von dem Menschen verlassen wird, den man liebt. Oder wenn wir eine schlimme Diagnose erhalten. Es sind Situationen, in denen wir uns dem, was passiert, völlig ausgeliefert fühlen. In diesen Momenten scheint es keinen Ausweg und keine Handlungsmöglichkeit zu geben. Wir sind wortwörtlich »ohne Macht«.

Die Aufgabe der Ohnmacht

Das Gefühl der Ohnmacht kann dann auftreten, wenn starke Emotionen nicht in Handlungen umgesetzt werden können[197]. So war es auch bei meinem Kiteboardunfall. Zuerst kam die Angst und steigerte sich ins Unermessliche, als ob jemand maximal den Ton meines eigenen Horrorfilms aufdrehte. Dann stellte sich blitzschnell ein Zustand von Hilflosigkeit und Ohnmacht ein, wie eine Spritze, die mit voller Wucht in mich gerammt wurde und sofort ihre Wirkung entfaltete. Das Gefühl der Ohnmacht kann also in Kombination mit unangenehmen Gefühlen auftauchen, wie Angst, Wut, Scham, Ekel oder Traurigkeit[198].

Ohnmacht ist eines der überwältigendsten, überforderndsten und intensivsten Gefühle, die wir kennen. Sie kann zu starken körperlichen Reaktionen führen wie Herzrasen, Hyperventilation und Übelkeit. Oder in Schwäche und Erschöpfung münden, wodurch viele, die Ohnmachtserfahrungen erleben, ein Gefühl von »Lähmung« beschreiben. Auch Schwindel und Benommenheit, als ob man den Boden unter den Füßen verliert, sind gängig. Die Erfahrung kann mit Zittern oder Muskelverspannungen einhergehen, aber auch Sehstörungen und Schweißausbrüche verursachen.

Überlege einmal: Wann hast du dich das letzte Mal ohnmächtig gefühlt? Was war das für eine Situation? Oder ist es vielleicht ein dir recht bekanntes Gefühl, das immer wieder auftaucht? Das intensive Gefühl der Ohnmacht tritt dann auf, wenn Bedürfnisse von uns unerfüllt bleiben und wir keinen Einfluss auf die Situation haben, keine Handlungsmöglichkeit und so ohne jegliche Kontrolle sind[199]. Es greift damit unser psychologisches Grundbedürfnis nach Orientierung und Kontrolle massiv an[200] und ist ein Zustand, der daher kaum aushaltbar ist und den die meisten von uns unbedingt vermeiden wollen.

Evolutionär gesehen sind auch Hilflosigkeit und Ohnmacht durchaus berechtigt[201]. Und zwar unter anderem dann, wenn wir mit einer tödlichen Gefahr konfrontiert sind, wie in meinem Fall hoch oben in der Luft. Der Körper ist derart gestresst, dass er sämtliches Blut in unsere Gliedmaßen steckt, damit wir der Gefahr entkommen können. Dem Gehirn steht dann weniger Blut zur Verfügung[202]. Ich bin also auf Aktion ausgerichtet und weniger auf Nachdenken. Aber auch die Erstarrung, die wir bei sehr starken Ohnmachtsgefühlen erfahren können, hat sinnvolle Effekte: Bei Tieren nennt sich dieses Einfrieren auch Totstellreflex, und er setzt ein, wenn sie sich in ausweglosen Situationen befinden, denn dieser Reflex irritiert die Jäger, die stark auf Bewegung reagieren[203]. Er kann sie dann für einen Moment ablenken und so die Chance zur Flucht ermöglichen[204]. Da wir hier auf dem Planeten als Säugetiere nicht nur Jäger, sondern auch eine ganze Zeit lang Gejagte waren, haben wir diesen Mechanismus noch immer in uns. Der Reflex schützte auch davor, überhaupt entdeckt zu werden. Stellen wir uns zum Beispiel vor, wir wären vor 50 000 Jahren durch ein Gebüsch gestreift, einer großen Raubkatze begegnet und hätten laut aufgeschrien. Das wäre wenig hilfreich gewesen, weil wir so auf uns aufmerksam gemacht hätten. Die Schockstarre, ausgelöst von Ohnmachtsgefühlen, kann übrigens auch vorkommen, wenn wir uns massiv verletzen. In dem Zustand der absoluten Regungslosigkeit sinkt nämlich unser Blutdruck und kann uns vor dem Verbluten schützen[205].

Ohnmachtsgefühle können in vielen Situationen entstehen. Zum Beispiel, wenn wir Opfer oder Zeugen von psychischer und physischer Gewalt werden, Unfälle erleben oder als Kind keine oder wenig Mitbestimmungsrechte haben. Wie war das in deiner Kindheit? Warst du frei in der Gestaltung deines Lebens als Kind? Durftest du dir aussuchen, welchem Sport du nachgehen willst oder welches Instrument du spielen möchtest? Und wenn du keine Lust mehr hattest, durftest du dann aufhören, oder wurdest du gezwungen, weiterzumachen? Wie stand es um deine Wünsche als kleiner Mensch? Wurden sie gehört, gab es einen Platz für sie oder wurden sie übergangen und ignoriert? War es dir erlaubt, deine Gedanken und Gefühle frei zu äußern? Wenn du Gefühle geäußert hast, wie wurde darauf reagiert? Wenn du angefangen hast zu weinen, sind deine Eltern wütend geworden? Wenn du Widerstand gezeigt hast, wurdest du dafür bestraft? Wenn du Angst hattest, wurdest du in den Arm genommen? Hatten deine Gefühle einen sicheren Hafen? All das hatte Einfluss darauf, ob du dich hilflos und ohnmächtig gefühlt hast. Wir müssen nicht immer nach den großen, explosionsartigen und offensichtlichen Momenten in unserem Leben suchen. Es können auch viele kleine und leisere Momente sein. Auch dies kann ein Grundgefühl von Ohnmacht in uns verursachen und uns unserer Mitbestimmung und Selbstwirksamkeit berauben. Ein erlebtes Gefühl der Ohnmacht ist meist so massiv unangenehm, dass unser Gehirn viel dafür tut, es nicht mehr spüren zu müssen[206]. Diese oft unbewussten Strategien können sich darin äußern, dass Kinder, die körperlich misshandelt wurden, später selbst gewalttätig werden, möglicherweise um so ein scheinbares Gefühl der Kontrolle zurückzugewinnen[207]. Diesen Wechsel aus der Opfer- in die Täterrolle beschreiben Betroffene oft als Wendepunkt in ihrem Leben und der Rückgewinnung ihres wehrhaften Ichs.

Bei der meist unbewussten Strategie, mit dem Gefühl der Ohnmacht umzugehen, gibt es aber auch genau die entgegengesetzte Richtung: Statt Gewalt und Angriff sind dann Rückzug in die depressive Passivität, Verzweiflung und Resignation die Folge. Das Gefühl richtet sich dann eher gegen die eigene Person.

Denn wenn wir in ausweglosen Situationen sind, wo unser Handeln keine Rolle spielt, lernt das Gehirn, dass Gegenwehr zwecklos ist und wir hilflos sind. Die Theorie zu diesem Verhalten, nämlich die erlernte Hilflosigkeit, wurde maßgeblich von den amerikanischen Psychologen Martin Seligman und Steven F. Maier geprägt[208]. In den 1960er-Jahren führten sie dazu ein viel beachtetes Experiment mit Hunden durch[209]: In einem Experiment wurden einige Hunde unausweichlichen Elektroschocks ausgesetzt, während eine andere Gruppe an Hunden keine solchen Schocks erhielt. Später wurden alle Hunde in eine Art Kasten gesperrt, der durch eine Barriere in zwei Bereiche unterteilt war. Nun kündigte ein Tonsignal einen elektrischen Schock an, dem die Hunde entkommen konnten, indem sie die Barriere überquerten. Es stellte sich heraus, dass die Hunde, die zuvor in der unkontrollierbaren Situation waren, unausweichlichen Schocks ausgesetzt zu sein, auch in der neuen Situation, in der sie sich selbst eigentlich hätten helfen können, passiver reagierten und größere Schwierigkeiten hatten, den Elektroschocks zu entkommen[210]. Wir können Ergebnisse von Tierversuchen natürlich nicht eins zu eins auf den Menschen übertragen. Aber das Experiment legt nahe, dass Hilflosigkeit auch bei Menschen etwas ist, das wir durch Ohnmachtserfahrungen erlernen. Denn warum sollten wir etwas tun, wenn es sowieso keinen Sinn hat und sich nichts für uns verändert. Es ist eine völlig sinnvolle und logische Reaktion unseres Gehirns und hilft vielen, die Situationen, die sie erfahren mussten, zu überstehen.

Diese Reaktion bereitet aber auch viele Probleme. Betroffene von erlernter Hilflosigkeit handeln häufig auch dann nicht mehr, wenn sie die Option hätten, ihr Schicksal aktiv zu verändern. Sie erkennen ihre Möglichkeiten nicht mehr, weil sie mit der Brille der Vergangenheit in die Zukunft schauen[211]. Sie leben ein Leben in der Reaktion und nicht in der Aktion, losgelöst von ihren Gefühlen im Autopiloten. Dieser Prozess ist selbstverstärkend, da Betroffene dadurch auch in der Gegenwart keine korrigierenden, positiven Erfahrungen machen. So werden sie immer wieder in ihren negativen Annahmen bestätigt. Das Gefühl der Kontrolllosigkeit und somit der Ohnmacht nimmt weiter zu. Ein Teufelskreis entsteht. Der Ausweg ist für viele die Abwendung von den eigenen Gefühlen bis hin zu Emotionslosigkeit. Dabei schreiben sich diese Menschen negative Ereignisse grundsätzlich selbst zu und sehen das Problem so gut wie nie in anderen oder der Umwelt – ihnen fehlt eine realistische Einschätzung[212]. Wenn sie zum Beispiel in einer Prüfung schlecht abschneiden, sind sie davon überzeugt, dass sie schlecht im jeweiligen Fach sind und es ihnen einfach nicht liegt. Sie nehmen auch hier an, dass das Problem ausschließlich bei ihnen selbst liegt. Dabei könnte es ja auch sein, dass die Prüfung dieses Mal sehr anspruchsvoll war. Erschwerend kommt hinzu, dass Menschen mit dieser inneren Überzeugung davon ausgehen, dass sie den Zustand nicht verändern können. Sie gehen in der Annahme durch die Welt, dass sie auch in allen zukünftigen Prüfungen schlecht abschneiden werden[213]. So sind sie der Situation ausgeliefert und können nichts tun. Sie ändern folglich nichts an ihrem Verhalten und werden so immer wieder in ihrer negativen Annahme bestätigt[214]. Seligmann sieht die erlernte Hilflosigkeit und damit die Art und Weise, wie wir uns die Dinge in der Welt erklären und welche Ursachen wir finden, als einen möglichen Risikofaktor für die Entstehung von Depressionen[215].

In Kontakt kommen mit der Ohnmacht

Erlernte Hilflosigkeit könnte ein Weg unserer Psyche sein, mit dem Gefühl der Ohnmacht umzugehen und es in Zukunft zu vermeiden. Dabei ist es schwer, jegliche Ohnmachtserfahrungen in unserem Leben zu umgehen. Wahrscheinlich werden wir uns alle irgendwann einmal hilflos und ohnmächtig fühlen oder haben dieses Gefühl schon öfter in unserem Leben gehabt. Worauf wir jedoch einen Einfluss haben, ist der Umgang mit den Gefühlen nach einer solchen Erfahrung. Wir können anfangen, Eigenverantwortung zu übernehmen. Das heißt nicht, dass andere keine Schuld an den Vorfällen in der Vergangenheit trifft oder unsere Passivität nicht nachvollziehbar ist. Es heißt, dass ich als Erwachsener im Hier und Jetzt eine gewisse Wirkmacht, also Selbstbestimmung in meinem Leben, entwickle. Ich kann die heilsame Erfahrung machen, dass ich heute etwas verändern kann, und so in kleinen Schritten zu meiner Selbstwirksamkeit zurückfinde. Dafür ist es natürlich notwendig, dieses Gefühl von Ohnmacht und Hilflosigkeit überhaupt zu entdecken. Zu merken, dass es immer wieder in unserem Leben auftaucht. Dabei hilft uns die Gefühlsbereitschaft in Form der Achtsamkeit. Wir brauchen sie, um unsere eigentlichen Gefühle zu erkennen. Denn Ohnmacht wird manchmal von anderen Gefühlen überdeckt, weil sie so schwer auszuhalten ist. Das habe ich als Kind erfahren, als ich vom Freund meiner Mutter in den Schwitzkasten genommen wurde. Meine ersten Ohnmachtserfahrungen aus meiner Kindheit ließen das Gefühl der Wut entstehen. Auch andere Gefühle wie Scham, Angst oder Eifersucht können das Gefühl der Ohnmacht überdecken. Auch ich muss mir aber vor Augen führen: Es gibt einen wesentlichen Unterschied zwischen der beschriebenen Situation aus meiner Kindheit zu meinem Kiteunfall in Südafrika. In meiner Kindheit war ich in Situationen wie der im Schwitzkasten den äußeren Umständen ausgeliefert und hatte keine Chance, mich zu wehren. Das daraus resultierende Ohnmachtsgefühl hat mich bis in mein Erwachsenenleben verfolgt. Es wollte mich ständig davor warnen, nicht noch mal in eine solche Situation zu geraten. Ich fühlte mich folglich auch als Erwachsener immer wieder hilflos. Dieses unangenehme Gefühl der Hilflosigkeit wollte ich aber nicht spüren, und es legte sich unbewusst die Decke der Wut darüber. Der Kiteunfall hat mir mit dem Gefühl der Ohnmacht dagegen die Chance gegeben, mein Leben bewusst zu reflektieren und etwas zu verändern.

Wenn wir lernen wollen, unsere Ohnmacht besser zu spüren, kann es auch helfen, mit einer vertrauten Person über das eigene Innenleben zu sprechen. Was nehme ich wahr? Wie geht es mir? Was spüre ich in meinem Körper? Dadurch entwickeln wir eine Sensibilität für unsere Gefühle und einen genaueren Blick, denn manchmal ist es überhaupt nicht leicht zu beschreiben, was da eigentlich in uns vorgeht, vor allem, wenn wir das über Jahre nicht gemacht haben. Es ist, wie eine Sprache neu zu lernen, die wir seit unserer Kindheit nicht mehr gesprochen haben. Wie auch bei allen anderen Gefühlen können wir uns beim Gefühl der Ohnmacht in der Akzeptanz üben.

Der Werkzeugkoffer des Lebens ist auch bei erlernter Hilflosigkeit nützlich: So zeigt zum Beispiel eine Studie, dass Menschen, die damit umgehen können, auch besser vor Depressionen geschützt sind[216]. Dieselbe Studie zeigt auch: Je größer die erlernte Hilflosigkeit ist, desto stärker können die Methoden der ACT helfen, die Depression zu lindern.

Das Gedankenkino ist eine Technik, mit der wir einen gesunden Abstand zu hinderlichen und schädlichen Gedanken gewinnen können. Das wurde in einer weiteren Studie getestet: Sie zeigt die Wirksamkeit des Gedankenkinos bei erlernter Hilflosigkeit[217].

Teilnehmer wurden dafür durch eine unlösbare Aufgabe in eine Situation der erlernten Hilflosigkeit gebracht, die häufig zu Frustration und negativen Gedanken führt. Die Teilnehmer sollten im Anschluss eine Labyrinth-Aufgabe auf Papier lösen. Dabei wurde ihre Bearbeitungszeit gemessen. Einer Gruppe wurde gesagt, dass sie ihre Aufmerksamkeit von unerwünschten Gedanken ablenken sollte, indem sie sich auf andere Aktivitäten konzentrierte. Eine andere Gruppe wurde aufgefordert, das anzuwenden, was ich in diesem Buch Gedankenkino nenne, also das Distanzieren von Gedanken, um sie nicht länger als unveränderbare Wahrheiten anzusehen. Die dritte Gruppe hat keine Instruktion bekommen. Die Teilnehmer, die das Gedankenkino angewandt haben, also aus negativen Gedanken wie »Ich kann das nicht« Sätze wie »Ich habe gerade den Gedanken, dass ich das nicht kann« gemacht haben, schnitten besser in der Labyrinth-Aufgabe ab. Das heißt: Wenn wir uns bewusst machen, dass ganz häufig nicht unsere Fähigkeiten uns daran hindern, in Situationen gut zu bestehen, sondern unser Glauben an uns, haben wir mit dem Gedankenkino ein extrem starkes Werkzeug, das wir uns zunutze machen können, um die Wirkung negativer Gedanken abzuschwächen.

Auch bestimmte Suchtentwöhnungsprogramme arbeiten mit Gefühlsbereitschaft und anderen Werkzeugen von psychischer Flexibilität. Bei den anonymen Alkoholikern etwa ist die Akzeptanz ein wichtiger erster Schritt auf dem Weg aus der Sucht[218]. Entgegen der Überlegung, dass Akzeptanz der eigenen Sucht dazu führen könnte, dass man weiter trinkt, raucht oder Pillen schluckt, durchbricht die Gefühlsbereitschaft mit der Akzeptanz von dem, was ist, einen ganz wichtigen Mechanismus: Einige Suchtkranke gehen mit der Annahme durchs Leben, sie hätten ihre Sucht im Griff: »Ab und zu was zu trinken ist okay, solange ich nüchtern bin, wenn meine Kinder nach Hause kommen«, »auf Partys und bei der Arbeit rauchen ist okay, solange ich nicht zu Hause rauche«, oder »wenn ich nur in der Nacht spiele und morgens noch zur Arbeit gehe, passt das schon mit dem Zocken«. Damit gaukeln sie sich selbst vor, dass sie die Kontrolle haben und nicht hilflos der Situation ausgeliefert sind. Sie umgehen damit die entsprechenden Gefühle von Ohnmacht und Hilflosigkeit, die ein solches Zugeständnis verursachen könnte. Solange wir denken, dass wir die Sucht kontrollieren können, bleiben wir süchtig, weil wir dann die Substanzen problemlos weiter nutzen können – wir haben ja die Kontrolle, eine Verhaltensänderung ist nicht notwendig. Erst wenn wir aus der Illusion aussteigen, für die Lage, in der wir uns befinden, gefühlsbereit werden und damit auch unsere Ohnmacht und Hilflosigkeit spüren, wird die Illusion der Kontrolle zur Seite geschoben, und Handlungsdruck entsteht. Wenn wir akzeptieren, was ist, können wir die Kontrolle über unser Verhalten zurückgewinnen, weil wir den Dingen klar ins Auge blicken: Wir sind ohnmächtig und fühlen uns hilflos. Wir haben keine Ausreden mehr, warum es doch nicht nötig ist, jetzt mit dem Rauchen, Trinken oder Einnehmen von Substanzen aufzuhören. Es ist ein erster Schritt, den Kreislauf zu durchbrechen.

Das spielt nicht nur in der Behandlung von Süchten eine große Rolle. Gedanken wie »Wenn ich nur XY gemacht hätte, dann …« kennen wohl die meisten von uns. »Hätte ich das Haus nicht verlassen, wäre ich nicht überfallen worden«, »hätte ich den Job gar nicht erst angefangen, wäre mir das nicht passiert«, »hätte ich an dem Tag wie geplant vorbeigeschaut, wäre es mir aufgefallen« – wer mit den unangenehmen Gefühlen einer Situation umgehen will, muss zuerst seine Ohnmacht akzeptieren.

Ohnmacht gibt uns Kraft

Erlernte Hilflosigkeit lähmt. Akzeptanz hilft, das Leben in die von mir gewünschte Richtung zu lenken. Wir sind für das Ergebnis offen und wissen, dass wir nicht alles kontrollieren können, es aber trotzdem versuchen wollen. Wir dürfen sie deshalb auch nicht mit Gleichgültigkeit verwechseln. Die Gleichgültigkeit in der erlernten Hilflosigkeit würde jemand vielleicht sagen lassen: »Es ist mir egal, und darum macht es keinen Sinn, es überhaupt auf einen Versuch ankommen zu lassen.« Ich kann zum Beispiel todunglücklich in meinem Job sein und ihn wechseln wollen. Dennoch ist mir bewusst, dass es womöglich nicht sofort klappen wird. Akzeptanz bedeutet, genau das zu wissen und mich trotzdem zu bewerben. In der erlernten Hilflosigkeit probieren wir es erst gar nicht. Nichts zu machen, kann sich auf vielen Ebenen einfacher anfühlen. Wenn wir die Zukunft aufgeben, weil eh alles sinnlos ist, dann müssen wir im Hier und Jetzt nichts tun. Wir müssen nicht ins Handeln kommen, uns nicht mit den unangenehmen Themen des Lebens beschäftigen und keinen Versuch starten, mit dem Risiko in der Zukunft wieder enttäuscht zu werden. Wenn wir unsere Gefühle vermeiden, bleiben die Informationen aus, die sie uns liefern. Der Umgang mit Hilflosigkeit und Ohnmacht kann uns dabei helfen, mitfühlender mit anderen und mit uns selbst umzugehen. Wenn ich das Gefühl der Hilflosigkeit vermeide, kann ich die Kraft, die sie in sich trägt, auch nicht wahrnehmen. Denn ihre Kraft ist es, Veränderungs- und Wachstumsprozesse anzustoßen.

Ohne Ohnmacht hätte ich nicht so klar zu spüren bekommen, wie schnell das Leben vorbei sein kann. Es hätte mich nicht motiviert, noch mal auf mein Leben zu schauen und etwas zu verändern. Diese Gelegenheit hat mir das Gefühl der Ohnmacht gegeben. Als ich am Strand von Kapstadt wieder zu mir kam, ließ ich meine Augen noch für einen kurzen Moment geschlossen. Alles, was ich in diesem Augenblick spürte, war mein Nacken. Es war, als ob ein stechender glühender Stumpf in mein Genick hämmerte. Ich versuchte ganz vorsichtig, meine Zehen zu bewegen. Wie ein Peitschenschlag ging der Strom durch meinen Körper bis runter zu meinen Füßen. Ganz langsam bewegten sie sich – erst der linke, dann der rechte. Erleichterung machte sich in mir breit. Ich konnte mich bewegen. Doch mein

Genick – was war damit? War es gebrochen? Muss ich nur eine falsche Bewegung machen, um dann doch permanent gelähmt zu sein? Ich öffnete die Augen. Um mich herum eine Traube von Menschen. Geschockte Gesichter. Ich soll erst mal liegen bleiben, riet mir ein älterer Herr. Dann hörte ich von weiter weg die Sirene eines Krankenwagens immer näher kommen. Ein weiterer Wimpernschlag, und ich sah, wie ein Sanitäter mir eine Schiene um meinen Hals legte. Seine Kollegen hoben mich auf die Trage. Noch bevor ich in den Krankenwagen geladen wurde, schnitt die Ärztin meinen Neoprenanzug auf und testete, ob und wo ich Taubheitsgefühle in meinem Körper spürte. Fußsohlen, Hände, Arme – ich konnte alles fühlen. Nur was mit meinem Genick war, blieb unklar. Bevor die Sanitäter die Türen des Rettungswagens schlossen, verabschiedete mich mein Kitelehrer und flüsterte mir zu, dass das der schlimmste Kiteunfall sei, den er je gesehen hatte. Dann ging die Fahrt los. Auf dem Weg zum Krankenhaus kamen mir das erste Mal die Tränen. Ich realisierte, wie knapp das alles war. Mich überkam ein tiefes Gefühl von Dankbarkeit für das Leben, das ich führen darf. Nein, eigentlich vielmehr dafür, dass ich überhaupt lebte, atmete und meine Augen auf- und zumachen konnte. Während der Rettungswagen mit heulendem Motor in Richtung Krankenhaus raste, war ich hinten sicher verpackt in meinem Kokon aus Adrenalin und Endorphinen. Das war auf eine ganz sonderbare Weise vielleicht der glücklichste Moment meines Lebens. Es war ein stilles Glück – ohne Beifall, Jubel und Tosen. Es war ganz leise und rollte an meinen Wangen runter. Diese zweite Chance, die ich hier bekommen hatte, wollte ich nutzen. Ich blickte auf mein Leben zurück und wusste, dass ich viel zu viel gearbeitet hatte. Gearbeitet für später. Für eine Zeit, die niemals gekommen wäre. Es hätte nie ein Später gegeben, sondern nur ein Jetzt, in dem ich arbeite. Mein Antrieb war allzu oft mein Minderwertigkeitsgefühl. Ich hatte geglaubt, mir meinen Wert erarbeiten zu können. Meine Daseinsberechtigung hatte ich mir nicht automatisch gegeben, sondern musste in meinem Kopf verdient werden. Was hätte ich eigentlich bereut, wenn ich da unten im Sand mein Ende gefunden hätte? Definitiv nicht die verpassten Preise und Auszeichnungen oder irgendwelche beruflichen Erfolge und Followerzahlen in den sozialen Netzwerken. Nichts von alledem, für das ich so viel meiner Zeit, Energie und Gedanken aufgewendet habe, hätte am Ende gezählt. Ich hätte bereut, die Erde verlassen zu haben, ohne mich im tiefsten Herzen mit meiner Mutter ausgesöhnt zu haben. Ich bin ihr dankbar für den Weg, den sie mit meinen Schwestern und mir gegangen ist, für ihre Liebe, ihre Aufmerksamkeit, ihre Zeit und Fürsorge, für ihre aufmunternden und kritischen Worte und ihr Dasein. Für ihre Kreativität, ihren Witz und ihre Spontaneität. Für ihr unablässiges Bestreben, eine gute Beziehung zu ihren Kindern und Enkelkindern zu haben. Für ihre Aufrichtigkeit, ihr Wohlwollen, ihre Fantasie. Und für ihre Offenheit, stets an allem zu arbeiten und über alles zu sprechen. Ich weiß, welchen Weg sie gegangen ist und woher sie kommt. Ich wollte ihr vergeben, ohne zu vergessen, denn auch ich habe meine Fehler gemacht und werde sie weiter machen.

Ich hätte bereut, nicht mehr Zeit mit meinen Schwestern verbracht zu haben. Eine meiner Schwestern meinte mal, es sei für sie eine unheimliche Stütze, zu wissen, dass es ein paar Menschen, eben ihre Familie, gibt, die immer hinter ihr stehen. Ich hätte bereut, dass ich in meinem Leben mehr Abende mit meinen E-Mails als mit meinen Freunden verbracht habe. Nicht draußen in der Natur war, um diese in den Wäldern und Bergen einzuatmen. Ich hätte bereut, dass meine Schleusen gegenüber meinem Vater nur ein paarmal kurz offen waren und sonst verschlossen, getrieben von meiner Sehnsucht, endlich großartig und liebenswürdig zu sein, blind für das, was ich die ganze Zeit war. Ich hätte bereut, dass ich nie wieder eine wirklich emotionale Verbindung zu meiner Ex-Freundin gefunden habe, der Mutter meiner Tochter. Nicht als Liebespaar, aber doch als verbundene Eltern. Ich hätte bereut, dass ich vermeintlich wichtige Arbeitstermine immer wieder in die gemeinsame Zeit mit meiner Tochter gelegt habe – Aufnahmen, Anrufe und Auftritte.

Ich hätte bereut, dass ich mich Beziehungen nie ganz hingegeben habe, mit allem, was ich bin. Ja, dieses Leben mit emotionalem Sicherheitsabstand, das hätte ich bereut. Es hat mich vielleicht vor einigen Verletzungen bewahrt, aber dabei den Menschen Wunden geschlagen, mit denen ich in Beziehung war – und auch mir selbst.

Meine Tränen flossen weiter. Meine Schleusentore waren offen. Durch den Schock. Durch diesen besonderen Moment. Ich war gefühlsbereit und spürte das Glück des Überlebens und die Traurigkeit darüber, wie ich mein Leben emotional gelebt hatte. Mit dem Wahrnehmen meiner Gefühle konnte ich ihre Signalwirkung für die Zukunft erkennen. Ich registrierte das Aufblinken auf meinem Armaturenbrett. Es war der Weg in meine Eigenverantwortung und der Startschuss meiner Veränderung. Da oben, am Himmel von Südafrika, wurde mir klar, was am Ende wirklich zählt, was in meinem Leben Wert hat. Es ist an erster Stelle meine Tochter und die Beziehungen, die ich führe – zu anderen und mir selbst. Der entscheidende Schlüssel ist für mich meine Gefühlsbereitschaft.

Im Hier und Jetzt leben

Ein paar Tage später habe ich mich hingesetzt und aufgeschrieben, was für mich wirklich Relevanz haben sollte in meinem Leben: Familie, Beziehung, Freundschaft, Liebe, Geborgenheit, Kreativität, lebenslanges Lernen, persönliches Wachstum, Gesundheit, gesellschaftliches Engagement, Leichtigkeit und Freude. Und natürlich spielen Karriere und Anerkennung weiterhin eine Rolle in meinem Leben. Aber nicht mehr so sehr, dass meine anderen Werte in den Hintergrund geraten. Ich glaube nicht, dass jeder im wahrsten Sinne des Wortes abstürzen muss, um sich seiner Werte bewusst zu werden, und so seinen Kompass im Leben findet, aber für mich war es ein Augenöffner.

Jetzt frage ich dich:

Stell dir vor, du wärst da oben am Himmel gewesen:
Was hättest du in deinem Leben bedauert?
Hättest du manche Dinge gerne anders gemacht?
Dich etwas getraut, was du nie getan hast?
Gibt es Menschen, denen du gerne noch etwas gesagt hättest?
Was hättest du unbedingt noch tun wollen?
Wenn du mit dem Kopf auf den Sand geprallt wärst:
Was hättest du dir gewünscht, dass Menschen
nach deinem Tod über dich erzählen?

Mit diesen Fragen können wir herausfinden, was tatsächlich zählt in unserem Leben. Es sind oft die Dinge, die wir nach hinten schieben, weil wir denken, dass sie irgendwo in der Zukunft auf uns warten. Nur um dann, wenn wir in der Zukunft angekommen sind, wieder verschoben zu werden. Wir alle sind oft allzu verstrickt in unseren Alltag, laufen in unserem Hamsterrad dem Ende entgegen und verschieben die für uns wirklich wichtigen Dinge immer weiter nach hinten. Wenn wir uns die entscheidenden Fragen im Leben nicht stellen, navigieren wir ohne Orientierung durch den Alltag und werden von ihm häufig auf eine ganz leise und subtile Art überrollt. Ohne Kompass ist unser innerer Autopilot am Steuer, geleitet von unseren bisherigen Erfahrungen und Prägungen. Ich glaube, es ist absolut notwendig, sich immer wieder zu fragen: Bin ich auf dem Weg, auf dem ich sein will? Führe ich das Leben, das ich möchte? Unser innerer Kompass zeigt uns den Weg, lässt uns von einer »Du musst«- in eine »Ich will«-Haltung kommen. Unsere Werte sind frei wählbar, sind losgelöst von moralischen und gesellschaftlichen Forderungen und müssen einzig und allein uns persönlich wichtig sein. Sie leiten unser Handeln, und sie sind für die Umsetzung gedacht, also keine Lippenbekenntnisse.

Allzu oft richten wir unser Leben nach Zielen aus, aber nicht nach Werten. Es gilt: Wer seine Ziele erreicht, wird glücklich. Wenn du endlich den richtigen Job oder den Partner fürs Leben gefunden hast, das Traumauto vor dem Traumhaus steht oder du endlich dein Studium abgeschlossen hast, dann wirst du glücklich und zufrieden werden. Auch Werte haben viel mit Zielen zu tun. Wir nehmen uns unsere Werte zur Hand und leiten anhand dessen Ziele ab, die uns wiederum im Einklang mit unseren Werten leben lassen. Es kommt dabei aber nicht darauf an, endlich einen bestimmten Endzustand zu erreichen, sondern im Hier und Jetzt immer wieder aktiv zu werden, um unser Leben entsprechend unserer Wünsche auszurichten. Die Zufriedenheit besteht darin, anhand der eigenen Ziele ein selbstbestimmtes und sinnstiftendes Leben zu führen. Wir kleben nicht an der Vorstellung fest, dass uns eine ganz bestimmte Sache endlich ultimatives Glück und Zufriedenheit bringt. Stell dir vor, du bist in einem Flugzeug auf dem Weg zu deinem Traumurlaub. Ein Sehnsuchtsort, wo dieses bestimmte Gefühl auf dich wartet, das du damit verbindest. Das Besondere an diesem Flug ist, dass es zwei Versionen von dir gibt. Die eine Version ist ungeduldig, will endlich ankommen und schaut ständig auf das Display vor sich. Diese Version deiner selbst denkt: »Noch 9 Stunden und 43 Minuten, dann landet die Maschine, dann muss ich den Transfer ins Hotel nehmen, dann pack ich meine

Sachen aus, dann bin ich endlich da.« Es geht ihr nur darum, schnell das Ziel deiner Träume zu erreichen. Die zweite Version von dir will auch am Urlaubsort ankommen, hat aber ihre Werte, also ihren Kompass dabei. Die sind Neugierde, Abenteuerlust und zwischenmenschlicher Kontakt. Diese zweite Version von dir ist völlig anders auf der Reise unterwegs. Sie schaut aufs Display und sieht, dass sie gerade über Marokko fliegt. Beim Blick aus dem Fenster sind die schroffen Felsen zu sehen, das spiegelnde Meer und die unendliche Weite des Himmels. Deine zweite Version wirft dem Sitznachbarn ein nettes Lächeln zu. Es entwickelt sich ein Gespräch. Und da kommt auch schon das Essen. »Lustig, dieses winzige Besteck«, denkt sie. Für diese zweite Version von dir ist auch schon der Weg zum Ziel ein Abenteuer bzw. Teil des Lebens. Beide Versionen von dir erreichen natürlich den Sehnsuchtsort, wo sie eine sehr schöne Zeit haben, jedoch unterscheidet sich der Weg dorthin drastisch. Wenn wir uns nur auf unsere Ziele fokussieren, sind wir die meiste Zeit mit unseren Gedanken und unseren Wünschen nicht im Hier und Jetzt, sondern irgendwo in der Zukunft. Wir wollen eigentlich nicht da sein, wo wir gerade sind, sondern endlich im Traumurlaub. Und dabei sind wir die kürzeste Zeit in unserem Leben dabei, Ziele zu erreichen. Die meiste Zeit sind wir auf dem Weg. Mit unseren Werten werden wir neugierig gegenüber den Wegen, neugierig gegenüber dem Moment[219]. Wir sind angekommen und genau richtig, wo wir gerade sind. Wir freuen uns natürlich auf Dinge in der Zukunft, sind aber zusätzlich im Augenblick mit unseren Werten verbunden und können sie leben. Denn die Gelegenheit dazu gibt es immer und zu jeder Zeit.

Wir alle kennen den abgedroschenen Spruch: Der Weg ist das Ziel. Ganz am Ende wartet auf uns alle aber eigentlich nur der Tod, wir haben also nur den Weg? Oder gab es in deinem Leben schon mal dieses eine Ziel, das du erreicht hast und wonach dann alles anders war? Wonach der Schalter in deinem Leben von jetzt auf gleich umgelegt wurde? Wo sich endlich diese vollkommene Zufriedenheit eingestellt hat? Alles das, was du mit dem Ziel verbunden hast? Nein? Dann können wir ja auch gleich in der Gegenwart beginnen, mit unseren Werten zu leben. Es gibt 1000 Dinge, die uns daran hindern, etwas anders zu machen. Manchmal ist es die Angst, die das hier alles als kitschig abstempelt. Manchmal ist es aber auch das fehlende Vertrauen in einen selbst. Manchmal ist es auch der gute alte Pessimismus, der das Leben lenkt und wenig Raum lässt für Gefühle und Wünsche. Ich glaube, du hättest dieses Buch nicht bis hierhin gelesen, wenn es da nicht eine Sehnsucht in dir gäbe, etwas anders zu machen.

Um die eigenen Werte herauszufinden, hilft es, von Zeit zu Zeit einen frischen Blick auf das eigene Leben zu werfen. Manchmal passiert das wie automatisch, zum Beispiel wenn wir im Urlaub sind und uns andere Menschen, Landschaften und Rhythmen umgeben. Wir brechen aus unserem gewöhnlichen Trott aus. Manchmal reicht der innere Urlaub. Die Auszeit mit einem selbst. Darum hier ein paar weitere Fragen, die dir vielleicht dabei helfen, noch klarer deine Werte zu finden:

Was ist dir wichtig und warum?
Woran machst du fest, dass es dir wirklich wichtig ist?
Woran können deine Familie, Freunde oder
Bekannte erkennen, dass es dir wichtig ist?
Wäre dir der Wert noch wichtig, wenn dieser niemand
anderem wichtig wäre? Wenn keiner davon wüsste?
Wann fühlst du dich wirklich lebendig?
Wer bist du, wenn dich niemand beobachtet?
Ist es für dich wichtig, die Welt auch für andere lebenswert zu
machen und zu erhalten? Wenn ja: Was tust du bereits dafür?

Beim Ermitteln der eigenen Werte geht es darum herauszufinden, was für dich Lebensqualität bedeutet. Werte helfen uns dabei, zu definieren, wie wir unser Leben grundsätzlich führen möchten, unabhängig von aktuellen Umständen und Schwierigkeiten. Wichtig dabei ist, dass Werte keine starren Regeln sind. Regeln sind starr und häufig begleitet von Wörtern wie »müsste«, »niemals«, »sollte« und »immer«. Werte dagegen können auf unterschiedlichste Art und Weise gelebt werden. Sie sind flexibel. »Werte« klingt ja immer so ein bisschen abstrakt. Deshalb möchte ich dir hier ein paar konkrete Begriffe vorstellen, die dir bei der Bestimmung deiner persönlichen Werte helfen können. Einige davon hatte ich schon oben erwähnt:

Freundschaft, Partnerschaft oder Familienbeziehung pflegen, Mitgefühl zeigen, Zusammenhalt leben, nach Kompetenz streben, Erfolg anstreben, authentisch sein, neugierig sein, humorvoll leben, Gesundheit anstreben, lernen und erforschen, Freizeit priorisieren, Spaß und Leichtigkeit leben, in Arbeit und Karriere investieren, gesellschaftliches Engagement zeigen, fürsorglich sein, Mut beweisen, Sinnsuche betreiben, Religion und Spiritualität priorisieren, ehrlich sein, Gemeinschaft pflegen, die Umwelt achten, Akzeptanz üben, Unterstützung bieten, kreativ sein, nach Schönheit streben, nach Sinnlichkeit streben, achtsam sein, Verbindung suchen, Sexualität leben, fair sein, demütig sein, gerecht sein, Liebe verbreiten, körperliche Fitness pflegen, freundlich sein, dankbar sein, nach Freiheit streben, emotionale Offenheit wahren, Respekt zollen, Vertrauen schöpfen und geben, Selbstentwicklung anstreben, beharrlich sein, Geborgenheit schenken, Abenteuer erleben, aktionistisch sein, Treue halten, Verantwortung tragen, Selbstfürsorge priorisieren, Gemütlichkeit priorisieren, ein Vorbild sein, gut zuhören, zuverlässig sein, offen sein, anderen helfen.

Schreib dir gerne auf einen Zettel, was dir besonders wichtig ist, oder kreuze es hier an. Was sind die fünf Dinge, die du ganz oben auf deine Liste setzen würdest? Das sind deine Kernwerte.

Sie richten deinen Kompass aus. Einen Kompass in der Hand zu haben heißt nicht, dass ab hier alles leicht wird und es keine Berge und Täler mehr geben wird. Aber es heißt, dass wir Orientierung haben, um uns im Nebel des Lebens zurechtzufinden. Wir leben klarer und bewusster. Aber wie kommen wir hier aus den bildhaften Metaphern in die Umsetzung, jetzt wo wir eine genauere Vorstellung davon haben, was uns wichtig ist? Dafür brauchen wir ein anderes Werkzeug, das ich dir im nächsten Kapitel vorstellen möchte. Es ist eine Vereinbarung, die du mit dir selbst triffst.

Um besser deine Werte zu finden und zu verinnerlichen, kann dir diese Trancereise helfen. Sie wird dich auch dabei unterstützen, diese umzusetzen, und damit einen Ausblick auf das nächste Kapitel geben.

SCAN ME

Du kannst dich ganz entspannt mit geschlossenen Augen auf die Reise begeben. Wie immer: Wiederhole die Trance, so oft du magst.

Ich liege auf dem Boden in der Dunkelheit und gucke nach oben. Alles hier scheint mir nicht mehr ganz so bedrohlich. Ich muss nicht mehr raus. Ich will nichts verändern. Mit der Akzeptanz der Situation fällt es mir leichter. Ob das so bleiben wird, weiß ich nicht. Aber im Moment ist es so. Meine Erinnerungen sind durch den Filter meiner Gefühle gegangen und haben dabei an Gewicht verloren. Es ist so, als ob einige Erinnerungen zentnerschwer waren und ich sie die ganze Zeit mit mir herumgeschleppt habe. Und nun liege ich hier einfach nur mit dem Blick ins schwarze Nichts. Immer wieder zeichnet ein in bunte Lichter getauchter Pinsel farbige Bilder von Milchstraßen, von fremden Galaxien in die Dunkelheit. Bilder an Höhlenwänden. Es entstehen Lichtkunstwerke, die ich vorher noch nie gesehen habe. Es ist, als ob ich vor der feuernden Kinoleinwand meiner Netzhaut sitze und mir dieses bunte Spektakel kreiert habe. Lange hatte ich den Gedanken, dass es langweilig ist, mit mir alleine Zeit zu verbringen. Nur meine Gedanken, meine Gefühle und der Moment. Doch das ist es nicht. Ich habe aufgehört wegzulaufen, vor der Vergangenheit, vor der Zukunft und vor dem stillen Moment mit mir selbst, der mir oft am meisten Angst gemacht hat.

KAPITEL 9

ANGST, MOTOR UND BREMSE ZUGLEICH!

Eigentlich wollte ich gerade nach Hause gehen. Es war eine durchfeierte Nacht in einem Berliner Club. Aber mein Körper war zu erschöpft von hämmernden Bässen, den Menschenmengen und wahrscheinlich auch den zwei, drei Drinks, die ich hatte. Auf einer Bank im Außenbereich ließ ich mich nieder, um noch eine kurze Pause zu machen. Ich sog die kalte Luft der Nacht ein und schaute in den Himmel. Ein feines Hellblau mit immer stärker werdenden roten Pinselstrichen am Horizont. Der Tag kündigte sich an, und wieder hatte sich die Welt einmal um sich selbst gedreht. Irgendwann hörte ich eine Stimme neben mir fragen, ob der Platz noch frei sei. Ohne die Antwort abzuwarten, setzte sich eine Frau neben mich. Ich war fertig und blickte zu Boden. Sie fing dennoch an zu reden. Der Höflichkeit halber nickte ich immer mal wieder zu ihrem Monolog. Nach ein paar Augenblicken nahm ich all meine Kraft zusammen, um aufzustehen, und schaute sie das erste Mal an. Es war wie ein kurzer Moment der Ewigkeit, als ob ich durch sie hindurch in unsere Zukunft blicken könnte. Die war nicht nur rosig und schön, sondern hatte auch eine sonderbare Schwere. Diese Zukunft machte mir Angst, aber sie schien zugleich unausweichlich und vorbestimmt. Ich sah einen langen Tunnel mit Schatten, aber auch Licht. Es ist ein bisschen komisch, das so zu beschreiben, weil ich als Psychologe doch lieber Sachen wissenschaftlich erfassen würde. Aber mein Eindruck in dem Moment war eben genau dieser. Ungläubig schüttelte ich das Gefühl der latenten Angst ab und hatte gleichzeitig auf einen Schlag all meine Energie zurück. Denn eins war klar: Ich fand sie sehr attraktiv. Wir kamen ins Gespräch, gingen noch eine Pizza essen und verabredeten uns für den nächsten Tag. Unsere Dates waren von da an leicht und schwer zugleich, so leicht, wie es eben sein konnte, wenn man jemanden trifft, mit dem man sein ganzes Leben zu tun haben wird. Und so verrückt es klingt: Dieses erste Gefühl, das ich hatte, als ich sie zum ersten Mal sah, begleitete mich bei jedem Date. Ein Teil in mir wollte die ganze Zeit weglaufen, weil unsere Gespräche nie wirklich die Tiefe hatten, die ich mir gewünscht habe, und es von Anfang an viele Missverständnisse zwischen uns gab. Der größere Teil wollte bleiben, und so verbrachten wir viel Zeit miteinander. Wir lagen oft zusammen, einfach nur so. In ihr fand ich das lange fehlende Puzzlestück in meinem Leben. Ein Zwei-Teile-Puzzle in Menschenform. Eine Symbiose. Das Gefühl von Verliebtsein hatte ich bisher selten in meinem Leben erlebt, aber bei ihr dauerte es nur ganze zwei Treffen, bis es mich völlig ausgefüllt hatte. Nach drei Monaten stand eine berufliche Reise für sie an, und wir trafen uns noch ein letztes Mal, bevor sie gehen musste. Wir schliefen noch ein letztes Mal miteinander. Danach war sie weg.

Wenn man verliebt und nicht am selben Ort ist, dann fühlt sich das falsch an. Alles war falsch, und ich vermisste sie. Aber aufgrund der Distanz häuften sich unsere Missverständnisse und Diskussionen. Die Stimme in mir, die mir sagte, dass es in der Anfangsphase harmonischer zugehen sollte, ignorierte ich. Ich wollte diese Beziehung so sehr. Nach ein paar Wochen telefonierten wir wieder einmal, und ihre Stimme klang anders. Eigentlich gab es in meinem Kopf nur eine Möglichkeit: Sie hatte jemanden auf dem Werbedreh kennengelernt. Die Medienwelt eben – schnell und unverbindlich. In meinem Kopf hörte ich sie sagen: »Die ganze Sache mit uns muss ich jetzt noch mal überdenken. Es ging alles zu schnell, und vielleicht ist es doch nicht das Richtige.« Mein Kopfkino ging los. Ihr zögerlicher Einsatz passte perfekt zu meiner Befürchtung: »Ich muss dir was erzählen.« Ihre Stimme hörte ich nur dumpf, aus sicherer Entfernung, denn ich war schon aus meinem Körper getreten, für den Fall, dass die Bombe explodierte. Statt all meine Befürchtungen zu bestätigen, sagte sie leise: »Ich bin schwanger.«

Mit ihren Worten öffnete sich eine Falltür, und ich verlor den Boden unter meinen Füßen. Freier Fall. Es gab ein paar lebensgefährliche Momente in meinem Leben, in denen ich große Angst verspürte. Aber diese Angst war neu. Sie war wie eine Bombe, die in Zeitlupe explodierte. Ich war gelähmt und sah dabei zu. Alles, was ich mir ausgemalt hatte: Haus, Hochzeit und irgendwann zwei Kinder. Anders als meine Eltern, die es nur zehn Jahre geschafft hatten, ein Paar zu sein. Nur zehn Jahre, warum entscheidet man sich dann überhaupt für Kinder?, dachte ich mir bis zu diesem Zeitpunkt. Nun stand meine Chance nicht schlecht, genau in die gleiche Kerbe zu schlagen mit einer Frau, die ich noch nicht wirklich kannte. Mein Herz galoppierte in meiner Brust. Eine Schlinge zog sich um meinen Hals. Mir stockte der Atem. Die Erde fing an zu brennen, und ich fing an zu schwitzen. »Das kann nicht sein, das war's!«, ging es mir durch den Kopf. Angst erfüllte meinen Körper. Stille in der Leitung.

Wie Angst uns schützen will

Angst ist die Lampe auf unserem Armaturenbrett der Gefühle, die fast jeden Tag ein paarmal blinkt. Manchmal merken wir es nicht, aber wir alle haben Angst. Wir empfinden Angst bereits als Baby, auch wenn wir sie da noch nicht benennen können. Und auch den Versuch, Angst zu vermeiden, kennen wir wohl alle. Wir flüchten alle vor der Angst, aber je mehr wir versuchen, vor ihr wegzulaufen, desto schneller rennt sie uns hinterher. Im Leben führt kein Weg an ihr vorbei. Ich habe Angst, wenn ich zu dicht an niedrigen Geländern stehe, die einen tiefen Abgrund sichern sollen. Ich habe Angst, wenn ich das erste Mal mit einem neuen Programm auf die Bühne gehe. Und ich habe Angst, wenn ich an den Tod von meinen Liebsten und mir selbst denke. Angst trägt viele Gewänder. Für manche ist es die Stille, das Alleinsein oder die Dunkelheit. Für andere ist es die Angst davor, einen schweren, nicht wiedergutzumachenden Fehler zu begehen. Sie kann entstehen, wenn wir an einem Zaun vorbeilaufen, hinter dem ein großer Hund die Zähne fletscht. Angst begleitet uns bei Neuanfängen. Aber auch in Begegnungen mit anderen Menschen. Wir haben dann Angst davor, abgelehnt zu werden. Nicht zu wissen, was als Nächstes kommt, kann Angst machen. Krieg, Hunger, Krankheit, Naturkatastrophen, Unfälle, Gewalt: Alles Quellen der Angst. Aber auch Spinnen, Schlangen, enge Räume, Menschenmengen oder kein Geld mehr auf dem Konto.

Angst kommt immer dann auf, wenn unser Bedürfnis nach Sicherheit und Schutz nicht erfüllt ist[220]. Die Angst meint es am Ende gut mit uns, wie ein übervorsichtiger Elternteil. Sie will uns vor Gefahren schützen und sagt uns, dass wir aufpassen sollen. Angst hat auch das Potenzial, uns zu motivieren. Sie kann uns dazu anstacheln, dass wir uns gut auf die Prüfung vorbereiten, uns gesünder ernähren oder mehr in unsere Beziehung investieren, aus Angst den anderen zu verlieren. Aber sie kann uns ebenso gut einschränken und daran hindern, endlich aus der ungesunden Beziehung auszusteigen, weil wir nicht alleine sein wollen oder uns nicht zutrauen, noch mal jemanden zu finden, der mit uns den Weg des Lebens beschreitet. Sie kann uns bremsen, den neuen Job anzufangen, weil wir nicht wissen, wie die Kollegen sein werden oder ob wir den Herausforderungen gewachsen sein werden. Angst ist der Marianengraben zwischen uns und unseren Träumen, zum Beispiel der lang erträumten Weltreise. Überlege einmal für dich: Wann hattest du das letzte Mal große Angst? Was war das für eine Situation? Was passiert gerade, wenn du daran denkst? Wo macht sich Angst bei dir im Körper bemerkbar? Welche Gedanken gehen dir durch den Kopf?

Angst, so unangenehm sie auch sein mag, ist und war als

Frühwarnsystem wichtig auf unserem Weg als Menschheit. Sie rettete uns in vielen Situationen das Leben[221]. Mein alter österreichischer Gleitschirmlehrer sagte einmal zu mir, um meinen Übermut etwas zu bremsen: »Es gibt viele junge, mutige Gleitschirmflieger. Aber wenige alte.« Und das ist im Kern der Grund, warum wir heute, obwohl die Gefahren oft nicht mehr lebensbedrohlich sind, noch immer so viel Angst haben. Angsthasen hatten also einen extremen Vorteil beim Kampf ums Überleben: Wer zu entspannt war und sich nicht vor der giftigen Schlange fürchtete, konnte seine Gelassenheit meist nicht an die nächste Generation weitergeben – einfach, weil er früher verstarb. Deswegen ist die Angstleuchte auf dem Armaturenbrett unserer Gefühle auch extrem sensibel und blinkt immer wieder auf, obwohl oft keine wirkliche Gefahr besteht. Lieber einmal zu übervorsichtig als einmal zu wenig, denn Letzteres kann tödlich enden. Angst kann uns in den *Fight or Flight Modus* versetzen, also dafür sorgen, dass wir entweder aktiv werden oder uns sozusagen totstellen[222]. Zuvor werden wir in einen sogenannten *Freeze Modus* versetzt. Das ist eine Strategie, die es dem Organismus ermöglicht, die Situation zu bewerten und die beste Reaktion zu wählen[223]. Angstreaktionen in Form von Freezing aktivieren den Parasympathikus und den Sympathikus: Während der Parasympathikus den Herzschlag verlangsamt und die Atmung beeinflusst, wird der Sympathikus aktiviert, um erhöhte Muskelspannung und andere physiologische Veränderungen bereitzustellen, die für eine schnelle Reaktion nach dem Freezing-Zustand erforderlich sind[224]. Darum zucken wir auch zusammen oder erschrecken uns, wenn wir laute Geräusche hören[225]. Wir brauchen nicht erst darüber nachzudenken: »Ah, dieses Geräusch könnte auf eine Gefahr hinweisen, ich nehme mich in Acht.«

Emotionen sind der Stift unserer Erinnerungen. Es fällt uns leichter, uns im Leben an Dinge zu erinnern, die mit emotional erregenden Momenten verknüpft sind[226]. Und Angst ist ein dicker schwarzer Textmarker. Wenn wir also einmal eine bedrohliche Erfahrung gemacht haben, entsteht sehr schnell eine Angst vor diesem Stimulus. Einmal an den Weidezaun gefasst, hält uns die Angst davon ab, es noch mal zu tun. Zudem lenkt und fokussiert Angst unsere Aufmerksamkeit. Der Fokus ist förderlich, wenn wir schnell auf akute Bedrohungen reagieren oder Gefahren vermeiden müssen. Aber manchmal eben auch hinderlich, wenn wir eine wichtige, ausgewogene Entscheidung treffen wollen, weil durch die Fokussierung unsere Alternativen und Wahlmöglichkeiten schwinden. Angst ist wie das Scheinwerferlicht in der Dunkelheit: Wir sehen nicht, was um uns herum passiert, und nur nach vorne. Als Ratgeber eben nicht immer zu gebrauchen. Angst ist unser Fernglas in die Zukunft, mit ihr können wir Probleme und Gefahren antizipieren, um negative Folgen zu vermeiden. Unsere Angst ist eine kreative Geschichtenerzählerin, die versucht, Unsicherheiten aus dem Weg zu räumen. Sie benutzt bunte Bilder und ist lebhaft in ihrer Erzählung. Sie ist fantasievoll, auch wenn sie für die sprachliche Vielfalt häufiger auf »wenn, dann«-Sätze verzichten könnte. Die Geschichten der Angst verändern sich im Laufe unseres Lebens. Während wir als Kind noch Angst hatten, alleine in unserem Bett zu schlafen, ist es heute vielleicht die Angst, nicht das volle Potenzial aus unserem Leben zu schöpfen oder glücklich zu sein, wovor wir uns fürchten.

Es ist von unserer Evolution clever eingerichtet, dass wir die Ängste von anderen lernen können, denn so müssen wir nicht jeden Fehler selbst machen. Auf der anderen Seite kann genau dieser clevere Mechanismus nachteilig sein: Unsere Eltern sind große Lehrmeister, wie man wirkungsvolle Geschichten über die Angst erzählt. Meine Mutter hat bereits mit 16 Jahren alleine in einer spärlich eingerichteten Wohnung unter prekären finanziellen Verhältnissen gelebt. Ihre Angst davor, kein Geld mehr zu haben, gab sie an uns weiter. Andere Eltern geben ihre Angst vor Hunden, vor Wasser oder vor dem Alleinsein weiter. Oft wurde die Angst also schon wie eine Tradition von den eigenen

Eltern übernommen. Es können aber auch andere Erfahrungen sein, die wir als Kind gemacht haben und die heute unsere Ängste formen. Wenn wir zum Beispiel oft von unseren Eltern kritisiert worden sind, kann das dazu führen, dass wir als Erwachsene eine größere Angst vor negativen Bewertungen anderer haben. Der englische Kinderarzt und Psychoanalytiker Donald Winnicott meinte einmal sinngemäß, dass die Katastrophe, vor der du Angst hast, dass sie eintreten wird, bereits geschehen ist[227]. Winnicott spielt mit dem Zitat darauf an, dass nach seiner Auffassung unsere Ängste oft ihren Ursprung in der Vergangenheit haben. Wenn jemand zum Beispiel große Angst davor hat, vom Partner verlassen zu werden, ohne dass es wirkliche Anzeichen dafür gibt, liegt es nahe, dass der Mensch als Kind eine ähnliche Erfahrung mit dem Verlassenwerden gemacht hat. Gleich, ob unsere Angst aus der Vergangenheit oder Gegenwart kommt, müssen wir bei allen Geschichten, die die Angst uns erzählt, lernen herauszufinden, welche auf wirkliche Gefahren hindeuten und welche reine Fantasiegeschichten sind.

Die Spirale der Angst

Als ich das Telefonat mit meiner Freundin beendete, sollte meine Welt nie wieder so sein wie zuvor. Es war, als ob mir 1000 Fernsehgeräte gleichzeitig Katastrophennachrichten über mein Leben sendeten. »Mann bekommt Kind mit einer Frau, die er erst drei Monate kennt.« »Mann gibt seinen Traum von Bilderbuchfamilie auf.« »Mann gründet eine Familie mit einer Frau, mit der er sich nicht sicher ist.« Es war wie ein Strudel aus Schreckensmeldungen, der in meinem Kopf alles zum Drehen brachte. Ich konnte in den Wochen danach nicht mehr richtig schlafen, mein ganzer Körper zitterte, ich bekam keine Luft mehr und war ständig am Schwitzen. Morgens, wenn ich dann irgendwann doch eingeschlafen war, wurde ich wenige Stunden später von meinem pumpenden Herz geweckt. Am Anfang ließ mich nichts zur

Ruhe kommen. »Oder sollten wir einfach einen Schwangerschaftsabbruch einleiten?«, dachte ich immer wieder. Dann schossen mir plötzlich gegenteilige Gedanken durch den Kopf: »Einfach? Das ist doch nicht einfach! Was ist, wenn du diese Entscheidung dein Leben lang bereust? Außerdem kannst du das nicht alleine entscheiden.« Und auch diese Gedanken machten mir wieder Angst. Keine Kontrolle zu haben und einer Situation ausgeliefert zu sein, machte mir Angst. Genau das war der größte Brandherd meiner Angst: Dieses Gefühl, ausgeliefert zu sein, ohne die Möglichkeit zu haben, eine gute Entscheidung treffen zu können, weil die Liste an Nachteilen auf beiden Seiten einfach zu lang ist. Ich sackte immer weiter ab im Sumpf meiner Gedanken und meiner Angst. Diese wurden irgendwann so groß, dass ich in kurzen, ruhigen Augenblicken Angst davor bekam, gleich wieder von einem Angststrudel gepackt zu werden. Wer schon mal eine Panikattacke erlebt hat, wird solche Gedankenschleifen wahrscheinlich kennen. Es kann ein Teufelskreislauf der Angst entstehen, wie er von Jürgen Margraf und Silvia Schneider anschaulich beschrieben wird[228]. Dabei haben wir einen Gedanken wie: »Ich muss heute eine Präsentation vor meinen Kollegen halten«, »Ich muss heute mit der U-Bahn fahren«, oder »Ich werde ungeplant Vater«. Im ersten Schritt kommt der Gedanke auf, wir nehmen ihn wahr, und es findet blitzschnell eine Bewertung statt: »Das wird schrecklich«, »Die Angst wird immer größer werden«, oder »Keiner hilft mir«. Es entsteht ein tiefes Gefühl der Angst, Unsicherheit und Anspannung. Wir bereiten uns innerlich auf Kampf oder Flucht vor, und die Angst macht sich entsprechend körperlich bemerkbar mit Reaktionen wie Herzrasen, Übelkeit, Schwitzen und Zittern. Wir befinden uns in einem starken Erregungszustand, und das Wahrnehmen dieser körperlichen Veränderungen befeuert unsere Angst noch weiter. Sie schaukelt sich auf, und die Wahrscheinlichkeit ist groß, dass wir in unserem Kopf zur nächsten Sorge springen. Sich Sorgen machen ist Teil der Angst und Vermeidung zugleich. Denn wir beschäftigen uns zwar mit den Ereignissen und Problemen und haben den Eindruck, dass wir dadurch besser vorbereitet sind und etwas für die Problemlösung tun. Aber meist denken wir nur oberflächlich darüber nach, schneiden jeden Bereich an, und die Katastrophen werden nicht zu Ende gedacht[229]. Jedes Mal, wenn die dazu aufkommenden Emotionen größer werden, springen wir schon zur nächsten Sorge und vermeiden damit das Gefühl. Sich Sorgen machen ist damit ein recht geschickter Weg zu sagen: »Ja, ich kümmere mich um meine Probleme«, aber in Wirklichkeit vermeiden wir die auftauchenden Gefühle dazu[230]. Die Angst köchelt so permanent auf niedriger bis mittlerer Flamme, aber mit zunehmendem Angstgedanken kommt mehr Energie dazu, die Temperatur des Herdes wird jedes Mal ein Stückchen höher gedreht. So steigt die Temperatur im Topf und kann sich am Ende in einer Panikattacke entladen[231].

Mein Kochtopf der Angst zischte auf dem Herd, und ich legte mit meinen ständigen Sorgen über die Vergangenheit und Zukunft Feuerholz nach. Ich dachte: »Wenn ich jetzt ungeplant Vater werde, kann ich mein Leben an den Nagel hängen.« Das unangenehme Gefühl, auf der Flucht zu sein, kam auf. Schnell sprang ich zur nächsten Sorge: »Was ist, wenn ich mich mit meiner Freundin nie verstehen werde und wir die ganze Zeit streiten werden?« Mein unangenehmes Gefühl wechselte sich durch einen Sprung zur nächsten Sorge mit einem kurzen Gefühl der Kontrolle ab: »Was ist, wenn ich das Kind und sie nicht wirklich lieben kann? Ich kann sie ja auch nicht einfach verlassen, wenn ich irgendwann merke, dass es nicht mehr geht.« »Nein, als Vater habe ich die Verantwortung und muss für immer bei meiner Freundin bleiben und auf jeden Fall genug Geld verdienen für alle.« Das kleine Ängstäffchen in meinem Kopf schwang sich durch meinen Urwald an möglichen Problemen von Sorge zu Sorge. Dadurch schien ich unbewusst zu glauben, vorbereitet zu sein auf die Katastrophe, die sich in meiner Zukunft anbahnte. Aber in Wirklichkeit war ich auf der Flucht vor der riesigen Gefühlswolke, die durch die ständige Betrachtung der Sorgen immer größer wurde. Ich dachte keinen Gedanken wirklich zu Ende, sondern wechselte zum nächsten, sobald das unangenehme Gefühl in mir zu groß wurde, und so steigerte ich mich in eine fruchtlose Grübelei hinein. Damit nahm ich mir selbst die Chance, mich davon zu überzeugen, dass das größtmögliche Katastrophenszenario entweder unrealistisch sei, oder diesem mit Gefühlsbereitschaft zu begegnen. Ich war auf der Flucht und konnte so keinen Umgang mit dem Gefühl finden. Doch Vermeidung ist nur eine kurzfristige Lösung, denn auf die Dauer bläht sich das unangenehme Gefühl auf.

Vielleicht hast du das auch schon mal bei dir erlebt, dass ein Sorgengedanke den nächsten ablöst und du dich so mehr und mehr in die Angst reingesteigert hast? Wie stark dieser Angststrudel sein kann, wissen Menschen, die an Panikattacken leiden. Sie berichten häufig von der Angst vor der Angst[232]. Die oft bedrohlich wirkenden körperlichen Symptome innerhalb einer Attacke, also das Zittern, Herzklopfen, Stechen in der Brust, die Atemnot und das Engegefühl, können so weit gehen, dass Menschen den Eindruck haben, sie müssten sterben. Erwartungsangst, also die Angst vor diesem Angststrudel, kann das Ergebnis dieser Erfahrung sein[233]. Häufig ist die Angst an bestimmte Situationen gekoppelt. Meine Schwester berichtete mir, dass sie ihre erste Panikattacke erlitt, als es eines Nachts schwer stürmte und das Holz im alten Dachstuhl über ihrem Bett anfing zu knarzen. Es können aber auch andere Situationen sein, wie öffentliche Verkehrsmittel, das Flugzeug, die Party bei Freunden oder das Alleinsein. Die Erwartungsangst kann dann zu einer Grundannahme werden und Sätze produzieren wie: »Wenn es stürmt und ich das Dach quietschen höre, dann werde ich wieder Panik bekommen. Das wird schrecklich.« Und gerade weil die auftauchenden Gefühle bei einer Panikattacke so wahnsinnig überwältigend wirken können, werden die Situationen, die mit ihnen verbunden werden, nicht selten gemieden[234]. »Wenn jetzt im

Wetterbericht Sturmwarnung ist, schlafe ich nicht mehr unter dem Dach, sondern lieber unten im Wohnzimmer auf der Couch.« Eigentlich spielt es keine Rolle, wenn wir bei Sturm nicht mehr unterm Dach schlafen. Das Einzige, was wir damit erreichen, ist, dass die Couch nicht ganz so bequem ist und wir am nächsten Tag unter Rückenschmerzen leiden. Aber dennoch ist es eine Verhaltensänderung, die von Angst getrieben ist. Vermeiden hält unsere Angst jedoch langfristig aufrecht[235]. In der Vermeidung lernen wir keinen Umgang mit unserer Angst, und so schränken sich Menschen häufig immer weiter ein. Wir geben uns selbst nicht die Chance, unsere katastrophisierende Annahmen zu widerlegen, nämlich, dass die Angst ins Unermessliche steigen wird und wir diese nicht aushalten können[236]. Wenn wir die Unsicherheiten des Lebens nur vermeiden, vertun wir die Chance, mit ihnen umzugehen. Das heißt: Erst schlafen wir vielleicht bei starkem Sturm im Wohnzimmer, dann schon, wenn es nur etwas windig ist, und irgendwann wird unser Wohnzimmer zu unserem Schlafzimmer. Wenn es um den Schlafplatz im Haus geht, ist es vielleicht noch nicht einmal so verheerend für die Lebensqualität, aber es kann viel weiter gehen. Als ich nach meinem Kiteunfall im Krankenhaus auf meine MRT-Untersuchung wartete, unterhielt ich mich mit einer Krankenschwester, die ihre erste Panikattacke am Flughafen hatte. Ihre Angst breitete sich so weit aus, dass sie irgendwann nicht mehr fliegen konnte und ihren fünfjährigen Enkel, der in Frankreich lebt, heute nur über Videotelefonie kennt. Angst ist wie ein Käfig, der immer kleiner wird, wenn wir die Gitter nicht aufbiegen.

Angst kann manchmal ein ziemlich überwältigendes Gefühl sein. Diese Trancen-Meditation soll dir helfen, einen besseren Umgang mit ihr zu finden.

SCAN ME

Einen Umgang mit der Angst finden

Der amerikanische Autor Tim Ferris sagte einmal: »Das, wovor wir am meisten Angst haben, ist meistens das, was wir am dringendsten tun müssen[237].« Denn die Angst ist wie eine Schlinge, die sich immer weiter zuzieht, wenn wir das Seil nicht in die Hände nehmen und die Schlinge auseinanderdrücken. Und tatsächlich wird als Therapie bei Menschen mit Angststörungen Exposition empfohlen, die Konfrontation mit den angstauslösenden Situationen und damit mit dem Gefühl. Die Effektivität dieser Form des Umgangs konnte in zahlreichen Studien nachgewiesen werden[238]. Mit der Konfrontation können wir die Selbstsicherheit und den Glauben an unsere Fähigkeit gewinnen, mit unbekannten Situationen umzugehen. Oft haben wir Sorge, dass sich ein so starkes Gefühl wie die Angst ins Unermessliche steigert, wenn wir es zulassen. Ich kann aus eigener Erfahrung sagen: Unser Körper ist nicht dafür gemacht, die Angst unendlich lange aufrechtzuerhalten, wenn wir in einer angstauslösenden Situation bleiben. Vor einigen Jahren wollte ich in einem Selbstexperiment meiner Angst vor der Höhe begegnen. Ich kann ganz normal auf Leitern steigen, aber ab einer Höhe von zwei Metern bekomme ich weiche Knie und fange an zu schwitzen. Für mein Selbstexperiment folgte ich der Einladung des blinden Kletterers Andy Holzer und begleitete ihn auf einer Tour in den Dolomiten. Als wir vor der 250 Meter hohen Felswand standen, bereute ich meine Entscheidung. Andy machte am Anfang noch Scherze und tat so, als ob er die Sicherungshaken nicht finden konnte, was mir zusätzlich Angst machte, denn mein Leben hing im wahrsten Sinne des Wortes an seinen Fähigkeiten. Die ersten 20 Meter kletterte ich erstaunlich gut und leicht. Danach vermied ich möglichst den Blick in die Tiefe. Ungefähr nach der Hälfte der Strecke kam eine schwierige Passage, sodass ich das erste Mal wieder richtig in die Tiefe blicken musste, um einen besseren Tritt zu finden. Unter mir war der 150 Meter tiefe Abgrund. Die Angst flutete meinen Körper. Ich war wie gelähmt, konnte nicht mehr vor, nicht mehr zurück. Panik stieg in mir auf: »Was ist, wenn ich jetzt hier im Fels hängen bleibe?« Irgendwie spürte Andi meine Angst über das lange Seil und schrie, ich müsse einfach nur lange runtergucken. »Einfach nur lange runtergucken, na klar«, dachte ich mir. Aber nach kurzem Zögern vertraute ich ihm und schaute in die Tiefe. Meine Angst kochte im ersten Moment noch heftiger auf, aber dann, bereits nach ein paar Minuten, erhöhte sich die Temperatur in meinem Kessel der Angst nicht weiter. Meine Hände und Füße fanden neue Griffe, und ich konnte weiterklettern in Richtung Spitze. Die Angst war nicht komplett weg, aber sie wurde nicht größer, sondern flachte ab, obwohl ich höher und höher kam und immer wieder dem Reiz ausgesetzt war. Die Wirksamkeit der Exposition zeigt: Je öfter wir uns unserer Angst aussetzen, desto stärker nimmt sie ab[239]. Am Ende, als ich über die Berge blickte, war ich glücklich und erleichtert, dass ich es tatsächlich geschafft hatte. Stolz überkam mich und ein Gefühl der Leichtigkeit. Ich war trotzdem froh, dass wir uns nicht abseilen mussten, sondern hinter der Steilwand ein gemütlicher Wanderweg ins Tal führte.

Was mich diese Erfahrung mit Andy im Fels in jedem Fall lehrte: Wir können Dinge machen, obwohl wir Angst haben. Die Angst war die ganze Zeit mein Begleiter am Fels, sie hat mich wachsam meine Griffe und Tritte auswählen lassen. Ich habe irgendwann versucht, mit ihr umzugehen, aber nicht, sie loszuwerden. Sie konnte mitkommen. Ich kletterte und hatte Angst. Am Fels mit einem blinden Kletterer ist das natürlich eine besondere Situation, und es gab keine Möglichkeit zu fliehen. Ganz anders ist es im Alltag. Hier gibt es zahlreiche Gelegenheiten, sich vor der Angst zu verstecken. Genau das ist am Ende der große Zaubertrick der Angst: Der Versuch, sie loszuwerden, hält sie am Leben. Ich konnte die Erfahrung machen, weil es für mich in der Situation keine Möglichkeit gab, ihr auszuweichen. Viele von uns haben schon Angst erlebt, die in dem Moment einfach unerträglich schien. Angst kann so überwältigend sein, dass wir eine Art Notfallkoffer brauchen, um mit ihr umzugehen. Bei akuter Angst kann Bewegung helfen: Die Neurowissenschaftlerin Wendy Suzuki zeigt auf, dass zum Beispiel Kickboxen, Tanzen oder Yoga bei akuter Angst lindernd wirkt. Denn bei Bewegung setzt unser Körper Stoffe frei, die unsere Stimmung aufhellen, wie Dopamin, Serotonin und Endorphine[240].

Natürlich können wir nicht in jeder Situation Laufschuhe rausholen und losjoggen, wenn Angst aufkommt. Aber es gibt eine weitere Art, massiver und akuter Angst effektiv zu begegnen: unsere Atmung. Sie kann dabei unterstützen, unseren Parasympathikus zu aktivieren, also uns mehr in den Entspannungsmodus holen[241]. Wendy Suzuki empfiehlt hier die Quadrat-Atmung[242]. Wir atmen vier Sekunden ein, halten für vier Sekunden den Atem an, atmen wieder vier Sekunden aus und halten wieder vier Sekunden den Atem an. Probier es einmal für dich aus. Diese Übung ist sehr unauffällig, wir können sie also unbemerkt anwenden, sei es in der U-Bahn, kurz vor einem wichtigen Meeting oder am Fels in den Dolomiten. Als eine andere effektive und einfache Atemübung, um mit akuter Angst umzugehen, hat sich das physiologische Seufzen des Neurowissenschaftlers Jack Feldman erwiesen[243]. Vielleicht hast du schon mal bei dir festgestellt, dass du seufzt, wenn die Anspannung abfällt, nachdem du dich erschrocken hast. Genau diese automatische Reaktion unseres Körpers können wir uns zunutze machen. Hierfür atmen wir einmal etwas länger durch die Nase ein, dann noch mal kurz hinterher, und dann lassen wir los und atmen dabei wieder so lange durch den Mund aus, bis die ganze Luft ausgeblasen ist. Die dadurch entstehende Vagusnerv-Stimulation und Stabilisierung von Kohlendioxidspiegel, Herzfrequenz und Blutdruck kann dazu beitragen, Stress und Angst zu reduzieren[244]. Der Neurowissenschaftler Andrew Huberman, Forscher und Verfechter dieser Methode, erklärt darüber hinaus: Unser Körper seufzt automatisch und oft unbemerkt, ungefähr alle fünf Minuten. Das ist essenziell für unsere Lungenfunktion. Gerade in Stresssituationen, also auch wenn wir Angst haben, wird unsere Atmung häufig flach. Im Laufe der Zeit können sich die kleinen Bläschen oder Alveolen, wie sie auch genannt werden, in unseren Lungen zusammenziehen oder kollabieren. Das physiologische Seufzen hilft, diese Alveolen wieder zu öffnen, was dem Körper dabei hilft, Kohlendioxid abzubauen und Sauerstoff aufzunehmen[245].

Wenn wir uns von sehr akuter Angst überwältigt fühlen und mithilfe von unserem psychologischen Notfallwerkzeug durch sie hindurchgehen, erhöht sich unser Selbstwirksamkeitserleben und damit die Wahrscheinlichkeit, dass uns das beim nächsten Mal wieder gelingt[246].

Häufiger als die ganz akute Angst begleitet uns aber die latente Angst. Hier brauchen wir wieder unseren Werkzeugkoffer des Lebens, um diese überhaupt zu bemerken. Wenn wir nicht auf eine Party gehen, weil wir eigentlich Angst haben, niemanden zum Reden zu finden. Wenn wir nicht mit der Ausarbeitung der wichtigen Präsentation anfangen, weil wir Angst davor haben, diese überhaupt zu halten. Oder wenn wir beim Gedanken daran, unseren Partner zu verlieren, solche Angst bekommen, dass uns ganz schlecht wird. Mit Gefühlsbereitschaft stellen wir fest, dass wir gerade von unserer Angst getrieben werden, und lernen so, nicht mehr wegzulaufen, sondern für einen Moment innezuhalten. Wir lernen, wie sich Angst im Körper anfühlt. Es gilt, die Angst nicht loszuwerden, sondern sie zu integrieren.

Manchmal kann die Angst den Eindruck erwecken, sie würde

von uns Besitz ergreifen. Genau diese Art der Angst begleitete mich in den Wochen nach der Nachricht meiner Freundin. Ich hatte oft den Eindruck, ich wäre die Angst, und nicht, dass ich gerade ein Gefühl empfand, das wir Angst nennen. Das Ganze ist sechs Jahre her. Lange vor allen Geschichten, die ich dir in diesem Buch erzählt habe. Ich war zu der Zeit noch nicht so geübt mit ACT, konnte aber trotzdem von Zeit zu Zeit durch das Gedankenkino, also dem Beobachten meiner Gedanken und Gefühle, raus aus der Identifikation und etwas Abstand gewinnen. Und noch mal: Wenn wir es in der Angst schaffen, unsere Gedanken zu beobachten, merken wir erst, wie verzerrt unsere Wahrnehmung ist und warum Angst meist nicht der beste Ratgeber ist. Es gelang mir, mich immer wieder auf das Gefühl einzulassen und die verschiedenen Empfindungen im Körper zu registrieren. So wurde ich mit der Angst vertrauter, wie mit einem Instrument, das man immer wieder in die Hände nimmt, aber gleichzeitig wusste ich, dass ich gerade dieses Gefühl der Angst habe, es verspüre, aber dass ich nicht meine Angst *bin.* Auch, wenn es albern klingt: Was mir in dieser Zeit bestimmt geholfen hätte, gerade wenn meine Angstgedanken den Kochtopf zum Brodeln brachten: Mir einzelne Gedanken rauszunehmen und sie leise in meiner Vorstellung zu singen. Das hilft, einen Abstand zu den eigenen Gedanken zu gewinnen und jene als das wahrzunehmen, was sie sind: eben nur Gedanken. Die Momente, in denen mir das später im Leben gelang, als ich die ACT besser kennengelernt hatte, waren wie nach einer langen Zeit unter Wasser endlich wieder Luft holen zu können. Ich konnte bald nicht nur meine Gedanken und körperlichen Empfindungen durch das Gedankenkino wahrnehmen, sondern mich dabei beobachten, wie ich diese Empfindungen wahrnehme. In diesen Momenten war ich der Regisseur, der sich auf meiner Bühne des Lebens selbst beobachtete. In dem Augenblick, in dem wir unsere Angst kennenlernen, wissen wir, was sie mit uns macht und wie sie sich anfühlt.

In dieser Zeit der ungeplanten Schwangerschaft war ich aber hauptsächlich einfach nur verzweifelt. Ich führte mit meiner Freundin Gespräche, in denen wir beide total unsicher waren und nicht weiterwussten. Angst können wir uns wie einen Berater vorstellen, der uns warnen will, der schwarz-weiß denkt und uns eine schnelle Entscheidung abverlangt, weil die Situation, in der wir uns befinden, laut der Angst so gefährlich ist. Und je mehr ich versuchte, diesen Berater in mir zu überhören, desto lauter wurde dieser, fuchtelte immer heftiger mit den Armen und kam dichter an mich ran. Oft sehen wir unsere Angst als negativen Teil von uns an, weil die Helden und Heldinnen in Actionfilmen furchtlos sind, weil zahlreiche Sprüche uns daran erinnern, dass sie eigentlich keine Daseinsberechtigung hat: »Stell dich nicht so an«, »Andere haben viel größere Probleme als du«, oder »Mach dir keine Sorgen«. Aber unsere Angst meint es eigentlich nur gut mit uns. In ganz kurzen Momenten konnte ich mich daran erinnern und mich fragen: Ist die Angst angemessen und sinnvoll? Und das, ohne sie verändern zu wollen. Was will mir meine Angst eigentlich sagen? Wovor will sie mich beschützen? Und ist die Angst, die ich verspüre, ein altes Gefühl oder gerade aktuell? Ein Teil meiner Angst war wie eine aufgewärmte Suppe aus meiner Kindheit. Die Scheidung meiner Eltern, als ich sechs Jahre alt war, befeuerte auch einige sorgenvolle Gedanken über die ungeplante Schwangerschaft. Ein anderer Teil davon war aktuell. Ich hatte mir bis zu dem Zeitpunkt nämlich noch keine Gedanken gemacht, welche Probleme und Schwierigkeiten auf mich in der Rolle als Vater zukommen.

In einem Moment der Ruhe schrieb ich mir ein paar wichtige Fragen auf:

Wofür will ich als Mensch stehen?
Was für ein Mensch will ich gegenüber meiner Freundin sein?
Fühle ich mich bereit dafür, Vater zu sein?
Was für eine Art Vater möchte ich sein?

Wenn es mit der Beziehung nicht klappen sollte: Traue ich mir dann zu, auch ein Single-Vater zu sein?

Diese Fragen brachten mich näher an das, was mir wirklich am Herzen liegt. Näher zu dem, wofür ich stehen will. Zu dem, wie ich als Mensch sein will. Sie brachten mich zu meinen Werten. Sie waren trotz der Angst und Zweifel mein Kompass, der mir den Weg zeigen konnte.

Vertrag mit uns selbst – ins Tun kommen!

Werte sind bedeutungslos, wenn wir nicht nach ihnen handeln. Denn erst gelebte Werte haben die Kraft, unser Leben in die gewünschten Bahnen zu lenken. Aber dafür braucht es unsere Entscheidung, sozusagen einen Vertrag mit uns selbst, der uns dazu bringt, nach unseren Werten zu leben und tatsächliche Schritte in Richtung unserer Werte zu gehen. Für mich bedeutete das im ersten Moment, meinen Freunden und meiner Familie anzuvertrauen, was gerade passiert war. Ich suchte das Gespräch mit meinen Freunden, meiner Mutter, meinem Vater, meiner Schwester. Durch das tatsächliche Aussprechen von dem, was in mir vorging, auch wenn es noch so unangenehm war, konnte ich noch mal klarer meine Werte erkennen und auch eine engere Beziehung zu den Menschen aufbauen, die mir wichtig sind.

Ich ging mit meiner Freundin zu den Vorsorgeuntersuchungen. Wir ließen uns beraten und sprachen mit Ärzten. Das Tauziehen zwischen meinen Ängsten vor einem Schwangerschaftsabbruch und den Ängsten vor dem Vaterwerden ging weiter, doch mit der Zeit fühlte ich mich stärker und stärker. Meine Freundin und ich verabredeten uns, zehn Wochen nach dem positiven Schwangerschaftstest eine Entscheidung zu treffen, welchen Weg wir gehen wollen. Jeder hatte seine Antwort auf einen Zettel geschrieben. Wir haben diese Variante gewählt, weil keiner den anderen zu sehr beeinflussen oder drängen wollte. In einer kleinen Box lagen nun diese zwei Zettel. Noch konnten wir uns dagegen entscheiden. Wir beide zogen einen Zettel. Wir öffneten das Papier, und zwei Mal stand ein »Ja« auf dem Zettel. Ab diesem Zeitpunkt begann die Reise des Vaterseins. Eine Reise, für die ich mich jeden Tag erneut bewusst entscheide. Und das ist auch die Parallele zur ACT: Wir treffen eine Entscheidung. Nicht nur einmal, sondern jeden Tag aufs Neue, auch wenn wir zwischendrin mal davon abkommen.

Wie schaffe ich es, in meinem Leben mehr ins Handeln zu kommen? Es gibt, wenn wir erwachsen sind, keinen mehr, der uns morgens weckt, zur Arbeit fährt, danach abholt oder uns regelmäßig fragt, was wir tun und werden wollen. Wir sind erwachsen und für die meisten Dinge in unserem Leben selbst verantwortlich. Natürlich ist auch ein Buch über Gefühlsbereitschaft zu lesen nur der erste Schritt auf dem Weg dahin, das eigene Leben in die gewünschten Bahnen zu lenken. Bleibt es dabei, ist es wie mit dem Lernen eines Instruments: Es wird nicht reichen, entsprechende Bücher zu lesen, aber niemals das Instrument in die Hand zu nehmen und zu üben. Deswegen beschreibt Steven Hayes, der Begründer der ACT, mit seinen Kollegen fünf Schritte, wie wir ins Handeln kommen und vor allem dranbleiben[247]: Als Erstes schließen wir einen Vertrag mit uns selbst, setzen uns anschließend konkrete Ziele, überlegen uns greifbare Schritte zur Umsetzung, werden uns innerer Barrieren bewusst und nutzen schließlich die Hilfsmittel der ACT bei der Überwindung.

Zurück auf los. Schritt eins: Wenn wir in unserem Leben einen Vertrag mit uns selbst schließen, um unsere Werte auch tatsächlich umzusetzen, müssen wir als Erstes unsere Werte kennen. Erst wenn wir wissen, wofür wir stehen, was uns am Herzen liegt, ist die Basis für unsere Motivation geschaffen. Besonders hilfreich auf dem Weg zur Veränderung kann es sein, sich einen wichtigen Lebensbereich oder Wert heranzuziehen, der in letzter Zeit hintanstehen musste: Gibt es diesen bei dir? Als Zweites gilt es, aus den Werten ganz konkrete Ziele zu definieren, weil Werte somit in konkrete Aktionen umgesetzt werden können. Beim Thema Zielsetzung muss ich etwas ausholen: Ein Ziel sollte nach der ACT immer SMART gestaltet sein[248]. Das Konzept von SMARTen Zielen geht auf den US-amerikanischen Ökonomen Peter Drucker zurück[249]. Jeder Buchstabe steht für eine Eigenschaft des Ziels. Das S steht für spezifisch. Wenn mein Wertebereich, seitdem ich Vater bin, also Familie ist, kann ein unspezifisches Ziel sein: »Ich will mehr Zeit mit meiner Tochter verbringen.« Spezifisch wäre: »Ich gehe am Dienstag nach der Kita um 14 Uhr 30 mit ihr schwimmen.« Eine wichtige Frage ist außerdem: Hat der Wert hinter dem Ziel wirklich eine tiefere Bedeutung für dich? Bei dem Beispiel mit der Familienzeit kann ich diese Frage eindeutig mit Ja beantworten. Falls er das nicht hat, dann formuliere dein Ziel um. Wir sollten uns außerdem messbare (M) Ziele setzen: Am Dienstag schwimmen gehen kann ich am Ende des Tages von der To-do-Liste abhaken oder eben nicht. Ein Ziel wie zum Beispiel »eine sehr gute Zeit mit meiner Tochter haben« ist dagegen viel ungenauer und lässt sich daher nicht ohne Weiteres messen. Auf unserem Weg werden wir feststellen, dass sich manchmal die Umstände ändern und deshalb die Ziele angepasst werden müssen. Darum sollte ein Ziel auch immer A wie »attraktiv« sein. Ich sollte also mit meiner Tochter bestenfalls etwas planen, das auch mir Spaß macht. Das trifft beim Schwimmen auf jeden Fall zu. Eine weitere wichtige Frage: Wie »realistisch« (R) ist das Ziel? Der Tag hat nun mal nur 24 Stunden, wir haben meist begrenzte finanzielle Mittel zur Verfügung, und auch unsere Fähigkeiten müssen entsprechend realistisch dem Ziel gegenüber sein oder sich zumindest dahin entwickeln dürfen. Es ist wichtig, sich nicht zu überfordern. Das Vorhaben, gleich jeden Tag ins Fitnessstudio zu gehen, weil man »gesünder« leben will, wird wahrscheinlich häufiger scheitern, als am Anfang zweimal die Woche 20 Minuten dafür einzuplanen. Realistischere Ziele führen eher zu Erfolgserlebnissen und motivieren uns so, weiterzumachen. Das T steht für »terminiert«, also zeitlich eingegrenzt. Setze also so gut es geht einen Zeitraum für das Ziel fest, zum Beispiel, indem du Dauer und Datum bestimmst.

Zurück zu den fünf Schritten[250]: Nachdem das Ziel SMART gestaltet ist, sollten wir als dritten Schritt, um den Vertrag mit uns selbst einzuhalten, eine Liste erstellen und uns ganz konkrete Schritte überlegen, die das Umsetzen der Handlung wahrscheinlich machen. In meinem Fall kann das ein Blocker in meinen Terminkalender bei der Arbeit sein, damit keine wichtigen Termine in diesen Zeitraum gelegt werden können. Oder: Schwimmsachen bereits am Vortag vor die Eingangstür legen, damit ich sie nicht vergesse, und die Öffnungszeiten vom Schwimmbad checken. Bei angenehmen Dingen, wie zum Beispiel Schwimmen gehen mit der Tochter, werden die inneren Barrieren vielleicht nicht allzu groß sein. Aber es wird Ziele geben, bei denen es schwieriger wird, wie zum Beispiel dreimal die Woche zu joggen, um den Wert »körperliche Gesundheit« zu leben. Hier gilt es, sich als vierten Schritt genau dieser inneren Barrieren bewusst zu werden. Welche Gedanken und Gefühle könnten mich davon abhalten? Zum Beispiel mein innerer Monolog: »Heute ist das Wetter nicht so gut, und du hattest dieses anstrengende Meeting.« Ist das der Fall, sollte man sich immer wieder bewusst machen, dass ein Vermeidungsverhalten sich vielleicht kurzfristig besser anfühlt, aber nicht langfristig. In dem Moment, wo wir uns über unseren inneren möglichen Barrieren klar werden, können wir besser auf diese reagieren. Und für die aufkommenden Barrieren haben wir fünftens beim Umsetzen des Vertrags mit uns selbst unseren Werkzeugkoffer des Lebens. Wir können unsere Gefühlsbereitschaft, das Gedankenkino, den Regisseur und unsere Werte immer wieder einsetzen, um unsere Ziele zu verfolgen. Bleiben wir beim Beispiel Joggen: Eine befreundete Psychologin wendet hier einen kleinen Trick bei sich selbst an. Sie joggt jeden zweiten Tag zwischen ihren Therapiesitzungen in der Mittagspause. Plan A ist: Laufen gehen, wenn schönes Wetter ist. Damit sie sich auch vom Wetter nicht aufhalten lässt, hat sie gleich einen Plan B in der Tasche: Laufen gehen, wenn es regnet. Sie hat also bereits eine alternative Lösung, wenn ihr Widrigkeiten auf dem Weg begegnen, um doch ihr Ziel umzusetzen und damit ihren Wert zu leben. Dabei sei gesagt: Es besteht immer die Möglichkeit, dass wir von unseren Werten und damit auch von unseren Zielen abweichen. Wichtiger ist, wie wir damit umgehen. Wie also gehen wir im Leben mit Rückschlägen um? Verfolgen wir weiter unser Ziel und damit unsere Werte oder geben wir auf? Nur weil wir uns mal verfahren, heißt das ja nicht gleich, dass wir nicht mehr an unser Ziel wollen und der dahinterliegende Wert nicht mehr wichtig ist. Es heißt auch nicht, dass es einfach wird. Ich weiche immer mal wieder von meinem Sportplan ab, von meiner Gefühlsbereitschaft, von meinem Vorhaben, früh schlafen zu gehen, weil ich unmotiviert, hungrig oder ängstlich bin. Dennoch dranbleiben, beim nächsten Mal wieder in seine Routine zu kommen und Kontinuierlichkeit in sein Leben zu bringen, das ist der Plan. Und wie immer: Das Ziel ist nicht das Ziel, sondern der Weg dorthin, und der beginnt mit dem kleinsten möglichen Schritt, den wir noch heute in diese Richtung machen können.

Wieder eine längere Phase, in der ich geschlafen haben muss. Langsam öffne ich meine Augen in Richtung Dunkelheit. Vor ein paar Tagen hat mir genau das Panik gemacht. Jetzt fühlt es sich gewohnter an. Die Angst ist wie ein Sandhaufen, von dem ich mit jeder Begegnung eine Schippe abtrage und der langsam immer kleiner wird. Die Erholung, die die Stille versprochen hat und die zu Beginn so verlockend in meiner Vorstellung klang, scheint erst jetzt anzukommen. Ich beginne zu realisieren: Meine Droge Stress hat ihre Wirkung verloren. Nichts passiert in der Dunkelheit, aber ich habe auch kein Problem mehr mit ihr. Eine neue Form der Gelassenheit erkundet in mir alles in kleinen vorsichtigen Schritten. Irgendwann klopft es an der Tür. Ein letztes Frühstück wird durch den Schlitz in meinen Flur geschoben. Ein letztes Frühstück, und ich bin wieder in der Freiheit. Doch auch meine Empfindung dazu hat sich verändert. Ich habe ein kleines Stückchen Freiheit in mir selbst gefunden, nach dem ich ewig im Außen gesucht habe. »Es gibt keine Freiheit da draußen, wenn wir keine in uns haben«, hat mal ein ehemaliger Inhaftierter zu mir gesagt, den ich für einen Podcast interviewt habe. Er hat über zwanzig Jahre im Gefängnis gesessen. Sieben Jahre davon in der Dunkelheit. Das Loch, wie es damals unter Insassen genannt wurde. Eine Gefängniszelle ohne Fenster und ohne Licht. Damals war sein Satz nicht greifbar für mich, eine Plattitüde, die ich schon das eine oder andere Mal gehört hatte. Hier und jetzt bekomme ich eine leise Ahnung davon, was er wirklich damit gemeint hat. Es ist nichts, was ich mit dem Verstand begreifen kann. Für mich wird langsam klar: Es ging um die Verbundenheit mit den eigenen Gefühlen. Nur in der Stille können wir dem Tiefsten in uns begegnen. Hier konnte ich den Weg zurück zu meinen Gefühlen finden. Genau das ist es, was ich kultivieren möchte, bevor mich der Strom des Alltags wieder erfasst.

In mir macht sich eine große Leichtigkeit breit. Wie nach einem Marathon bin ich stolz auf mich, dass ich den Mut hatte, mich auf dieses Experiment einzulassen. Es fühlt sich an wie ein Erfolg. Ich muss lächeln. Oft erlaube ich mir nicht wirklich, meine Erfolge zu feiern, und bin sofort beim nächsten wichtigen Schritt. Bei Niederlagen ist das anders. Die drehe und wende ich, bis ich mir genau gemerkt habe, was dazu führen konnte. Hier halte ich für einen Moment inne. Bemerke, dass mein Herz schlägt, alles in mir ist warm, und ich fühle mich getragen. Es ist, als ob ich mir, mich selbst stützend, meine Hände hinten auf den Rücken lege. Gleichzeitig freue ich mich aber auf das, was draußen in ein paar Augenblicken auf mich wartet. Das Licht, das grüne Gras, Lachen, Geräusche, Freunde. Normalerweise ist immer alles ständig und unmittelbar da, doch durch diese Fastenzeit habe ich wieder richtig Hunger aufs Leben bekommen.

KAPITEL 10

GLÜCK, DER STÄRKSTE MAGNET DER WELT

Halb sieben, mein Handywecker klingelte. Die Taschen für das Krankenhaus waren gepackt. Unsere Tochter war zwölf Tage überfällig. Nachdem die letzten Tage alle Versuche gescheitert waren, die Geburt mit Rizinusöl, Himbeerblättertee und Sex auf natürlichem Weg einzuleiten, sollte nun mittels Wehentropf nachgeholfen werden. Im Keller der Geburtsstation führte uns eine Krankenschwester in einen Schlafraum, in dem versucht wurde, die Gemütlichkeit eines Hotelzimmers zu imitieren. Das Resultat: Ein Bild an der Wand und eine orange Raufasertapete in einem fensterlosen Raum. Ein letzter Ultraschall, und dann legte sich meine Freundin neben mich ins Bett. Eigentlich war geplant, etwas zu schlafen und Kraft zu sammeln, aber unsere Anspannung und Aufregung hielt uns wach. Hoch oben neben uns rann Flüssigkeit in kleinen Mengen in ihren Blutkreislauf, um unsere Tochter auf den Weg in die Welt zu schicken. Alle paar Stunden kam eine Geburtshelferin zur Tür hinein und fühlte, ob sich der Muttermund schon geweitet hätte. Die Antwort lautete jedes Mal: nein. Die Dosis des Tropfs wurde erhöht. Immer häufiger zuckte meine Freundin krampfartig zusammen. Die Intervalle der Wehenschübe wurden kürzer und kürzer. Die Schmerzen wurden heftiger, und ich versuchte, alles zu tun, was ich konnte: Mitatmen, Händchen halten, Entspannungsmassage geben, für Wasser und Getränke sorgen und einfach nur da sein. Aber am Ende war das nicht viel. Eine Geburt findet doch zwischen Mutter und Kind statt, und sosehr ich auch mitfühlte, so wusste ich in dem Moment auch, dass ich eigentlich keine Vorstellung davon hatte, was sie gerade durchmachte. Zehn Stunden vergingen. Neue Hebammen kamen in den Raum. Zwanzig Stunden. Wieder neue Gesichter, die uns begleiteten. Meine Freundin kniete auf der Geburtsliege, die unter Strom zu stehen schien und alle fünf Minuten immer stärkere Schocks durch den Tisch jagte. Am Muttermund und der Position unserer Tochter änderte sich nichts. Aus Schreien wurde Weinen, und aus den Tränen wurde Verzweiflung. Dreißig Stunden. Zu den Schmerzen setzten sich die Angst und dann die Hilflosigkeit mit ans Bett. Es folgte die erste Periduralanästhesie, eine Spritze, die zwischen zwei Wirbelkörper gesetzt wird, um die Schmerzen zu lindern. Sie verfehlte ihr Ziel. Genauso wie Spritze Nummer zwei. Alle Beteiligten wurden immer ratloser, an den Herztönen unserer Tochter konnten wir auch ihre eigene Erschöpfung messen. Nur noch zehn Minuten, dann ist es so weit, log ich sie an. Nur noch zehn Minuten durchhalten. Wir beide wussten, dass ich nicht die Wahrheit sagte und wir eigentlich beide keine Ahnung hatten, wie lange die Geburt noch dauern würde. Aber falls das Ganze noch zehn Stunden dauern würde, taten wir gut daran, darüber jetzt nicht nachzudenken. Die Verzweiflung in meiner Freundin wuchs weiter. Und obwohl die Schmerzen immer stärker wurden, konnte ich hören, dass sie nicht darüber weinte, sondern über ihre Hilflosigkeit, irgendwas zu tun, was diesen Prozess beschleunigen könnte. Kaiserschnitt. Das Wort, an das schon viele im Raum zuvor gedacht hatten, waberte nun offen durch das Geburtszimmer. Keiner wusste, wer es zuerst ausgesprochen hatte. Obwohl wir so sehr gehofft hatten, dass unsere Tochter auf dem natürlichen Weg kommen kann, dass sie ihren ersten Kampf im Leben gewann, sie sich durch den Geburtskanal presste und ihre wichtige Immunisierung abholte, rückte diese Möglichkeit immer weiter weg. Mit jedem weiteren Wehenschub übermalte die Verzweiflung unsere ideale Vorstellung einer Spontangeburt. Zwei weitere Stunden später fiel die Entscheidung. Mittlerweile waren 39 Stunden vergangen. Meine Freundin wurde in den OP-Saal geschoben. Ich musste erst draußen bleiben, während drinnen der Schnitt vorbereitet wurde. Dann schlüpfte ich in meine OP-Kleidung und betrat den hell erleuchteten, in Edelstahl tapezierten Raum. In der Mitte lag meine Freundin auf dem Operationstisch. Ein Vorhang trennte ihre zwei Körperhälften ab dem Bauchnabel. Ich hielt ihre Hand und schaute in ihr unendlich erschöpftes Gesicht. Da, wo ich stand, konnte ich auch hinter den Vorhang blicken. »Bitte setzen Sie sich«, sagte mir die operierende Ärztin. Ich antwortete, dass alles gut sei, obwohl nichts gut war. Anspannung und Angst über diesen Eingriff machten sich in meinem ganzen Körper breit, ich zitterte, schwitzte, und mein Herz galoppierte. Ich sah, wie das Skalpell durch ihre Bauchdecke glitt. Dann setzten die Hände der Ärztin an, und die Bauchdecke wurde aufgerissen. Der Darm offenbarte sich, und in dem Moment blieb die Zeit stehen. Wir Menschen sind am Ende doch nur weiche Maschinen aus Fleisch und Knochen, dachte ich und setzte mich mit einem leichten Schwindelgefühl. Einen Augenblick später hörten wir das erste kleine zaghafte Schreien unserer Tochter. Sie betrat die Bühne des Lebens und schwebte von der Ärztin getragen über dem Vorhang. Blutverschmiert nahm ich sie in meine Hände und legte sie an den Kopf der Mutter. Als ich sie das erste Mal erblickte, schien die Welt wieder in Ordnung zu sein. Es zog etwas Neues in mir ein, was ich vorher nicht kannte. Jemand hatte das Licht in meinem Leben aufgedreht. Ein warmes Licht, das alles in einen Glanz versetzte und sich in meinem Körper ausbreitete. Jeder Moment war viel langsamer, bewusster und von einer Intensität, wie ich sie nie zuvor gespürt hatte. Ein Teil, von dem ich nicht wusste, dass er gefehlt hatte, fügte sich an mein Leben. Ich konnte einfach nicht aufhören zu lächeln. Mein ganzer Körper fühlte sich warm und entspannt an. Eine angenehme Kraft, wie ein aufgeregtes Flattern, breitete sich in meinem Bauch aus.

Mein Herz schlug schneller, und ich fühlte mich voller Energie und Leichtigkeit. Tränen liefen mir über die Wangen. In diesem Moment war ich einfach unbeschreiblich glücklich.

Wenn wir von Glück reden, klingt das häufig nach einem großen, alles einnehmenden Gefühl. Nach Perfektion, nach einem lang anhaltenden, innerlichen Feuerwerk. Und ja, nach der Geburt meiner Tochter fühlte ich mich genau so. Aber dieses innere Feuerwerk ist nur eine Facette der angenehmen Gefühle. Es gibt noch viele weitere. Der emeritierte Professor für Psychologie Philipp Mayring hat sich ihnen in seinem Buch gewidmet. Er unterscheidet Glück von Freude und Zufriedenheit. Ich mag sein Verständnis von Glück, Zufriedenheit und Freude und will es deshalb im folgenden Abschnitt vorstellen[251]:

Mayring beschreibt Freude als ein blitzartiges Gefühl, das uns mitten im Herzen packt, meistens wenn uns das Leben mit etwas Schönem überrascht. Es ist, als würde man für einen flüchtigen Moment die ganze Welt umarmen wollen, so lebendig und wach macht uns die Freude. Doch so schnell die Ekstase kommt, so schnell kann sie auch wieder vergehen und Platz für andere Gefühle machen. Freude ist ein situationsabhängiger, vorübergehender Zustand. Sie ist wie ein warmer Sommerabend, an dem dir die Leichtigkeit des Seins begegnet. Du fühlst dich, als würdest du auf einer Wolke schweben, sorglos und mit einer Art angenehmer Spannung im Bauch. Alles erscheint in einem anderen Licht, unbeschwert und geradezu tänzerisch. Freude ist das glucksende Lachen, das aus dem tiefsten Inneren kommt und Türen öffnet, von denen man nicht wusste, dass es sie überhaupt gibt. Etwas länger als Freude hält das Glück an. Es ist das Gefühl, das sich am schwersten von einer Definition greifen lässt. Glück ist laut Mayring als Zustand und Eigenschaft zu sehen. Wir können Glück haben. Die Karten des Lebens liegen folglich günstig für uns. Oder wir befinden uns eben in einem glücklichen Gefühl, welches uns manchmal erwischt, wenn wir am wenigsten damit rechnen. Es dauert länger als das kurze Aufblitzen der Freude, ist jedoch nicht so beständig wie die sanfte Welle der Zufriedenheit. Glück verbindet uns oft mit etwas, das größer ist als wir selbst, sei es ein Lachen in geselliger Runde oder ein stilles Innehalten in der Natur. Zufriedenheit schließlich ist das stabilste Gefühl unter den drei angenehmen Empfindungen. Es ist ein ruhigerer Gefühlszustand als Freude und Glück. Sie ist wie der leise, vertraute Gesang im Hinterkopf, der uns sanft mitteilt: Alles ist gut. Während Freude wie ein Feuerwerk wirkt und sich Glück mit einem kurzweiligen Rausch vergleichen lässt, erscheint Zufriedenheit wie dieser alte, treue Freund, der uns im Arm hält, lange nachdem die Party vorbei ist. Es ist, als ob man ein altes Buch liest und sich sagt: »Ja, so sollte es sein.« Man spürt eine Verbindung nicht nur zu sich selbst, sondern zu allem um einen herum[252].

Es ist schwierig, alle drei Gefühle trennscharf voneinander zu unterscheiden. Worauf sich die meisten Menschen einigen können – und so auch der Psychotherapeut Klaus Grawe[253]: Wir alle streben nach den angenehmen Gefühlen. Hier wird einem die Gefühlsbereitschaft leicht gemacht. Doch bevor wir der Frage auf den Grund gehen, wie wir zu Freude, Glück und Zufriedenheit kommen, mit der sich seit Martin Seligmann übrigens auch viele andere Forscher und Forscherinnen in der Psychologie beschäftigt haben[254], machen wir eine kurze Zeitreise in unsere Vergangenheit.

Freude, Glück und Zufriedenheit – Kinder der Evolution

Freude, Glück und Zufriedenheit sind eine Art Belohnungssystem der Evolution, das uns dazu anregt, eine überlebenssichernde Erfahrung oder Handlung zu wiederholen. Dabei werden Neurotransmitter wie Dopamin freigesetzt[255]. Unser

Gehirn belohnt uns quasi: Es schüttet Dopamin aus, was uns ein gutes Gefühl bereitet, wir fühlen uns wohl.[256]

Freude und Glück sind wie Kleber für soziale Gemeinschaften. Wir umgeben uns gerne mit Menschen, die Freude empfinden und glücklich sind, denn Freude ist ansteckend[257]. Bindung macht uns wiederum glücklich. Das Bedürfnis nach ihr ist in jedem von uns angelegt[258]. Und das schon ganz früh: Wenn wir ein Kind oder Baby anlächeln, erwidert es unser Lächeln[259]. Freude und Glück setzen dabei Energie frei, die auch auf andere Menschen abstrahlt[260]. Diese Energie empfinden wir oft auch dann, wenn wir Sex haben, sie regt also zur Fortpflanzung an und damit zur Weitergabe unserer Gene[261]. Angenehme Gefühle haben das Potenzial, unsere Gesundheit zu fördern und so zu einem längeren Leben beizutragen[262].

Einige von uns sind der Überzeugung, kein Recht auf Freude, Glück und Zufriedenheit zu haben. Sie tragen Glaubenssätze in sich, wie »Ich habe es nicht verdient, glücklich zu sein«, »Ich darf nicht glücklicher sein als meine Eltern«, oder »Nach dem Glück kommt der Fall, deswegen bin ich lieber nicht glücklich«. Andere sind der Überzeugung, man müsse sich Glück und Freude verdienen, dafür hart arbeiten oder gar kämpfen. Für diese Menschen sind angenehme Gefühle an Bedingungen geknüpft. Der Klassiker ist hier wahrscheinlich der in der Einleitung des Buches beschriebene Glaube: »Wenn ich das Studium geschafft habe, mit meinem Traumpartner zusammen bin oder in einer neuen Wohnung wohne, werde ich glücklich sein.« Wie viel Zeit Menschen damit verbringen, Geld zu verdienen, zeigt, wie sehr sie daran glauben, dass zumindest Geld glücklich machen kann. Das stimmt aber nur so halb: Zwar kann Geld Stress und Sorgen reduzieren und so dafür sorgen, dass wir uns Zeit für Dinge einräumen können, die uns Freude machen[263], aber der Happiness-Effekt hat Grenzen. Ab einem Jahreseinkommen von 75 000 Dollar, also knapp 70 000 Euro, tut sich in Sachen Wohlbefinden nicht mehr viel[264].

Weg zum Glück oder doch eher weg vom Glück?

Auch wenn in letzter Zeit ein paar weinende Gesichter in den sozialen Netzwerken aufgetaucht sind, posten die meisten Bilder von sich an den schönsten Orten der Welt, auf denen sie breit lächelnd in die Kamera schauen. Und auch die Werbeindustrie platziert meistens scheinbar überglückliche Menschen auf Werbeplakaten und in TV-Clips, um eine Verbindung zwischen ihren Produkten und diesem Gefühl herzustellen. Auch unsere Sozialisierung trägt zu diesem verzerrten Eindruck bei. So wird uns sehr früh in unserer westlichen Welt ein Bild von einem Leben vermittelt, in dem es die oberste Priorität ist, glücklich und zufrieden zu sein. Unser »Steinzeit-Gehirn«, das immer mehr will, nimmt diese Perspektive dankend an, mit der Hoffnung auf Erlösung und einen finalen Ort, an dem vermeintlich endlich alles gut ist, an dem es keine Angst, keine Trauer, keinen Schmerz mehr gibt.

Jedes Jahr kommen mehr Selfhelp-Bücher über Depressionen, Süchte, Selbstwert, Ängste und Einsamkeit auf den Markt, und gleichzeitig werden jedes Jahr mehr Psychologinnen, Coaches und Berater ausgebildet[265]. In den Medien erfahren wir, wie wir unser Leben verbessern und glücklicher werden. Und trotz der ganzen Hinweise und Tipps wächst die Anzahl an Menschen, die sich Medikamente gegen Depressionen verschreiben lassen[266]. Das Weltwirtschaftsforum sieht Depression als weltweit führenden Grund für schlechte Gesundheit[267]. Wir haben also anscheinend guten Grund, dem Glück und anderen positiven Gefühlen hinterherzujagen. Nicht selten verlaufen wir uns dabei aber in Irrgärten.

Unsere Tendenz dazu, uns ständig zu vergleichen, trägt bekanntermaßen nicht gerade dazu bei, dass wir uns besser fühlen. Der Verhaltensforscher Frans de Waal führte dazu einen Versuch mit Kapuzineraffen durch[268]: Hier wurden Affen für das

Ausführen von Tauschaufgaben zunächst gleichermaßen mit Gurkenscheiben belohnt. Irgendwann erhielt einer der Affen Trauben statt Gurkenscheiben, was unter Kapuzineraffen als wertvoller gilt. Ein anderer bekam weiterhin Gurkenscheiben. Das führte dazu, dass der Affe mit der weniger schmackhaften Belohnung bald nicht mehr bereit war, gegen weniger wertvolle Belohnungen zu tauschen, besonders wenn der Artgenosse ohne Anstrengung eine bessere Belohnung erhielt. Es führte sogar dazu, dass Gurken ganz abgelehnt wurden. Natürlich sind wir Menschen keine Affen, die eine Gurkenscheibe bekommen, aber die meisten von uns vergleichen sich. Und Social Media scheint dafür der perfekte Ort zu sein. So können soziale Medien dazu führen, dass wir unglücklicher werden, weil wir Erwartungen an uns haben, die nur schwer zu erfüllen sind[269]. Der ständige Vergleich mit Menschen auf Social Media, die vermeintlich schöner, erfolgreicher oder sonst irgendwie besser als wir sind, kann unser Selbstwertgefühl, unsere Lebenszufriedenheit und unsere Stimmung runterziehen[270]. Mit dem Vergleich behandeln wir uns selbst auch ziemlich unfair, denn wir sehen ja sehr häufig nur die »Best-of«-Momente auf Facebook, Insta, TikTok und Co., die gezielt von einer Person ausgesucht werden, um ein bestimmtes Bild von sich der Öffentlichkeit zu präsentieren. Was wir nicht sehen, ist der Weg dorthin oder wie es dem Menschen die restlichen 23 Stunden und 59 Minuten am Tag ergeht. So kann es passieren, dass wir von diesem einen Moment auf ein ganzes Lebensgefühl schließen. Und da steht unser eigenes meist hinten an, weil kein Mensch online ein ganzheitliches Bild vom eigenen Leben und den damit verbundenen Gefühlen liefert. Das wäre ehrlicherweise auch für viele nicht so spannend, weil jeder ein durchschnittliches Leben mit Höhen und Tiefen ja schon vor der eigenen Nase hat.

Wir suchen also immer wieder nach dem Glück. Und gleichzeitig ist das Leben immer wieder herausfordernd und hart. Für uns alle. Für jeden. Der Psychotherapeut und Autor Russ Harris spricht sogar von einer »Glücksfalle«, in der wir alle stecken und die mithilfe falscher Überzeugungen dafür sorgt, dass wir eben nicht glücklicher, sondern unglücklicher werden. Grund dafür sind laut Russ Harris ein paar Mythen, die wir als Gesellschaft kollektiv verbreiten:

Nummer eins: Uns wird vermittelt, dass Glück der natürliche Dauerzustand ist, der erreicht werden kann, wenn wir nur die richtigen Sachen machen. Aber in der Realität ist es natürlich eher, dass unser Leben ein ständiger Fluss und Wechsel von angenehmen und unangenehmen Gefühlen ist. Unsere Gefühle sind wie das Wetter ständigen Schwankungen ausgesetzt. Das Kommen und Gehen von Glück und Freude ist genauso normal wie bei allen anderen Gefühlen auch. Mythos Nummer zwei: Wenn du nicht immer glücklich bist, ist etwas falsch mit dir. Unsere westliche Kultur vermittelt manchmal den Eindruck, dass Schmerzen unnormal und fehlerhaft sind und nicht ein ganz normaler Teil des Lebens. Das heißt, wenn wir diese Gefühle haben, schämen wir uns häufig, weil wir denken, es ist unsere eigene Schuld. Wir teilen uns dann nicht mit und versuchen, Schmerzen und negative Gefühle sofort zu verdrängen. Die Wahrheit ist allerdings: Wenn du nicht immer glücklich bist, ist das ganz normal und natürlich.[271] Das Wissen um diese Mythen kann den Druck aus dem Leben nehmen und dazu führen, dass wir uns nicht ständig fragen: Warum bin ich scheinbar ohne Grund mit einer leichten Niedergeschlagenheit aufgewacht? Warum bin ich denn jetzt gerade nicht glücklich? Wann erreiche ich denn endlich das Leben, in dem immer alles gut ist? Es heißt nicht, dass wir uns nicht von Zeit zu Zeit fragen dürfen oder sollten, was uns eigentlich guttut. Es heißt einfach nur, dass das Leben ein großer Kreis an Gefühlen ist, in dem Scham, Trauer, Glück, Wut, Angst, Freude, Einsamkeit, Zufriedenheit und Liebe Hand in Hand stehen und sich abwechseln. Jedes Gefühl tritt immer wieder auf die Bühne des Lebens. Wir können ganz bewusst die Entscheidung treffen, uns mit unserer Gefühlsbereitschaft für die Bühne des Lebens zu öffnen.

Denn umgekehrt sorgt unsere ständige Erwartung, dass das Leben doch so glücklich und positiv sein muss, am Ende meistens dafür, dass wir unglücklicher sind. Ich kenne das besonders aus Situationen, die ich als sehr positiv bewerte und von denen ich erwarte, dass sie mich glücklich machen müssen: Die langersehnte freie Zeit im Urlaub, die neue größere Wohnung oder das Erreichen eines beruflichen Ziels. Also solche Momente, die so lange die Karotte vor unserer Nase waren. Studien zeigen, dass wir mit unserer hohen Erwartungshaltung paradoxerweise weniger glücklich sind, gerade wenn das Glück in Reichweite zu sein scheint. Unzufriedenheit entsteht also häufig, wenn unsere Erwartungen nicht erfüllt werden. Wenn wir eine besonders hohe Erwartung an eine Situation haben, ist die Chance, dass wir von den eigenen aufkommenden Gefühlen enttäuscht werden, recht groß. Diejenigen, die am härtesten versuchen, glücklich zu sein, sind am Ende mit hoher Wahrscheinlichkeit unglücklich[272]. Dieses ständige Streben nach Glück und die Erwartungshaltung, dass wir immerzu glücklich sein müssten, werden auch als *Toxic Positivity* bezeichnet[273]. Menschen, für die Glück und Zufriedenheit einen sehr hohen Stellenwert im Leben haben, die Glück also geradezu »krampfhaft« verfolgen, neigen eher dazu, genau das Gegenteil zu erreichen, nämlich depressive Symptome zu zeigen[274].

Brett Ford und Kollegen liefern einige Erklärungen für diesen »Ich will unbedingt Glück, bekomme aber das Gegenteil«-Effekt. Ein Ansatz lautet, dass Menschen, die nach Glück streben, höhere Standards für das Glücklichsein haben, was die Wahrscheinlichkeit für Enttäuschung und Unzufriedenheit erhöht[275]. Je höher der Standard, desto größer ist natürlich die Wahrscheinlichkeit, dass die Realität von den Erwartungen abweicht. Vielleicht ist das auch die Erklärung für die alte Volksweisheit: Glück kann man nicht kaufen, weder mit der Superjacht, dem

Fünfsterne-plus-Hotel oder der neuen Villa mit zwölf Bädern. Sobald wir mit dem Erreichen eines Zieles Glück und Erfüllung in Verbindung bringen, stehen unsere Chancen nicht schlecht, dass wir enttäuscht werden. Wir sind evolutionär bedingt Profis darin, den Sollzustand, also unsere Vorstellung, mit dem Istzustand der Realität abzugleichen.

Ein weiterer Nachteil des krampfhaften Strebens nach Glück ist, dass wir uns in die Abhängigkeit der äußeren Umstände begeben[276]. Wir befinden uns dann immer auf der Jagd nach der imaginären Möhre, die vor uns hängt, und verwehren uns, im Hier und Jetzt glücklich zu sein. Wenn diese eine große, erfüllende Sache in unserem Leben endlich eintritt, sind wir meist schon bei der nächsten Erwartung. Die Haltung, dass uns die Ereignisse ein Gefühl schulden, trägt die Chance zu scheitern in sich. Ich hatte als kleiner Junge immer folgende Vorstellung: Wenn ich im Alter von 25 Jahren bei der Volksbank arbeite, die meiner Grundschule gegenüberliegt, verheiratet bin, Kinder und ein Haus habe, bin ich am Ziel all meiner Träume und bade im Glück. Auch wenn meine damalige Vorstellung von Glück ein naiver Kindertraum war, so haben wir oft genug die Tendenz, unser Glück und unsere Zufriedenheit in die Zukunft auszulagern. Hattest du schon mal in der Vergangenheit die Erwartung von einem Lebensgefühl in der Zukunft, das sich mit dem Erreichen dieses einen Ziels einstellen sollte? Obwohl viele eine tiefe Überzeugung davon haben, was sie glücklich macht, wissen sie häufig nicht, wie sie ihr Glück erreichen können, und tun konsequent Dinge, die ineffektiv oder sogar kontraproduktiv sind[277].

Eine letzte Erklärung ist, dass Menschen, die stark nach Glück streben, mehr dazu tendieren, ihre Fortschritte zu beobachten und zu vergleichen. Dadurch sind sie ständig in der Zukunft und in der Vergangenheit, ständig bei anderen und nicht bei sich selbst – und genau das kann uns beim Empfinden von Glück im Weg stehen[278]. Denn Studien zeigen, dass das Leben im Hier und

Jetzt entscheidend für das Glücksempfinden ist[279]. Das kenne auch ich aus meinem Leben: Mir verhilft Gefühlsbereitschaft dazu, häufiger im Moment zu sein. Mit Achtsamkeit überhaupt zu bemerken, dass das Leben jetzt und zu jeder Zeit stattfindet. Und Akzeptanz hilft mir, das zuzulassen, was ist, weil es eh ist und nicht verändert werden kann. Dabei stelle ich immer wieder Folgendes fest: Je mehr ich im Moment bin, gleich ob dieser gerade angenehm oder unangenehm ist, desto glücklicher bin ich. Wenn ich hingegen mit meinen Gedanken ständig in der Zukunft oder Vergangenheit verweile, bin ich mit einer höheren Wahrscheinlichkeit unglücklicher, und das auch, wenn ich meine Gedanken zu angenehmen Dingen wandern lasse. Studien zeigen, dass es zu unserem Glücksempfinden beiträgt, dass wir Emotionen, die wir fühlen, akzeptieren können und als passend empfinden, gleich ob sie angenehm oder unangenehm sind[280].

Aber natürlich, wie fast immer im Leben gibt es zwei Seiten, und Erwartungen sind nicht per se schlecht. Ich könnte sonst ab jetzt sagen: »Na gut, dann habe ich halt überhaupt keine Erwartungen mehr bzw. erwarte nur noch das Schlechteste, dann können ja meine Erwartungen nur übertroffen werden.« Aber: Wie viel Motivation würde dann noch in meinem Leben bleiben, um es nach meinen Vorstellungen zu gestalten? Und dann gibt es ja auch noch die Vorfreude auf schöne Ereignisse, die in meinem Leben bleiben soll. Der Yale-Psychologieprofessor Robb Rutledge gibt in einem Interview dafür ein Beispiel: Stellen wir uns vor, wir sind mit einer Freundin in einem neuen Restaurant verabredet und freuen uns auf den Abend. Unser Glücksgefühl ist in freudiger Erwartung den ganzen Tag erhöht. Wenn das Essen genauso gut ist, wie wir es vermuten, sind wir weiterhin glücklich, einfach, weil wir es schon vorher waren und uns auf den Abend gefreut haben[281]. Dem Volksmund nach ist Vorfreude bekanntlich die schönste Freude – und sie kann tatsächlich das Gefühl von Glück verlängern. Bei der Vorfreude kommt es laut Studien vor allem darauf an, worauf man sich freut. Wir freuen uns tendenziell mehr auf Erlebnisse als auf materielle Güter[282]. Auch ambitionierte Ziele und das Visionieren und Manifestieren der Zukunft haben weiterhin ihre Berechtigung. Wichtig ist, dass die gesetzten Ziele realistisch und konkret sind, eben SMART[283], und dass es nicht nur um die Vision geht, in der wir uns möglicherweise verlieren, sondern konkret darauf hinarbeiten und entsprechende Schritte zu einem erfüllten Leben einleiten. Auch hier helfen uns die Werkzeuge des Lebens mit unserem Kompass und dem Vertrag mit uns selbst. Robb Rutledge ist der Überzeugung, dass Erwartungen wichtig sind, um Entscheidungen zu treffen und wiederum neue Erfahrungen zu produzieren. Wenn wir immer mit dem Schlimmsten rechnen, wird es schwierig, gute Entscheidungen zu treffen, weil wir eher in der Vermeidung als in der Annäherung leben[284]: Wir geben der neuen Liebe keine Chance, weil wir eh damit rechnen, am Ende enttäuscht zu werden. Wir bewerben uns nicht auf den neuen Job, weil wir Angst davor haben, zu versagen, oder wir treten die lange Wunschreise nicht an, weil am Ende unsere Angst vor dem Neuen zu groß ist. Damit vergeben wir eine große Chance. Denn das Dazulernen kann laut Rutledge wichtiger sein als jede Belohnung, die wir erhalten[285]. Wenn man bedenkt, wie wichtig Lernen für gute Entscheidungen ist, sollte es nicht allzu sehr überraschen, dass die Lernerfahrung eben auch entscheidend für unser Glücksempfinden ist.[286] Glück ist seiner Ansicht kein Ziel, welches es zu erreichen gilt, sondern ein Werkzeug, um zu begreifen, was uns wichtig ist[287]. Also wieder ist der Weg das Ziel. Wenn wir uns also laut Rutledge tatsächlich mehr auf die Erfahrung einlassen können, sind wir auf einem erfüllten Weg. Zusammengefasst können wir also sagen, dass es schädlich sein kann, stets die Erwartung zu haben, zu jeder Zeit glücklich sein zu müssen. Denn das ist einfach unrealistisch. Es ist aber durchaus sinnvoll, die freudige Erwartung gegenüber einem bestimmten Ereignis oder einer bestimmten Situation zu genießen. Denn das kann unser Glück sogar noch verlängern.

Wie Gefühlsbereitschaft hilft, ein erfülltes Leben zu führen

Was macht uns fröhlich, glücklich und zufrieden? Ich möchte hier ein paar der Zutaten vom Anfang dieses Buches wieder aufgreifen, weil sie für die Beantwortung dieser Frage wichtig sind. Die Harvard-Grant-Studie ist die umfangreichste Längsschnittstudie aller Zeiten zum Thema Glück und Zufriedenheit und hat Menschen über ihr ganzes Leben vom Teenageralter bis zum Tod begleitet. Sie kommt zu dem Schluss, dass es nicht um Geld oder Status geht und auch nicht darum, länger und härter zu arbeiten: Wie schon in der Einleitung erwähnt, finden wir Glück und Erfüllung im Leben stattdessen in den Beziehungen, die wir führen. Beziehungen tun uns Menschen gut und sind entscheidend für unser Glück und unsere Gesundheit. Es sind laut der Langzeitstudie die tiefen und langjährigen Partnerschaften zu den Menschen, die uns wichtig sind und die wir lieben. Menschen, die eine tiefe Beziehung zu ihren Freunden, zu ihrer Familie und Gemeinschaft führen, sind laut der Studie glücklicher, gesünder und leben länger. Und dabei ist nicht die Anzahl an Beziehungen, die wir führen, wichtig, sondern wie authentisch, ehrlich, nahe wir uns stehen[288]. Augenkontakt kann helfen, diese Intimität zu schaffen[289]. Aber auch Körperkontakt trägt zum Glücksempfinden bei[290]. Das können Sex und eine Umarmung sein, aber auch der Besuch beim Friseur, die Massage, die ich mir gönne, und der nette Abend beim Tanzen. Wir brauchen Körperkontakt, wie viele andere soziale Tierarten eben auch. Auch wenn wir uns im Gegensatz zu anderen Spezies heute nicht mehr gegenseitig so häufig von Läusen befreien, stärkt Körperkontakt noch immer die soziale Bindung zwischen uns[291]. Auch das Kuscheln mit Tieren kann uns glücklicher machen[292]. Wenn wir etwas für das Vertrauen, die Kommunikation, die Empathie, die Unterstützung und unseren Humor in einer Beziehung tun, tun wir also auch ganz viel für unser Glück. Es kann uns auch glücklicher machen, uns um andere zu kümmern und für andere zu sorgen. Zum Beispiel kann uns das Schenken zu mehr positiven Gefühlen verhelfen[293]. Und auch für andere Geld auszugeben, kann einen Happiness-Effekt haben[294]. Um das Glück in unser Leben zu holen, sollten wir uns diesen Studien zufolge vielleicht öfter fragen: Wie können wir dazu beitragen, Freude und Glück in das Leben unserer Mitmenschen zu tragen? Schließlich hilft uns beim Thema Glück und Zufriedenheit auch Dankbarkeit. Denn damit richten wir unsere Aufmerksamkeit auf das, was wir haben, und nicht auf das, was wir noch brauchen. Dankbarkeit üben ist hilfreich und wirksam: Man kann zum Beispiel täglich Dinge aufschreiben, für die man dankbar ist, und damit die eigene Zufriedenheit steigern[295]. Es kann sein, dass du dafür dankbar bist, dass du in einem sicheren Bett liegst, ein leckeres Essen gegessen hast oder eine nette Nachricht erhalten hast. Es muss dabei nichts Großes passiert sein. Es geht darum, den Fokus auf das zu lenken, was wir oft für selbstverständlich halten. Neben dem geschriebenen oder innerlichen Dankbarkeitstagebuch sollten wir also auch unseren Mitmenschen öfter dankbar sein. Zum Beispiel der Freundin, die ein offenes Ohr für uns hatte. Dem Kollegen, der uns bei einem Projekt Unterstützung anbot, oder der Paketbotin, weil sie uns das Paket in den vierten Stock gebracht hat. Andersherum betrachtet sprechen diese Erkenntnisse auch dafür, einen inneren Kameraschwenk zu machen und uns zu fragen: Wie kann ich auch das Leben meiner Mitmenschen bereichern? Weil anderen zu helfen uns glücklicher macht[296], kann ein Ehrenamt buchstäblich ein Investment in das eigene Glück sein[297]. Nicht umsonst besagt eine bekannte Redewendung: »Glück ist das Einzige, das sich verdoppelt, wenn man es teilt.«

Entscheidend für unser Wohlbefinden ist auch die Beziehung, die wir zu uns selbst führen[298]. Gehen wir achtsam, mitfühlend und wohlwollend mit uns um, können wir unsere Bedürfnisse hören. Denn wer selbst nicht weiß, wie er sich fühlt, wird vielleicht Schwierigkeiten haben, zu verstehen, wie sich andere fühlen und was sie brauchen. Dafür sollten wir auch immer wieder die Perspektive nach innen richten und uns fragen, wie es uns geht. Mit unserer Gefühlsbereitschaft in uns hineinhören, ob wir das tun, was uns guttut. Ob wir unserem Körper ausreichend Bewegung, gesundes Essen, Wasser, Schlaf und Ruhe gönnen. Diese und andere Arten von Selbstfürsorge sind ganz wichtig für unser generelles Wohlbefinden.

Hier eine Liste an Fragen, die du dir beim Thema Selbstfürsorge stellen kannst:

Wie geht es mir gerade?
Woran merke ich, wie es mir gerade geht?
Was spüre ich in meinem Körper?
Auf welche Bedürfnisse weisen mich meine
körperlichen Empfindungen gerade hin?
Funktioniere ich nur wie ein Roboter oder fühle ich mich
gerade mit mir und meinen Bedürfnissen verbunden?
Bin ich von Menschen umgeben, die
mich wertschätzen und unterstützen?
Wie merke ich die Verbundenheit mit Menschen,
die mir wichtig sind?
Wie bin ich heute mit mir umgegangen?
Wie rede ich mit mir?
Habe ich heute nach meinen Werten gelebt?
Wo ganz konkret?
Was kann ich mir heute Gutes tun?

Ich bin mir sicher, dass es am Ende auf dem Weg zur Zufriedenheit auf eine Mischung von zwei Dingen ankommt: Sich gut um sich selbst kümmern und sich dort, wo es geht, auch gut um andere kümmern. Dabei helfen uns unsere Gefühlsbereitschaft und die Werkzeuge des Lebens. Denn unsere Gefühle sind das, was uns mit unseren Mitmenschen und mit uns selbst verbindet. Wir spüren, wie es anderen und wie es uns geht, und nur so können wir nach unseren Wünschen und Bedürfnissen handeln, aber auch auf die der anderen eingehen. Mittels der Werkzeuge des Lebens kann ich mich entscheiden, wie ich in Beziehungen sein möchte, obwohl ich gerade Angst habe, wütend bin oder mich schäme. Manchmal braucht es noch nicht einmal tiefe Verbindungen, damit wir uns besser fühlen. Es kann reichen, einfach mit anderen in Kontakt zu kommen. Und wenn sich Vorbehalte, Hindernisse oder Hürden auftun, kann mir der innere Regisseur dabei helfen, meine eigenen Gedanken aus einer anderen Perspektive und mit mehr Distanz zu betrachten.

Wie komme ich denn nun zu meinem Glück?

Gefühlsbereitschaft und die Werkzeuge des Lebens haben nicht das Ziel, uns glücklich zu machen. Sie sollen uns stattdessen dabei helfen, das Leben mit seinen Herausforderungen bestmöglich zu meistern und unser Leben entsprechend unseren Werten auszurichten. Die angenehmen Gefühle, die sich dabei einstellen können, sind eher der positive Nebeneffekt. Über alle Kulturen hinweg waren Menschen glücklicher, die Emotionen erlebten, die sie als passend für die Situation empfanden – unabhängig davon, ob es sich um angenehme Gefühle wie Liebe oder unangenehme wie Hass handelt. Schon Aristoteles beschrieb, dass wir umso glücklicher seien, je mehr Emotionen wir erleben[299]. Als mich meine betreuende Psychologin Morla das letzte Mal in der Dunkelheit besuchte, sagte sie zu mir: »Was ist, wenn es im Leben gar nicht ums Glück geht?« »Bei dir vielleicht …«, dachte ich noch und schmetterte ihren Spruch innerlich ab. Aber je länger dieser Satz in mir arbeitete, desto größer wurde seine Wahrheit in mir. Ich würde ihn heute etwas anpassen und sagen: Es geht nicht nur um Glück, sondern auch. Wenn ich auf die Erlebnisse schaue, die mich am meisten und nachhaltigsten erfüllen und prägen, sind es nicht unbedingt die, die nur ein Destillat aus Glück in Reinstform in sich tragen. Es gibt viele Parallelen zu einer Geburt, wo Schmerz, Angst, Unsicherheiten und andere Gefühle den vorherigen Kontrast bilden zu dem Gefühl von Glück. Wie eine warme Dusche nach einer langen kalten Wanderung im Winter. Ich bin davon überzeugt, dass Glück darin besteht, Emotionen zu erleben, die sich richtig anfühlen, unabhängig davon, ob sie sich angenehm anfühlen oder nicht.

In der lebensbegleitenden Harvard-Langzeitstudie gab es neben Beziehung noch eine zweite entscheidende Komponente für ein erfülltes Leben[300]: Den Sinn im Leben finden. Wie finden wir unseren Sinn im Leben? Ist er nicht allzu oft verschüttet unter den Routinen des Alltags? Unter dem, was wir zu erledigen haben? Gibt es den Sinn des Lebens überhaupt, oder kreieren wir uns mit der Vorstellung davon einen weiteren roten Knopf, der beim Erreichen eine paradiesähnliche Erlösung verspricht, aber uns vor allem aus dem Kontakt mit dem eigentlichen Leben bringt? Je länger ich lebe, desto mehr habe ich den Eindruck, dass es diesen großen Sinn des Lebens überhaupt nicht gibt. Ich glaube, es gibt mehrere »Sinne des Lebens«, und auf die können wir uns jeden Tag ausrichten. Für mich ist es die Beziehung zu meiner Familie, allen voran meiner Tochter. Das Pflegen von Freundschaften, anderen Menschen meine Unterstützung anzubieten, für meine körperliche und geistige Gesundheit zu sorgen, emotional offen zu leben, neugierig und im Einklang mit der Natur zu sein – meine Werte, mein Kompass des Lebens. Mein Vertrag mit mir selbst hilft mir auch in stürmischen Zeiten, diesen Werten treu zu bleiben oder auch immer wieder zu ihnen zurückzukehren. Natürlich gilt es für mich auch immer wieder, den Raum zu öffnen für Leichtigkeit, Spontaneität und Kind sein. Dafür nehme ich gerne im Kinosessel Platz, um Abstand zu ach so wichtigen Erledigungen und To-dos zu nehmen.

Denn manchmal sind Glück und Freude in unserem Alltag so tief vergraben, dass wir gar nicht mehr wissen, was uns Spaß macht. Für mich ist es Snowboardfahren, wenn es frisch geschneit hat, albern sein mit Freunden und morgens aufwachen und keine Pläne haben. Wenn ich zum Beispiel an die letzten vier Wochen in meinem Leben denke, gibt es viele kleine Glücksmomente, die nur kurz aufblitzen: Einen dieser Glücksmomente empfand ich, als ich vor einigen Wochen mit meinem Team in Brandenburg an einem See gemeinsam Zeit verbrachte. Wir vertonten zusammen einen neuen Podcast. Dabei hatten wir die Aufgabe, eine Demonstrantenmenge zu imitieren. Zusammen sangen wir die Parolen aus bekannten Melodien ins Mikrofon. Dieses seltsame, warme Kribbeln, das sich leise, aber zielstrebig durch uns alle zog, fühlte sich vertraut und doch neu an. Es war, als hätte jemand heimlich die Schwerkraft ausgeschaltet und uns für einen Moment schweben lassen.

Oder neulich, als ich wie immer mit dem Fahrrad zur Arbeit fuhr, an der Ampel stehen blieb und für einen kurzen Moment innehielt. Die Sonne schien mir ins Gesicht und wärmte meinen ganzen Körper. Für einen flüchtigen Augenblick durchströmte mich ein Gefühl, als würden winzige Goldstaubkörner auf mich niederfallen. Ja, ich war in diesen Augenblicken glücklich. Das Glück, das ich in solchen Momenten spüre, ist flüchtig wie ein angenehmer Geruch, der irgendwo auftaucht und der, wenn wir ihn aufsaugen wollen, schon wieder verflogen ist. Aber es gibt eben auch diese lang anhaltenden stilleren Gefühle wie die Wärme, die mich seit der Geburt meiner Tochter begleitet. Das Leben setzt sich aus vielen kleinen Mosaikstücken zusammen, die mit jeder Erfahrung mehr werden. Entscheidend ist, mit welcher Haltung wir auf dem Weg unterwegs sind: ständig getrieben vom Erreichen des nächsten Ziels oder im Hier und Jetzt mit Achtsamkeit für die kleinen Dinge? Vielleicht hat es einen Grund, warum das Wort »Sinn« zwei Bedeutungen in sich trägt. Vielleicht können wir nur mit unseren Sinnen auch die Sinne des Lebens erleben. Nicht beim Erreichen von einem Ziel, sondern jeden Tag auf dem Weg dorthin, wenn wir unseren Werten folgen, uns eine Bestimmung, eine Richtung geben. Werte (und damit unsere Sinne) sind nichts, was uns von außen gegeben werden kann, sie müssen von innen kommen und auch nicht immer jetzt und gleich. Sie dürfen sich entwickeln. Der Lärm des Alltags mit all seinen Reizen, ständiger Ablenkung, Terminen und Erledigungen brachte mich auf meiner Straße in Richtung Werte nicht selten ins Schlingern. Ich richtete meine Aufmerksamkeit mehr nach außen denn nach innen. All der Lärm verhinderte, dass ich mit Achtsamkeit und Akzeptanz meine innere Stimme hörte, meine Sinne, meine Gefühle. Mit Gefühlsbereitschaft können wir unsere Sinne im Leben wiederfinden. Und um unsere Gefühle zu hören, muss es um uns herum still sein. Die Dunkelheit hüllte mich in diese Stille und brachte mich zu mir nach Hause.

Ich halte hier und heute ein weiteres kleines Mosaikstück meines Lebens in der Hand. Eine weitere Erfahrung. Der Moment ist gekommen, meine Zeit in der Dunkelheit geht zu Ende. Langsam gehe ich zum Fenster, lege meine Hand an den Knauf, halte für einen Moment inne und drehe ihn. Licht strömt durch die sich auftuenden Ritzen. Die Sonne steht bereits hoch am Horizont. Ich kneife die Augen zu. Das grelle Licht blendet mich, und es dauert einige Sekunden, bis ich meine Lieder langsam öffnen kann. Die Wiese vor meinem Fenster erstrahlt in einem Grün, das ich in dieser Intensität noch nie gesehen habe. Die Blätter der Bäume vor meinem Fenster rauschen im Wind. Es ist, als ob meine Augen das erste Mal die Welt erblicken. Wie schön sie doch ist, denke ich. Das hatte ich ganz vergessen. Und wie viel es hier zu entdecken gibt. Ich denke darüber nach, wie viele kleine Mosaikstücke ich noch in mein Bild des Lebens fügen möchte. Und doch zeigt sich nach der Dunkelheit eine Erkenntnis in mir ganz deutlich: So schön auch jede Reise sein mag, die spannendste aller Reisen ist die zu mir selbst.

Danke, dass du dir die Zeit genommen hast und wir uns gegenseitig auf dieser Reise zur Gefühlsbereitschaft ein Stück lang begleiten konnten. Zum Abschluss habe ich noch eine Trance zum Thema Glück, Freude und Dankbarkeit für dich. Es gibt wie immer nichts zu tun, außer die Augen zu schließen und dich bequem hinzusetzen oder zu legen. Den Rest macht deine Vorstellungskraft.

DANKSAGUNG

Als Erstes möchte ich meiner Mama danken für ihre Offenheit, meine Geschichte und damit auch ihre Geschichte mit der Welt zu teilen. Ich weiß, das kostet Gefühlsbereitschaft. Dein stetes Interesse an Psychologie und die innere Auseinandersetzung begleiten mich schon immer. Für mich war das Buch zu schreiben wie Psychotherapie mit mir selbst. In die Erinnerungen meines Lebens nicht nur gedanklich, sondern auch emotional abzutauchen, war eine echte Herausforderung, für die ich mich ein paar Monate zurückziehen musste. Danke an dich, Timo, dass du mir dafür den Rücken in der Firma freigehalten hast. Danke an dich, Kathi, dass du als meine engste Mitarbeiterin mir dabei geholfen hast abzutauchen und von jeglicher Ablenkung zu befreien.

Mein großer Dank geht an dich, Dr. Lisa Flunger, für den tollen und inspirierenden Austausch. Du warst mir eine sehr große Hilfe auf dem Weg. Vielen Dank an Anne-Lena Leidenberger für den guten Austausch und dein wertvolles Feedback. Danke an Antonia, Annalena, Sophy, Greta, Anne, Carolin, Helen, Nora, Lena, Suya, Lissi, Zarah, Johannes, meinen Vater und Tammy für euer konstruktives Feedback zum Buch. Ein großes Danke geht an das Team von Droemer Knaur, für euer Vertrauen und dass ich bei euch so ein warmes Zuhause gefunden habe. Besonderer Dank geht an dich, Michelle Hegmann, für deinen Glauben an das Buch und die herzliche Begleitung. Für deine erste E-Mail an mich bis zum fertigen Buch. Danke. Ein großes Danke geht an dich, Angela Gsell. Für mich ist dein Herzblut, das du in das Projekt gesteckt hast, nicht selbstverständlich. Danke auch für deinen stetigen Input und dein Feuer. Es macht wirklich Spaß, mit dir zusammenzuarbeiten.

Besonderer Dank geht an Steven Hayes, einen der Mitbegründer der ACT, und an Susan David, Nathali Klingen und Russ Harris für eure Art, ACT in die Welt zu tragen.

Melanie Haizmann, danke an dich als meine Redakteurin für deine strukturierte Vorgehensweise, deine Kreativität, deine Leichtigkeit, Verlässlichkeit und die super Zusammenarbeit. Ich habe mich sehr wohlgefühlt.

Und danke an dich, liebe Leserin und lieber Leser. Wenn du bis hierhin gekommen bist, magst du entweder Danksagungen oder bist besonders gründlich. Ich freue mich, wenn du dieses Buch jetzt an jemanden weiterverschenkst, der dir beim Lesen als Erstes in den Sinn gekommen ist.

ANMERKUNGEN

1 Klaus Grawe, *Neuropsychotherapie* (Göttingen: Hogrefe, 2004).

2 Grawe, *Neuropsychotherapie.*

3 Amelia Aldao, Susan Nolen-Hoeksema und Susanne Schweizer, »Emotion-regulation strategies across psychopathology: A meta-analytic review«, *Clinical Psychology Review* 30, 2 (2010): https://doi.org/10.1016/j.cpr.2009.11.004.

4 Andrew T. Gloster et al., »The empirical status of acceptance and commitment therapy: A review of meta-analyses«, *Journal of Contextual Behavioral Science* 18 (2020): 181–92, https://doi.org/10.1016/j.jcbs.2020.09.009.

5 Marco José, »Emotionen und Gefühle«, in: *Positive Psychologie und Achtsamkeit im Schulalltag: Förderung der Empathie* (Wiesbaden: Springer, 2016), 55–8.

6 Charles Darwin, *The expression of emotion in man and animals* (with introduction, afterword, and commentaries by Ekman P.). (New York: Oxford University Press, 1998) (Original work published 1872).

7 Gunnar Eismann und Claas-Hinrich Lammers, Therapie-Tools Emotionsregulation: Mit E-Book inside und Arbeitsmaterial. (Weinheim: Beltz, 2017).

8 Joseph E. LeDoux, *The emotional brain: The mysterious underpinnings of emotional life.* (New York: Simon and Schuster, 1998).

9 Roy F. Baumeister et al., »Bad is Stronger than Good«, *Review of General Psychology* 5, 4 (2001): 323–70, https://doi.org/10.1037/1089-2680.5.4.323.

10 Paul Rozin und Edward B. Royzman, »Negativity bias, negativity dominance, and contagion«, *Personality and social psychology review* 5, 4 (2001): 296–320, https://doi.org/10.1207/S15327957PSPR0504_2.

11 Felix Bittmann, »Beyond the U-Shape: Mapping the Functional Form Between Age and Life Satisfaction for 81 Countries Utilizing a Cluster Procedure«, *Journal of Happiness Studies* 22, 5 (2021): 2343–53, https://doi.org/10.1007/s10902-020-00316-7.

12 Kate Teffer und Katerina Semendeferi, »Human prefrontal cortex: evolution, development, and pathology«, *Progress in Brain Research* 195 (2012): 191–218, https://doi.org/10.1016/B978-0-444-53860-4.00009-X.

13 Matthew L. Dixon et al., »Emotion and the prefrontal cortex: An integrative review«, *Psychological Bulletin* 143, Nr. 10 (2017), https://doi.org/10.1037/bul0000096.

14 vgl. Armin Schnider, Verhaltensneurologie: Die neurologische Seite der Neuropsychologie; eine Einführung für Ärzte und Psychologen, 2. [erweiterte] Aufl. (Stuttgart: THIEME, 2004). https://doi.org/10.1055/b-001-3174, http://ebooks.thieme.de/9783131097828/1.

15 LeDoux, *The emotional brain: The mysterious underpinnings of emotional life.*

16 Alex Pattakos, Elaine Dundon und Stephen R. Covey, *Prisoners of our thoughts*, 3. Aufl. (San Francisco: Berrett-Koehler Publisher, 2017).

17 Jill Bolte Taylor, *My Stroke of Insight* (London: Hachette, 2009).

18 Hugo J. E. M. Alberts, Francine Schneider und Carolien Martijn, »Dealing efficiently with emotions: acceptance-based coping with negative emotions requires fewer resources than suppression«, *Cognition & emotion* 26, 5 (2012): 863–70. https://doi.org/10.1080/02699931.2011.625402.

19 Alberts, Schneider und Martijn, »Dealing efficiently with emotions: acceptance-based coping with negative emotions requires fewer resources than suppression«.

20 Matthew T. Tull und Lizabeth Roemer, »Emotion regulation difficulties associated with the experience of uncued panic attacks: evidence of experiential avoidance, emotional nonacceptance, and decreased emotional clarity«, *Behavior Therapy* 38, 4 (2007): 378–91. https://doi.org/10.1016/j.beth.2006.10.006.

21 John. J. Curtin et al., »Alcohol affects emotion through cognition«, *Psychological Science* 12, 6 (2001), https://doi.org/10.1111/1467-9280.00397.

22 Boris Orth und Christina Merkel, »Der Substanzkonsum Jugendlicher und junger Erwachsener in Deutschland. Ergebnisse des Alkoholsurveys 2021 zu Alkohol, Rauchen, Cannabis und Trends«, (Köln, 2022), https://www.bzga.de/fileadmin/user_upload/PDF/studien/BZgA_Alkoholsurvey_2021.pdf.

23 Orth und Merkel, »Der Substanzkonsum Jugendlicher und junger Erwachsener in Deutschland. Ergebnisse des Alkoholsurveys 2021 zu Alkohol, Rauchen, Cannabis und Trends«.

24 Robert H. Lustig, Laura A. Schmidt und Claire D. Brindis, »The toxic truth about sugar«, *Nature* 482, (2012): 27–29, https://doi.org/10.1038/482027a.

25 Carlo Colantuoni et al., »Excessive sugar intake alters binding to dopamine and mu-opioid receptors in the brain«, *NeuroReport* 12, 16 (2001): 3549–3552, https://doi.org/aspx,https://journals.lww.com/neuroreport/fulltext/2001/11160/excessive_sugar_intake_alters_binding_to_dopamine.35.aspx.

26 Robert Koch-Institut, »Gesundheit in Deutschland aktuell – GEDA 2019/2020«, (2021). http://www.rki.de/DE/Content/Gesundheitsmonitoring/Themen/Uebergewicht_Adipositas/Uebergewicht_Adipositas_node.html.

27 Emanuele Di Angelantonio et al., »Body-mass index and all-cause mortality: individual-participant-data meta-analysis of 239 prospective studies in four continents«, *The Lancet* 388, 10046 (2016): 776–86. https://doi.org/10.1016/S0140-6736(16)30175-1.

28 Aldao, Nolen-Hoeksema und Schweizer, »Emotion-regulation strategies across psychopathology: A meta-analytic review«.

29 Laura Cariola, »Intellectualization (Defense Mechanism)«, *Encyclopedia of Personality and Individual Differences* (Cham: Springer, 2020): https://doi.org/10.1007/978-3-319-24612-3_1389.

30 Michele Grossman und Wendy Wood, »Sex differences in intensity of emotional experience: a social role interpretation«, *Journal of personality and social psychology* 65, 5 (1993), https://doi.org/10.1037/0022-3514.65.5.1010.

31 Jane M. Richards und James J. Gross, »Composure at Any Cost? The Cognitive Consequences of Emotion Suppression«, *Personality and Social Psychology Bulletin* 25, 8 (1999), https://doi.org/10.1177/01461672992511010.

32 Mieke Beckwé et al., »Worrying and rumination are both associated with reduced cognitive control«, *Psychological Research* 78, 5 (2014): 651–60, https://doi.org/10.1007/s00426-013-0517-5.

33 Maria J. Ferreira et al., »Dealing With the Pandemic of COVID-19 in Portugal: On the Important Role of Positivity, Experiential Avoidance, and Coping Strategies«, *Frontiers in Psychology* 12 (2021), https://doi.org/10.3389/fpsyg.2021.647984.

34 Marcus Mund und Kristin Mitte, »The costs of repression: a meta-analysis on the relation between repressive coping and somatic diseases«, *Health Psychology* 31, 5 (2012), https://doi.org/10.1037/a0026257.

35 Aldao, Nolen-Hoeksema und Schweizer, »Emotion-regulation strategies across psychopathology: A meta-analytic review«.

36 Dana Liechti, »In jedem von uns steckt ein Hitler«, Blick, publiziert am 11.05.2019, https://www.blick.ch/schweiz/edith-eva-eger-91-hat-auschwitz-ueberlebt-in-jedem-von-uns-steckt-ein-hitler-id15317395.html.

37 Russ Harris, *Wer vor dem Schmerz flieht, wird von ihm eingeholt.* (Kösel-Verlag, 2021).

38 Richards und Gross, »Composure at Any Cost? The Cognitive Consequences of Emotion Suppression«.

39 Jonathan W. Schooler, Daniel Ariely und George Loewenstein, »The pursuit and assessment of happiness may be self-defeating«, *Psychology and Economics*, (2003): 41–72, https://www.researchgate.net/profile/jonathan-schooler/publication/303158395_the_explicit_pursuit_and_assessment_of_happiness_can_be_self-defeating_study_1.

40 Phillip J. Quartana und John W. Burns, »Painful consequences of anger suppression«, *Emotion* 7 (2007), https://doi.org/10.1037/1528-3542.7.2.400.

41 Quartana und Burns, »Painful consequences of anger suppression«.

42 Thomas L. Webb, Eleanor Miles und Paschal Sheeran, »Dealing with feeling: a meta-analysis of the effectiveness of strategies derived from the process model of emotion regulation«, *Psychological Bulletin* 138, 4 (2012), https://doi.org/10.1037/a0027600.

43 Yasemin YildizI et al., »The mechanism of mindfulness meditation on pain by functional magnetic resonance imaging method«, *The European Research Journal* 9, 3 (2023), https://doi.org/10.18621/eurj.1245845.

44 George E. Vaillant, Charles C. McArthur und Arlie Bock, »Grant Study of Adult Development, 1938-2000«, (2010).

45 Elizabeth M. Vera und Nancy E. Betz, »Relationships of Self-Regard and Affective Self-Disclosure to Relationship Satisfaction in College Students«, (1991), https://eric.ed.gov/?id=ed339982.

46 Steven C. Hayes, Kirk D. Strosahl und Kelly G. Wilson, *Acceptance and Commitment Therapy: The Process and Practice of Mindful Change*, 2nd ed. (New York: The Guilford Press, 2012), http://gbv.eblib.com/patron/FullRecord.aspx?p=793709.

47 Gloster et al., »The empirical status of acceptance and commitment therapy: A review of meta-analyses«.

48 Robert D. Zettle, »Acceptance and commitment therapy for depression«, *Current Opinion in Psychology* 2 (2015): 65–9, https://doi.org/10.1016/j.copsyc.2014.11.011.

49 Frank L. Gardner und Zella E. Moore, »A mindfulness-acceptance-commitment-based approach to athletic performance enhancement: Theoretical considerations«, *Behavior Therapy* 35, 4 (2004), https://doi.org/10.1016/S0005-7894(04)80016-9.

50 Theresa A. Morgan et al., »Conducting Outcomes Research in a Clinical Practice Setting: The Effectiveness and Acceptability of Acceptance and Commitment Therapy (ACT) in a Partial Hospital Program«, *Behavior Therapy* 52, 2 (2021), https://doi.org/10.1016/j.beth.2020.08.004.

51 Steven C. Hayes und Kelly G. Wilson, »Mindfulness: Method and process«, *Clinical Psychology: Science and Practice* 10, 2 (2003), https://doi.org/10.1093/clipsy.bpg018.

52 Hayes, Strosahl und Wilson, *Acceptance and Commitment Therapy: The Process and Practice of Mindful Change.*

53 Barbara Reichle und Gabriele Gloger-Tippelt, »Familiale Kontexte und sozial-emotionale Entwicklung«, *Kindheit und Entwicklung* 16, 4 (2007), https://doi.org/10.1026/0942-5403.16.4.199.

54 Bruce S. McEwen, »Physiology and neurobiology of stress and adaptation: central role of the brain«, *Physiological reviews* 87, 3 (2007), https://doi.org/10.1152/physrev.00041.2006.

55 Albert Ellis, Windy Dryden und Raymond DiGiuseppe, *The practice of rational emotive behavior therapy*, 2nd ed. (New York: Springer Publishing, 2007). https://doi.org/10.1891/9780826122179.

56 Daniel M. Wegner et al., »Paradoxical effects of thought suppression«, *Journal of personality and social psychology* 53, 1 (1987): 5–13, https://doi.org/10.1037/0022-3514.53.1.5.

57 Wegner et al., »Paradoxical effects of thought suppression«.

58 Jennifer Shannon und Dough Shannon, *Don't Feed the Monkey Mind: How to Stop the Cycle of Anxiety, Fear, and Worry,* (Oakland: New Harbinger Publications, 2017).

59 Hayes, Strosahl und Wilson, *Acceptance and Commitment Therapy: The Process and Practice of Mindful Change.*

60 Kashdan B. Todd und Jonathan Rottenberg, »Psychological flexibility as a fundamental aspect of health«, *Clinical Psychology Review* 30, 7 (2010): 865–78, https://doi.org/10.1016/j.cpr.2010.03.001.

61 Viktor E. Frankl, *Psychotherapie für den Alltag: Rundfunkvorträge über Seelenheilkunde.* (Freiburg im Breisgau: Verlag Herder GmbH, 2018), S.35.

62 Hayes, Strosahl und Wilson, *Acceptance and Commitment Therapy: The Process and Practice of Mindful Change.*

63 Daniel Fessler, »Shame in Two Cultures: Implications for Evolutionary Approaches«, *Journal of Cognition and Culture* 4, 2 (2004): 207–62, https://doi.org/10.1163/1568537041725097.

64 Jerome Kagan, *The Second Year: The Emergence of Self-Awareness*, unter Mitarbeit von Susan Hiatt et al. ([Erscheinungsort nicht ermittelbar]: Harvard University Press, 1981). https://doi.org/10.4159/harvard.9780674181410.

65 Udo Baer und Gabriele Frick-Baer, *Vom Schämen und Beschämtwerden,* (Weinheim: Beltz, 2008).

66 Elisabeth Vanderheiden und Claude-Hélène Mayer, *The Value of Shame,* (Berlin/Heidelberg: Springer Link, 2017).

67 Matthew Feinberg, Robb Willer, und Dacher Keltner, »Flustered and faithful: embarrassment as a signal of prosociality«, *Journal of Personality and Social Psychology* 102, 1 (2012), https://doi.org/10.1037/a0025403.

68 Frans Schalkwijk, Geert Jan Stams, Hedy Stegge, Jack Dekker und Jaap Peen. »The conscience as a regulatory function: Empathy, shame, pride, guilt, and moral orientation in delinquent adolescents«, *International Journal of Offender Therapy and Comparative Criminology* 60, 6 (2016): 675–93, https://doi.org/10.1177/0306624X14561830.

69 Susan David, *Emotional Agility* (London: Penguin Books Ltd, 2017).
70 Meike Stoverock, *Female Choice* (Berlin: Tropen, 2021).
71 Jaimie A. Krems et al., »Lay Beliefs About Gender and Sexual Behavior: First Evidence for a Pervasive, Robust (but Seemingly Unfounded) Stereotype«, *Psychological Science* 32, 6 (2021), https://doi.org/10.1177/0956797620983829.
72 Paul Gilbert, »The relationship of shame, social anxiety and depression: the role of the evaluation of social rank«, *Clinical Psychology & Psychotherapy* 7, 3 (2000): 174–89, https://doi.org/10.1002/1099-0879(200007)7:3%3c174::AID-CPP236%3e3.0.CO;2-U.
73 Jennifer L. Sanftner et al., »The Relation of Shame and Guilt to Eating Disorder Symptomatology«, *Journal of Social and Clinical Psychology* 14, 4 (1995): 315–24, https://doi.org/10.1521/jscp.1995.14.4.315.
74 Breanna J. McGaffin, Geoffrey C. B. Lyons, und Frank P. Deane, »Self-forgiveness, shame, and guilt in recovery from drug and alcohol problems«, *Substance Abuse* 34, 4 (2013), https://doi.org/10.1080/08897077.2013.781564.
75 Michelle Schoenleber, Howard Berenbaum und Robert Motl, »Shame-related functions of and motivations for self-injurious behavior«, *Personality Disorders: Theory, Research, and Treatment* 5, 2 (2014): 204–11, https://doi.org/10.1037/per0000035.
76 İlknur Özkan und Seçil Taylan, »Barriers to women's breast cancer screening behaviors in several countries: A meta-synthesis study«, *Health care for women international* 42, 7–9 (2021): 2013–43, https://doi.org/10.1080/07399332.2020.1814777.
77 Sarah G. Moore et al., »Coping with condom embarrassment,« *Psychology, health & medicine* 11, 1 (2006): 70–9, https://doi.org/10.1080/13548500500093696.
78 Emily Merrill und Jane Grassley, »Women's stories of their experiences as overweight patients«, *Journal of advanced nursing* 64, 2 (2008): 139–46, https://doi.org/10.1111/j.1365-2648.2008.04794.x.
79 Max Fisher, *The Chaos Machine: The Inside Story of How Social Media Rewired Our Minds and Our World* (London: Quercus Publishing, 2022).
80 Steffen Bambach, »Die 5-4-3-2-1-Übung«, Institut für Traumatherapie, zuletzt geprüft am 13.09.2023, https://www.traumatherapie.de/users/bambach/hydratext.html.
81 Simone Kühn et al., »In search of features that constitute an ›enriched environment‹ in humans: Associations between geographical properties and brain structure«, *Scientific Reports* 7, 1 (2017), https://doi.org/10.1038/s41598-017-12046-7.
82 Bianca Ambrose-Oji, »Mindfulness practice in woods and forests: An evidence review«, *Research Report for The Mersey Forest, Forest Research*, (Surrey: Alice Holt Lodge Farnham, 2013).
83 Sonja Sudimac, Vera Sale und Simone Kühn, »How nature nurtures: Amygdala activity decreases as the result of a one-hour walk in nature«, *Molecular Psychiatry* 27, 11 (2022): 4446–52, https://doi.org/10.1038/s41380-022-01720-6.
84 »Breathing«, The Lung Association, zuletzt geprüft am 12.09.2023, https://www.lung.ca/lung-health/lung-info/breathing.
85 Juliana G. Breines und Serena Chen, »Self-compassion increases self-improvement motivation«, *Personality & social psychology bulletin* 38, 9 (2012), https://doi.org/10.1177/0146167212445599.

86 Fabien A. Basset et al., »Type of self-talk matters: Its effects on perceived exertion, cardiorespiratory, and cortisol responses during an iso-metabolic endurance exercise«, *Psychophysiology* 59, 3 (2022), https://doi.org/10.1111/psyp.13980.

87 Richard McCarty, »The fight-or-flight response: A cornerstone of stress research«, in: *Stress: Concepts, cognition, emotion, and behavior*, S. 33–37 (Academic Press, 2016), https://doi.org/10.1016/B978-0-12-800951-2.00004-2.

88 Kristin Neff, *Selbstmitgefühl: Wie wir uns mit unseren Schwächen versöhnen und uns selbst der beste Freund werden,* (München: Kailash Verlag, 2012).

89 Markus A. Wirtz, »Trauer, Trauern«, *Dorsch, Lexikon der Psychologie,* zuletzt geprüft am 13.09.2023, https://dorsch.hogrefe.com/stichwort/trauer-trauern.

90 Nina Jakoby und Michaela Thönnes, *Zur Soziologie des Sterbens: Aktuelle theoretische und empirische Beiträge,* (Wiesbaden: Springer Fachmedien, 2017).

91 Martin Bohus und Martina Wolf-Arehult, *Interaktives Skillstraining für Borderline-Patienten, (*Stuttgart: Schatteur, 2018).

92 Elisabeth Kübler-Ross und David Kessler, *Dem Leben neu vertrauen: Den Sinn des Trauerns durch fünf Stadien des Verlustes finden, (*Stuttgart: Kreuz, 2006).

93 Julia Treml und Anette Kersting, »Anhaltende Trauerstörung«, *Die Psychotherapie* 68, 4 (2023): 319–30, https://doi.org/10.1007/s00278-023-00675-5.

94 Kerry Jones et al., »A Systematic Review of the Effectiveness of Acceptance and Commitment Therapy for Managing Grief Experienced by Bereaved Spouses or Partners of Adults Who Had Received Palliative Care«, *Illness, Crisis & Loss* 30, 4 (2022): 596–613, https://doi.org/10.1177/10541373211000175.

95 Janis H. Zickfeld et al., »Tears evoke the intention to offer social support: A systematic investigation of the interpersonal effects of emotional crying across 41 countries«, *Journal of Experimental Social Psychology* 95, 4 (2021), https://doi.org/10.1016/j.jesp.2021.104137.

96 Vignoli, T., Carli, G., Zuffianò, A., & Serravalle, L., »Oxytocin and attachment in relation to grief severity in the course of naturalistic bereavement«, in: *Journal of Loss and Trauma, 2017.*

97 George A. Bonanno und Dacher Keltner, »Facial expressions of emotion and the course of conjugal bereavement«, *Journal of abnormal psychology* 106, 1 (1997), https://doi.org/10.1037/0021-843x.106.1.126.

98 Matthias Wengenroth, *Therapie-Tools Akzeptanz- und Commitmenttherapie,* (Weinheim: Beltz, 2017).

99 Kate Cavanagh, Clara Strauss, Lewis Forder und Fergal Jones, »Can mindfulness and acceptance be learnt by self-help?«, *Clinical Psychology Review* 34,3 (2014): 118–29, https://doi.org/10.1016/j.cpr.2014.01.001.

100 Amanda Shallcross, Allison J. Troy, Matthew Boland und Iris B. Mauss, »Let it be: Accepting negative emotional experiences predicts decreased negative affect and depressive symptoms«, *Behaviour Research and Therapy* (2010): 921–929, https://doi.org/10.1016/j.brat.2010.05.025.

101 Steven C. Hayes et al., »The Impact Of Acceptance Versus Control Rationales On Pain Tolerance«, *The Psychological Record* (1999): 33–47, https://doi.org/10.1007/BF03395305.

102 Sarah-Jayne Blakemore und Suparna Choudhury, »Development of the adolescent brain: implications for executive function and social cognition«, *Journal of*

child psychology and psychiatry 47, 3–4 (2006): 296–312, https://doi.org/10.1111/j.1469-7610.2006.01611.x.

103 Ben Sedley, *Stuff that Sucks – Wenn alles nervt: Eine Anleitung für Jugendliche zu akzeptieren, was du nicht ändern kannst, und dich auf das zu konzentrieren, was du ändern kannst,* (Tübingen: dgvt-Verlag, 2019).

104 Susan David, *Emotional Agility.*

105 James W. Pennebaker und Sandra K. Beall, »Confronting a traumatic event: toward an understanding of inhibition and disease«, *Journal of abnormal psychology* 95, 3 (1986): 274–81, https://doi.org/10.1037//0021-843x.95.3.274.

106 James W. Pennebaker, Janice K. Kiecolt-Glaser und Ronald Glaser, »Disclosure of traumas and immune function: health implications for psychotherapy«, *Journal of consulting and clinical psychology* 56, 2 (1988): 239–45, https://doi.org/10.1037//0022-006x.56.2.239.

107 James W. Pennebaker, Tracy J. Mayne und Martha E. Francis, »Linguistic predictors of adaptive bereavement«, *Journal of personality and social psychology* 72, 4 (1997): 863–71, https://doi.org/10.1037//0022-3514.72.4.863.

108 Jane M. Richards et al., »Effects of disclosure of traumatic events on illness behavior among psychiatric prison inmates«, *Journal of abnormal psychology* 109, 1 (2000): 156–60, https://doi.org/10.1037//0021-843x.109.1.156.

109 Robert A. Neimeyer, Scott A. Baldwin, und James Gillies, »Continuing bonds and reconstructing meaning: mitigating complications in bereavement«, *Death studies* 30, 8 (2006): 715–38, https://doi.org/10.1080/07481180600848322.

110 Dela Kienle und Sebastian Witte, »Die Wut und ihre positiven Wirkungen«, *geo.de*, 28.11.2016, zuletzt geprüft am 04.08.2023, https://www.geo.de/magazine/geo-kompakt/15270-rtkl-psychologie-heilsamer-zorn-ueber-die-wut-und-ihre-positiven.

111 Viren Swami et al., »Hangry in the field: An experience sampling study on the impact of hunger on anger, irritability, and affect«, *PloS One* 17, 7 (2022), https://doi.org/10.1371/journal.pone.0269629.

112 Guy D. Vitaglione und Mark A. Barnett, »Assessing a New Dimension of Empathy: Empathic Anger as a Predictor of Helping and Punishing Desires«, *Motivation and Emotion* 27, 4 (2003): 301–25, https://doi.org/10.1023/A:1026231622102.

113 Tracy A. Dennis et al., »The functional organization of preschool-age children's emotion expressions and actions in challenging situations«, *Emotion* 9, 4 (2009): 520–530, https://doi.org/10.1037/a0016514.

114 Deborah M. Flynn und Peter Chow, »Self-efficacy, self-worth and stress«, *Education* 138, 1 (2017): 83–88.

115 Jieun Lee, Amy Wachholtz und Keum-Hyeong Choi, »A Review of the Korean Cultural Syndrome Hwa-Byung: Suggestions for Theory and Intervention«, *Journal of Asia Pacific Counseling* 4, 1 (2014): 49–64, https://doi.org/10.18401/2014.4.1.4.

116 Pennebaker, Kiecolt-Glaser und Glaser, »Disclosure of traumas and immune function: health implications for psychotherapy«.

117 Jennifer L. Stewart et al., »Anger style, psychopathology, and regional brain activity«, *Emotion* 8, 5 (2008): 701–13. https://doi.org/10.1037/a0013447.

118 John W. Burns, Phillip J. Quartana und Stephen Bruehl, »Anger inhibition and pain: conceptualizations, evidence and new directions«, *Journal of Behavioral Medicine* 31, 3 (2008): 259–79. https://doi.org/10.1007/s10865-008-9154-7.

119 Rand D. Conger, Tricia Neppl, Kee Jeong Kim und Laura Scaramella, »Angry and aggressive behavior across three generations: a prospective, longitudinal study of parents and children«, *Journal of Abnormal Child Psychology* 31, 2 (2003): 143–60. https://doi.org/10.1023/A:1022570107457.

120 Daniel L. Clay et al., »Sex differences in anger expression, depressed mood, and aggression in children and adolescents«, *Journal of Clinical Psychology in Medical Settings* 3, 1 (1996): 79–92. https://doi.org/10.1007/BF01989291.

121 Catherine Evers et al., »Anger and social appraisal: a ›spicy‹ sex difference?«, *Emotion* 5, 3 (2005): 258–66. https://doi.org/10.1037/1528-3542.5.3.258.

122 Bundesministerium des Innern und für Heimat, »Pressemitteilung: Häusliche Gewalt im Jahr 2022: Opferzahl um 8,5 Prozent gestiegen – Dunkelfeld wird stärker ausgeleuchtet«, Zuletzt geprüft am 09.08.2023. https://www.bka.de/SharedDocs/Kurzmeldungen/DE/Kurzmeldungen/230711_BLB_Haeusliche_Gewalt.html.

123 Jennifer S. Lerner, Ronald E. Dahl, Ahmad R. Hariri und Shelley E. Taylor, »Facial expressions of emotion reveal neuroendocrine and cardiovascular stress responses«, *Biological Psychiatry* 61, 2 (2007): 253–60. https://doi.org/10.1016/j.biopsych.2006.08.016.

124 Swami, Hochstöger, Kargl und Stieger. »Hangry in the field: An experience sampling study on the impact of hunger on anger, irritability, and affect«.

125 John G. Watkins, »The affect bridge: a hypnoanalytic technique«, *International Journal of Clinical and Experimental Hypnosis* 19, 1 (1970): 21–27, https://doi.org/10.1080/00207147108407148.

126 Alberto Amutio et al., »Mindfulness training for reducing anger, anxiety, and depression in fibromyalgia patients«, *Frontiers in Psychology* 5 (2015) https://doi.org/10.3389/fpsyg.2014.01572, https://www.frontiersin.org/articles/10.3389/fpsyg.2014.01572/full?platform=hootsuite.

127 Volker Neugebauer, »Amygdala pain mechanisms«, in *Pain Control. Handbook of Experimental Pharmacology*, 227, (Berlin, Heidelberg: Springer, 2015), https://doi.org/10.1007/978-3-662-46450-2_13.

128 ebd.

129 Yu-Ri Kim, Han-Gyo Choi und Hye-Ah Yeom. »Relationships between Exercise Behavior and Anger Control of Hospital Nurses«, *Asian Nursing Research* 13, 1 (2019): 86–91, https://doi.org/10.1016/j.anr.2019.01.009.

130 Paul L. Szasz et al., »Effect of regulating anger and sadness on decision-making«, *Cognitive Behaviour Therapy* 45, 6 (2016): 479–95, https://doi.org/10.1080/16506073.2016.1203354.

131 Emma C. Fabiansson und Thomas F. Denson, »Anger, Hostility, and Anger Management«, *Encyclopedia of Mental Health*, (2016): 64–67, https://doi.org/10.1016/B978-0-12-397045-9.00200-7.

132 Thomas F. Denson, Michelle L. Moulds und Jessica R. Grisham, »The effects of analytical rumination, reappraisal, and distraction on anger experience«, *Behavior Therapy* 43, 2 (2012): 355–64, https://doi.org/10.1016/j.beth.2011.08.001.

133 Brad J. Bushman, »Does Venting Anger Feed or Extinguish the Flame? Catharsis, Rumination, Distraction, Anger, and Aggressive Responding«, *Personality and Social Psychology Bulletin* 28, 6 (2002), https://doi.org/10.1177/0146167202289002.

134 WebMD Editorial Contributors, »What to Know About 4-7-8 Breathing«, WebMD, zuletzt geprüft am 27.06.2023, https://www.webmd.com/balance/what-to-know-4-7-8-breathing.

135 Andrew Weil, »Video: Breathing Exercises: 4-7-8 Breath«, zuletzt geprüft am 28.09.2023, https://www.drweil.com/videos-features/videos/breathing-exercises-4-7-8-breath/.

136 Tory A. Eisenlohr-Moul et al., »Both trait and state mindfulness predict lower aggressiveness via anger rumination: A multilevel mediation analysis«, *Mindfulness* 7, 3 (2016): 213–26, https://doi.org/10.1007/s12671-016-0508-x.

137 Yuliya Richard et al., »A systematic review of neural, cognitive, and clinical studies of anger and aggression«, *Current Psychology* 42, 20 (2022), https://doi.org/10.1007/s12144-022-03143-6.

138 Theresa Eyerund und Anja K. Orth, »IW-Report 22/2019. Einsamkeit in Deutschland: Aktuelle Entwicklung und soziodemographische Zusammenhänge«, 13.06.2019, zuletzt geprüft am 22.08.2023, https://www.iwkoeln.de/fileadmin/user_upload/Studien/Report/PDF/2019/IW-Report_2019_Einsamkeit_in_D.pdf.

139 Open Access Government, »Theresa May launches UK's first loneliness strategy«, 17.10.2018, zuletzt geprüft am 22.08.2023, https://www.openaccessgovernment.org/uk-first-loneliness-strategy/53394/.

140 Susanne Hildebrandt et al., »DAK-Gesundheitsreport 2023: Gesundheitsrisiko Personalmangel – Arbeitswelt unter Druck«, DAK, zuletzt geprüft am 22.08.2023, https://www.dak.de/dak/unternehmen/reporte-forschung/gesundheitsreport-2023_34592.

141 Raheel Mushtaq et al., »Relationship between loneliness, psychiatric disorders and physical health? A review on the psychological aspects of loneliness«, *Journal of clinical and diagnostic research* JCDR 8, 9 (2014), https://doi.org/10.7860/JCDR/2014/10077.4828.

142 Daniel W. Russell et al., »Is loneliness the same as being alone?«, *The Journal of Psychology* 146, 1–2 (2012): 7–22, https://doi.org/10.1080/00223980.2011.589414.

143 Mushtaq et al., »Relationship between loneliness, psychiatric disorders and physical health ? A review on the psychological aspects of loneliness«.

144 John T. Cacioppo und Louise C. Hawkley, »Perceived social isolation and cognition«, *Trends in cognitive sciences* 13, 10 (2009): 447–54, https://doi.org/10.1016/j.tics.2009.06.005.

145 Naomi I. Eisenberger et al., »Neural pathways link social support to attenuated neuroendocrine stress responses«, *NeuroImage* 35, 4 (2007): 1601–12, https://doi.org/10.1016/j.neuroimage.2007.01.038.

146 John T. Cacioppo, Stephanie Cacioppo und Dorret I. Boomsma, »Evolutionary mechanisms for loneliness«, *Cognition & emotion* 28, 1 (2014): 3–21, https://doi.org/10.1080/02699931.2013.837379.

147 John Bowlby, »Separation Anxiety: A critical review of the literature«, *Journal of Child Psychology and Psychiatry* 1, 4 (1960): 251–69, https://doi.org/10.1111/j.1469-7610.1960.tb01999.x.

148 Darcia Narvaez, »Blog Watch Dangers of ›Crying It Out‹: Damaging Children and Their Relationships for the Long-term«, *Clinical Lactation* 3, 1 (2012), https://doi.org/10.1891/215805312807010827.

149 Ricky Finzi et al., »Attachment styles in maltreated children: a comparative study«, *Child Psychiatry and Human Development* 31, 2 (2000), https://doi.org/10.1023/A:1001944509409.

150 Klaus Grawe, *Psychologische Therapie,* (Göttingen: Hogrefe, 1998).

151 John T. Cacioppo et al., »Loneliness and Health: Potential Mechanisms«, *Psychosomatic Medicine* 64,3 (2002): 407–17, https://doi.org/10.1097/00006842-200205000-00005; Mushtaq et al., »Relationship between loneliness, psychiatric disorders and physical health? A review on the psychological aspects of loneliness«.

152 John T. Cacioppo et al., »Loneliness as a specific risk factor for depressive symptoms: cross-sectional and longitudinal analyses«, *Psychology and aging* 21, 1 (2006): 140–51, https://doi.org/10.1037/0882-7974.21.1.140.

153 Louise C. Hawkley, Ronald A. Thisted und John T. Cacioppo, »Loneliness predicts reduced physical activity: cross-sectional & longitudinal analyses«, *Health psychology* 28, 3 (2009): 354–63, https://doi.org/10.1037/a0014400.

154 Louise C. Hawkley et al., »Loneliness predicts increased blood pressure: 5-year cross-lagged analyses in middle-aged and older adults«, *Psychology and aging* 25, 1 (2010): 132–41, https://doi.org/10.1037/a0017805.

155 Robert S. Wilson et al., »Loneliness and risk of Alzheimer disease«, *Archives of General Psychiatry* 64, 2 (2007): 234–40, https://doi.org/10.1001/archpsyc.64.2.234.

156 Julianne Holt-Lunstad, Timothy B. Smith und J. Bradley Layton, »Social relationships and mortality risk: a meta-analytic review«, PL*oS medicine* 7, 7 (2010), https://doi.org/10.1371/journal.pmed.1000316.

157 Julianne Holt-Lunstad et al., »Loneliness and social isolation as risk factors for mortality: a meta-analytic review«, *Perspectives on psychological science* 10, 2 (2015), https://doi.org/10.1177/1745691614568352.

158 John T. Cacioppo und Louise C. Hawkley, »Perceived social isolation and cognition«, *Trends in cognitive sciences* 13, 10 (2009): 447–54, https://doi.org/10.1016/j.tics.2009.06.005.

159 Jean M. Twenge et al., »If you can't join them, beat them: effects of social exclusion on aggressive behavior«, *Journal of personality and social psychology* 81, 6 (2001), https://doi.org/10.1037//0022-3514.81.6.1058.

160 Vida Demarin und Sandra Morović, »Neuroplasticity«, *Periodicum biologorum* 116, 2 (2014): 209–11, https://hrcak.srce.hr/126369.

161 Tore Bonsaksen et al., »Associations between social media use and loneliness in a cross-national population: do motives for social media use matter?«, *Health Psychology and Behavioral Medicine* 11, 1 (2023), https://doi.org/10.1080/21642850.2022.2158089.

162 Martin Pinquart und Silvia Sorensen, »Influences on Loneliness in Older Adults: A Meta-Analysis«, *Basic and Applied Social Psychology* 23, 4 (2001): 245–66. https://doi.org/10.1207/S15324834BASP2304_2.

163 Stephen G. Post, »Altruism, happiness, and health: it's good to be good«, *International Journal of Behavioral Medicine* 12, 2 (2005): 66–77, https://doi.org/10.1207/s15327558ijbm1202_4.

164 Avery Richardson, Hans-Helmut König und André Hajek, »Volunteering, loneliness and perceived social isolation: evidence from a representative sample of

middle-aged and older adults in Germany«, *Aging & mental health* 27, 11 (2023): 2289–94, https://doi.org/10.1080/13607863.2023.2222676.

165 Nathaniel J. Raskin und Carl R. Rogers, »Person-centered therapy«, in: Raymond J. Corsini & Danny Wedding (Hrsg.), *Current psychotherapies*, (Belmont: Brooks/Cole, 2005): 130–65.

166 Maharishi International University, »Jim Carrey at MIU: Commencement Address at the 2014 Graduation (EN, FR, ES, RU, GR,…)«, zuletzt geprüft am 23.08.2023, https://www.youtube.com/watch?v=V80-gPkpH6M&ab_channel=MaharishiInternationalUniversity.

167 Andreas Bartels und Semir Zeki, »The neural basis of romantic love«, *NeuroReport* 11, 17 (2000): 3829–34, http://dx.doi.org/10.1097/00001756-200011270-00046.

168 Helen E. Fisher, »The Tyranny of Love: Love addiction – An Anthropologist's View«, in Kenneth P. Rosenberg und Laura C. Feder (Hrsg.), *Behavioral Addictions: Criteria, Evidence, and Treatment,* (San Diego: Academic Press, 2014), 237–65.

169 Donatella Marazziti und Domenico Canale, »Hormonal changes when falling in love«, *Psychoneuroendocrinology* 29, 7 (2004), https://doi.org/10.1016/j.psyneuen.2003.08.006.

170 Donatella Marazziti et al., »Alteration of the platelet serotonin transporter in romantic love«, *Psychological Medicine* 29, 3 (1999), https://doi.org/10.1017/s0033291798007946.

171 ebd.

172 Kayo Takahashi et al., »Imaging the passionate stage of romantic love by dopamine dynamics«, *Frontiers in Human Neuroscience* 9 (2015), https://doi.org/10.3389/fnhum.2015.00191.

173 Jon K. Maner, Matthew T. Gailliot und Saul L. Miller, »The implicit cognition of relationship maintenance: Inattention to attractive alternatives«, *Journal of Experimental Social Psychology* 45, 1 (2009): 174–179, https://doi.org/10.1016/j.jesp.2008.08.002.

174 David P. McWhirter und Andrew M. Mattison, *The male couple: How relationships develop,* (New Jersey: Prentice-Hall, 1984).

175 Sara B. Algoe, Laura E. Kurtz und Karen Grewen, »Oxytocin and Social Bonds: The Role of Oxytocin in Perceptions of Romantic Partners' Bonding Behavior«, *Psychological Science* 28, 12 (2017), https://doi.org/10.1177/0956797617716922.

176 Anne Verhallen et al., »Romantic relationship breakup: an experimental model to study effects of stress on depression(-like) symptoms«, PL*oS One* 14, 5 (2019), https://doi.org/10.1371/journal.pone.0217320.

177 Helen Fisher, Arthur Aron und Lucy L. Brown, »Romantic love: an fMRI study of a neural mechanism for mate choice«, *The Journal of comparative neurology* 493, 1 (2005), https://doi.org/10.1002/cne.20772.

178 Helen Fisher, »The brain in love«, TED Talk, zuletzt geprüft am 23.08.2023, https://www.ted.com/talks/helen_fisher_the_brain_in_love.

179 Robert Axelrod, »Schema Theory: An Information Processing Model of Perception and Cognition«, *American Political Science Review* 67, 4 (1973): 1248–66, https://doi.org/10.2307/1956546.

180 Paul R. Amato und Danelle D. DeBoer, »The Transmission of Marital Instability

Across Generations: Relationship Skills or Commitment to Marriage?«, *Journal of Marriage and Family* 63, 4 (2001), https://doi.org/10.1111/j.1741-3737.2001.01038.x.

181 Gerlinde R. Fritsch, *Der Gefühls- und Bedürfnisnavigator: Gefühle & Bedürfnisse wahrnehmen*, 2. Aufl., (Paderborn: Junfermann Verlag, 2012).

182 Tiffany M. Love, »Oxytocin, motivation and the role of dopamine«, *Pharmacology, biochemistry, and behavior* 119 (2014), https://doi.org/10.1016/j.pbb.2013.06.011.

183 Tiffany M. Love, »Oxytocin, motivation and the role of dopamine«, *Pharmacology, biochemistry, and behavior* 119 (2014), https://doi.org/10.1016/j.pbb.2013.06.011, https://www.sciencedirect.com/science/article/pii/s0091305713001688.

184 Donatella Marazziti und Domenico Canale, »Hormonal changes when falling in love«, *Psychoneuroendocrinology* 29, 7 (2004), https://doi.org/10.1016/j.psyneuen.2003.08.006.

185 GratefulLivingCo, »Hugging The Cactus – Robert Downey, Jr. to Mel Gibson#SHORTS«, zuletzt geprüft am 23.08.2023, https://youtube.com/shorts/hHz5hXsAxyM?feature=shared.

186 Usha Gupta und Pushpa Singh, »An exploratory study of love and liking and type of marriages«, *Indian Journal of Applied Psychology* 19, 2 (1982): 92–97.

187 Jane E. Myers, Jayamala Madathil und Lynne R. Tingle, »Marriage Satisfaction and Wellness in India and the United States: A Preliminary Comparison of Arranged Marriages and Marriages of Choice«, *Journal of Counselling and Development* 83, 2 (2005):183–190, https://doi.org/10.1002/j.1556-6678.2005.tb00595.x.

188 John M. Gottman und Robert W. Levenson, »Marital processes predictive of later dissolution: behavior, physiology, and health«, *Journal of Personality and Social Psychology* 63, 2 (1992): 221–33, https://doi.org/10.1037/0022-3514.63.2.221.

189 John M. Gottman, *What Predicts Divorce? The Relationship Between Marital Processes and Marital Outcomes,* (New York: Psychology Press, 1994).

190 The Gottman Institute, »Love is a verb. It's something you DO, not just something that happens to you. Taking an active role in your relationships and taking small actions every day can help your relationships thrive«, LinkedIn, abgerufen am 04. Oktober 2023, https://www.linkedin.com/posts/the-gottman-institute_love-is-a-verb-its-something-you-do-not-activity-6986445648917131264-VaTd/.

191 David L. Bradford und Carole Robin, *Connect: Building exceptional relationships with family, friends and colleagues,* (London: Penguin Life, 2022).

192 ebd.

193 ebd.

194 Esther Perel, *Mating in Captivity: How to keep desire and passion alive in long-term relationships,* (London: Hachette UK, 2007).

195 ebd.

196 ebd.

197 Martin Bohus und Martina Wolf-Arehult, *Interaktives Skillstraining für Borderline-Patienten: Das Therapeutenmanual,* 4. Aufl. (Schattauer, 2017).

198 ebd.

199 Gerlinde R. Fritsch, *Der Gefühls- und Bedürfnisnavigator: Gefühle & Bedürfnisse wahrnehmen*, 2. Aufl. (Paderborn: Junfermann Verlag, 2012).

200 Klaus Grawe, *Psychologische Therapie,* (Göttingen: Hogrefe, 1998).

201 Stefan H. Bracha et al., »The human fear-circuitry and fear-induced fainting in healthy individuals-the paleolithic-threat hypothesis«, *Clinical autonomic research* 15, 3 (2005): 238–41, https://doi.org/10.1007/s10286-005-0245-z.

202 David Benditt, Peter Kowey und Susan Yeon, »Reflex syncope in adults and adolescents: Clinical presentation and diagnostic evaluation«, (2021), zuletzt geprüft am 05.09.2023, https://www.uptodate.com/contents/reflex-syncope-in-adults-and-adolescents-clinical-presentation-and-diagnostic-evaluation.

203 Ian Q. Whishaw und Hans C. Dringenberg, »How does the rat (Rattus norvegicus) adjust food – carrying responses to the influences of distance, effort, predatory odor, food size, and food availability?«, *Psychobiology* 19, 3 (1991): 251–61, https://doi.org/10.3758/BF03332076.

204 Ned. H. Kalin, »The neurobiology of fear«, *Scientific American* 268, 5 (1993): 94–9, https://doi.org/10.1038/scientificamerican0593-94.

205 H. Stefan Bracha, »Freeze, flight, fight, fright, faint: adaptationist perspectives on the acute stress response spectrum«, CNS *Spectrums* 9, 9 (2004): 679–85, https://doi.org/10.1017/s1092852900001954.

206 Alison Mary et al., »Resilience after trauma: The role of memory suppression«, *Science* 367, 6479 (2020), https://doi.org/10.1126/science.aay8477.

207 Ferdinand Sutterlüty, *Gewaltkarrieren. Jugendliche im Kreislauf von Gewalt und Missachtung*, (Frankfurt am Main: Campus Verlag, 2002).

208 Steven F. Maier, and Martin E.P. Seligman, »Learned helplessness: Theory and evidence«, *Journal of Experimental Psychology: General* 105, 1 (1976): 3–46, https://doi.org/10.1037/0096-3445.105.1.3.

209 J. Bruce Overmier und Martin E.P. Seligman, »Effects of inescapable shock upon subsequent escape and avoidance responding«, *Journal of Comparative and Physiological Psychology* 63, 1 (1967), https://doi.org/10.1037/h0024166.

210 ebd.

211 Vgl. Martin E. P. Seligmann, *Helplessness: On Depression, Development and Death*, (New York: W. H. Freeman and Company, 1975).

212 Lee Ross, »The Intuitive Psychologist And His Shortcomings: Distortions in the Attribution Process«, *Advances in Experimental Social Psychology* 10 (1977): 1732–20, https://doi.org/10.1016/S0065-2601(08)60357-3.

213 ebd.

214 Alexander Romney, Jake T. Harrison und Seth Benson, »Looking back to predict the future: a review of empirical support for the self-fulfilling prophecy«, *Management Research Review* (2023), https://doi.org/10.1108/MRR-01-2022-0051.

215 Lyn Y. Abramson, Martin E. Seligman und John D. Teasdale, »Learned helplessness in humans: Critique and reformulation«, *Journal of Abnormal Psychology* 87, 1 (1978): 49–74, https://doi.org/10.1037/0021-843x.87.1.49.

216 Inês A. Trindade, Ana Magnólia Mendes und Nuno Ferreira, »The moderating effect of psychological flexibility on the link between learned helplessness and depression symptomatology: A preliminary study«, *Journal of contextual behavioral science* 15 (2020): 68–72, https://doi.org/10.1016/j.jcbs.2019.12.001.

217 Nic Hooper und Louise McHugh, »Cognitive Defusion Versus Thought Distraction in the Mitigation of Learned Helplessness«, *The Psychological Record* 63, 1 (2013): 209–18, https://doi.org/10.11133/j.tpr.2013.63.1.016.

218 Anonyme Alkoholiker, »Zwölf Schritte – Anonyme Alkoholiker im deutschspra-

chigem Raum«, zuletzt geprüft am 05.09.2023, https://www.anonyme-alkoholiker.de/unsere-idee/zwoelf-schritte/.

219 Vgl. Russ Harris, »Living Your Values When Life Isn't Great«, zuletzt geprüft am 12.09.2023, https://thehappinesstrap.com/living-values-when-life-isnt-great/.

220 Gerlinde R. Fritsch, *Der Gefühls- und Bedürfnisnavigator: Gefühle & Bedürfnisse wahrnehmen*, 2. Aufl., (Paderborn: Junfermann Verlag, 2012).

221 Joseph E. LeDoux, *The emotional brain: The mysterious underpinnings of emotional life*, (New York: Simon and Schuster, 1998).

222 Karin Roelofs, »Freeze for action: neurobiological mechanisms in animal and human freezing«, *Philosophical transactions of the Royal Society of London. Series B, Biological sciences* 372, 1718 (2017), https://doi.org/10.1098/rstb.2016.0206.

223 Karin Roelofs, »Freeze for action: neurobiological mechanisms in animal and human freezing«, *Philosophical transactions of the Royal Society of London. Series B, Biological sciences* 372, 1718 (2017), https://doi.org/10.1098/rstb.2016.0206.

224 ebd.

225 Alessandro Angrilli et al., »Startle reflex and emotion modulation impairment after a right amygdala lesion«, *Brain* 119, 6 (1996), https://doi.org/10.1093/brain/119.6.1991.

226 Stephan Hamann, »Cognitive and neural mechanisms of emotional memory«, *Trends in Cognitive Sciences* 5, 9 (2001): 394–400, https://doi.org/10.1016/S1364-6613(00)01707-1.

227 Donald W. Winnicott, »Fear of Breakdown«, in: Lesley Caldwell und Helen Taylor Robinson (Hrsg.), *The Collected Works of D. W. Winnicott: Volume 6, 1960–1963* (New York: Oxford Academic, 2016), https://doi.org/10.1093/med:psych/9780190271381.003.0086.

228 Jürgen Margraf und Silvia Schneider, *Panik: Angstanfälle und ihre Behandlung*, 2. Aufl., (Berlin, Heidelberg: Springer, 1990).

229 Michael J. Mahoney, *Kognitive Verhaltenstherapie*, (München: Pfeiffer, 1977).

230 Graham Davey und Adrian Wells (Hrsg.), *Worry and psychological disorders: Theory, assessment and treatment*, 1. Aufl., (Chichester: John Wiley, 2006).

231 Kirsten Plehn und Rolf A. Peterson, »Anxiety sensitivity as a predictor of the development of panic symptoms, panic attacks, and panic disorder: a prospective study«, *Journal of Anxiety Disorders* 16, 4 (2002): 455–74, https://doi.org/10.1016/S0887-6185(02)00129-9.

232 Matthew T. Tull und Lizabeth Roemer, »Emotion regulation difficulties associated with the experience of uncued panic attacks: evidence of experiential avoidance, emotional nonacceptance, and decreased emotional clarity«, *Behavior Therapy* 38, 4 (2007): 378–91, https://doi.org/10.1016/j.beth.2006.10.006.

233 ebd.

234 ebd.

235 Kirsten Plehn und Rolf A. Peterson, »Anxiety sensitivity as a predictor of the development of panic symptoms, panic attacks, and panic disorder: a prospective study«, *Journal of Anxiety Disorders* 16, 4 (2002): 455–74, https://doi.org/10.1016/s0887-6185(02)00129-9.

236 Sigrun Schmidt-Traub, *Angst bewältigen. Selbsthilfe bei Panik und Agoraphobie*, (Berlin/Heidelberg: Springer, 2020).

237 Tim Ferris, »Why you should define your fears instead of your goals«, Ted talk, April 2017, https://www.ted.com/talks/tim_ferriss_why_you_should_define_your_fears_instead_of_your_goals.

238 Borwin Bandelow et al., »Deutsche S3-Leitlinie Behandlung von Angststörungen«, (2014) letzter Zugriff am 05.10.2023 unter https://register.awmf.org/assets/guidelines/051-028l_S3_Angststörungen_2014-05_1.pdf.

239 Sigrun Schmidt-Traub, *Angst bewältigen. Selbsthilfe bei Panik und Agoraphobie,* (Berlin/Heidelberg: Springer, 2020).

240 Julia C. Basso und Wendy A. Suzuki, »The Effects of Acute Exercise on Mood, Cognition, Neurophysiology, and Neurochemical Pathways: A Review«, *Brain plasticity* 2, 2 (2017), https://doi.org/10.3233/BPL-160040.

241 Andrea Zaccaro et al., »How Breath-Control Can Change Your Life: A Systematic Review on Psycho-Physiological Correlates of Slow Breathing«, *Frontiers in Human Neuroscience* 12 (2018), https://doi.org/10.3389/fnhum.2018.00353.

242 Wendy Suzuki, *Good Anxiety: Harnessing the Power of the Most Misunderstood Emotion,* (Simon & Schuster, 2021).

243 Melis Y. Balban et al., »Brief structured respiration practices enhance mood and reduce physiological arousal«, *Cell Reports Medicine* 4, 1 (2023), https://doi.org/10.1016/j.xcrm.2022.100895.

244 ebd.

245 Andrew Huberman, »Reduce Anxiety & Stress with the Physiological Sigh | Huberman Lab Quantal Clip«, zuletzt geprüft am 12.09.2023, https://www.youtube.com/watch?v=rBdhqBGqiMc&ab_channel=AndrewHuberman.

246 Mia Biran und G. Terence Wilson, »Treatment of phobic disorders using cognitive and exposure methods: a self-efficacy analysis«, *Journal of Consulting and Clinical Psychology* 49, 6 (1981), https://doi.org/10.1037/0022-006x.49.6.886.

247 Steven Hayes, Kirk Strosahl und Kelly Wilson, *Acceptance and Commitment Therapy: The Process and Practice of Mindful Change*, 2nd ed., (New York: The Guilford Press, 2012).

248 Vgl. Russ Harris, »GOAL SETTING & COMMITTED ACTION: Effective goal setting is quite a skill and it does require practice«, zuletzt geprüft am 12.09.2023, https://drive.google.com/file/d/1qv8EHUBQKNwkwfC9yWzHvFoWM76aDqux/view.

249 Peter F. Drucker, *People and Performance: The Best of Peter Drucker on Management,* (New York: Harper's College Press, 1977).

250 Steven Hayes, Kirk Strosahl und Kelly Wilson, *Acceptance and Commitment Therapy: The Process and Practice of Mindful Change*, 2nd ed., (New York: The Guilford Press, 2012).

251 Philipp Mayring, *Psychologie des Glücks,* (Stuttgart: Kohlhammer, 1991).

252 ebd.

253 Klaus Grawe, *Neuropsychotherapie,* (Göttingen: Hogrefe, 2004).

254 Philipp Mayring, »Wohlbefinden aus psychologischer Perspektive«, in: Hermann Kappelhoff et al., (Hrsg.) *Emotionen,* (Stuttgart: J.B. Metzler, 2019).

255 Jeffery Bugdorf und Jaak Panksepp, »The neurobiology of positive emotions«, *Neuroscience & Biobehavioral Reviews*, 2 (2006): 173–87, https://doi.org/10.1016/j.neubiorev.2005.06.001.

256 Henricus G. Ruhé, Nada S. Mason und Aart H. Schene, »Mood is indirectly related to serotonin, norepinephrine and dopamine levels in humans: a meta-analysis of monoamine depletion studies«, *Molecular psychiatry* 12, 4 (2007): 331–359, https://doi.org/10.1038/sj.mp.4001949.

257 Jeffrey J. Arnett, »Joy: An integrative theory«, *The Journal of Positive Psychology* 18, 1 (2023), https://doi.org/10.1080/17439760.2022.2053878.

258 Klaus Grawe, *Neuropsychotherapie,* (Göttingen: Hogrefe, 2004).

259 Tiffany M. Field et al., »Discrimination and imitation of facial expression by neonates«, *Science* 218, 4568 (1982), https://doi.org/10.1126/science.7123230.

260 B. Bohus et al., »Neuroendocrine states and behavioral and physiological stress responses«, *Progress in Brain Research* 72 (1987): 57–70. https://doi.org/10.1016/S0079-6123(08)60196-X.

261 Helen E. Fisher, »Lust, attraction, and attachment in mammalian reproduction«, *Human Nature* 9, 1 (1998), https://doi.org/10.1007/s12110-998-1010-5.

262 Edward Diener und Micaela Y. Chan. »Happy people live longer: Subjective well-being contributes to health and longevity«, *Applied Psychology: Health and Well-Being* 3, 1 (2011): 1–43, https://doi.org/10.1111/j.1758-0854.2010.01045.x.

263 Ashley V. Whillans et al., »Buying time promotes happiness«, *Proceedings of the National Academy of Sciences of the United States of America* 114, 32 (2017), https://doi.org/10.1073/pnas.1706541114.

264 Daniel Kahneman und Angus Deaton, »High income improves evaluation of life but not emotional well-being«, *Proceedings of the National Academy of Sciences of the United States of America* 107, 38 (2010), https://doi.org/10.1073/pnas.1011492107.

265 Russ Harris, *The Happiness Trap: Stop Struggling, Start Living,* 2. Aufl., (Robinson, 2022).

266 Ulrich Schwabe et al., »https://link.springer.com/book/10.1007/978-3-662-57386-0, Arzneiverordnungs-Report 2018«, zuletzt zugegriffen am 05.10.2023, https://link.springer.com/book/10.1007/978-3-662-57386-0.

267 Adam Jezard, »Depression is the no. 1 cause of ill health and disability worldwide«, World Economic Forum, zuletzt geprüft am 26.09.2023, https://www.weforum.org/agenda/2018/05/depression-prevents-many-of-us-from-leading-healthy-and-productive-lives-being-the-no-1-cause-of-ill-health-and-disability-worldwide#:~:text=Mental%20health%20disorders%20cost%20the%20global%20economy%20%241,of%20more%20than%2018%25%20between%202005%20and%202015.

268 Sarah F. Brosnan und Frans B. M. de Waal, »Monkeys reject unequal pay«, *Nature* 425 (2003): 297–99, https://doi.org/10.1038/nature01963.

269 Dian A. De Vries et al., »Social comparison as the thief of joy: Emotional consequences of viewing strangers' Instagram posts«, *Media Psychology* 21, 2 (2017): 222–45, https://doi.org/10.1080/15213269.2016.1267647.

270 Claire Midgley et al., »When Every Day is a High School Reunion: Social Media Comparisons and Self-Esteem«, Journal of Personality and Social Psychology 121, 2 (2021), https://doi.org/10.31234/osf.io/zmy29.

271 Russ Harris, *The Happiness Trap: Stop Struggling, Start Living,* 2. Aufl. (Robinson, 2022).

272 Iris B. Mauss et al., »Can seeking happiness make people unhappy? corrected

Paradoxical effects of valuing happiness«, *Emotion* 11, 4 (2011), https://doi.org/10.1037/a0022010.

273 Konstantin Lukin, »Toxic Positivity: Don't Always Look on the Bright Side«, *Psychology Today*, 01.08.2019, zuletzt geprüft am 26.09.2023, https://www.psychologytoday.com/us/blog/the-man-cave/201908/toxic-positivity-dont-always-look-the-bright-side?__hstc=191654453.00940ba578bd13d8f7e4cd45a8311682.1648771747767.1650324805718.1650386984116.5&__hssc=191654453.32.1650386984116&__hsfp=2939246061&hsCtaTracking=2b8dcdd8-4be9-43a7-84e2-71ac216be04d%7C45151a0e-aa5a-4af0-8f28-0a433194da5f.

274 Brett Q. Ford et al., »Desperately seeking happiness: valuing happiness is associated with symptoms and diagnosis of depression«, *Journal of Social and Clinical Psychology* 33, 10 (2014), https://doi.org/10.1521/jscp.2014.33.10.890.

275 Brett Q. Ford und Iris B. Mauss, »The Paradoxical Effects of Pursuing Positive Emotion: When and Why Wanting to Feel Happy Backfires«, in: *Positive Emotion: Integrating the Light Sides and Dark Sides.*, edited by June Gruber and Judith Tedlie Moskowitz, 363–81, (New York, NY: Oxford University Press, 2014), https://doi.org/10.1093/acprof:oso/9780199926725.003.0020.

276 ebd.

277 ebd.

278 ebd.

279 Matthew A. Killingsworth und Daniel T. Gilbert, »A wandering mind is an unhappy mind«, *Science* 330, 6006 (2010), https://doi.org/10.1126/science.1192439.

280 Maya Tamir et al., »The secret to happiness: Feeling good or feeling right?«, *Journal of experimental psychology* 146, 10 (2017), https://doi.org/10.1037/xge0000303.

281 Jill Suttie, »How to Manage Expectations to Maximize Happiness«, *Greater Good Magazine,* zuletzt geprüft am 21.09.2023, https://greatergood.berkeley.edu/article/item/how_to_manage_expectations_to_maximize_happiness.

282 Amit Kumar, Matthew A. Killingsworth und Thomas Gilovich, »Waiting for Merlot: anticipatory consumption of experiential and material purchases«, *Psychological Science* 25, 10 (2014), https://doi.org/10.1177/0956797614546556.

283 Peter F. Drucker, *People and Performance: The Best of Peter Drucker on Management,* (New York: Harper's College Press, 1977).

284 Robb B. Rutledge et al., »A computational and neural model of momentary subjective well-being«, *Proceedings of the National Academy of Sciences of the United States of America* 111, 33 (2014), https://doi.org/10.1073/pnas.1407535111.

285 Bastien Blain und Robb B. Rutledge, »Momentary subjective well-being depends on learning and not reward«, *eLife* 9 (2020), https://doi.org/10.7554/eLife.57977.

286 ebd.

287 Robb Rutledge, »Would You Be Happier if You Lowered Your Expectations?«, *Psychology Today,* zuletzt geprüft am 26.09.2023, https://www.psychologytoday.com/us/blog/the-happiness-equation/202106/would-you-be-happier-if-you-lowered-your-expectations.

288 George E. Vaillant, Charles C. McArthur und Arlie Bock, »Grant Study of Adult Development, 1938–2000«, (2010).

289 Joan Kellerman, James Lewis und James D. Laird, »Looking and loving: The

effects of mutual gaze on feelings of romantic love«, *Journal of Research in Personality* 23, 2 (1989): 145–61, https://doi.org/10.1016/0092-6566(89)90020-2.

290 Brett K. Jakubiak und Brooke C. Feeney, »Affectionate Touch to Promote Relational, Psychological, and Physical Well-Being in Adulthood: A Theoretical Model and Review of the Research«, *Personality and social psychology review* 21, 3 (2017), https://doi.org/10.1177/1088868316650307.

291 Andrew K. Gulledge, Michelle H. Gulledge und Robert F. Stahmannn, »Romantic Physical Affection Types and Relationship Satisfaction«, *The American Journal of Family Therapy* 31, 4 (2003), https://doi.org/10.1080/01926180390201936.

292 Molly K. Crossman et al., »The Influence of Interactions with Dogs on Affect, Anxiety, and Arousal in Children«, *Journal of clinical child and adolescent psychology* 49, 4 (2020), https://doi.org/10.1080/15374416.2018.1520119.

293 Soyoung Q. Park et al., »A neural link between generosity and happiness«, *Nature communications* 8 (2017), https://doi.org/10.1038/ncomms15964.

294 Elizabeth W. Dunn, Lara B. Aknin und Michael I. Norton, »Spending money on others promotes happiness«, *Science* 319, 5870 (2008), https://doi.org/10.1126/science.1150952.

295 Şerife Işık und Bengü Ergüner-Tekinalp, »The Effects of Gratitude Journaling on Turkish First Year College Students' College Adjustment, Life Satisfaction and Positive Affect«, *International Journal for the Advancement of Counselling* 39, 2 (2017), https://doi.org/10.1007/s10447-017-9289-8.

296 Stephen G. Post, »It's good to be good: 2011 fifth annual scientific report on health, happiness and helping others«, *International Journal of Person Centered Medicine* 1, 4 (2011), https://doi.org/10.5750/ijpcm.v1i4.154.

297 Francesca Borgonovi, »Doing well by doing good. The relationship between formal volunteering and self-reported health and happiness«, *Social Science & Medicine* 66, 11 (2008), https://doi.org/10.1016/j.socscimed.2008.01.011.

298 Ulli Zessin, Oliver Dickhäuser und Sven Garbade, »The Relationship Between Self-Compassion and Well-Being: A Meta-Analysis«, Applied psychology. *Health and well-being* 7, 3 (2015), https://doi.org/10.1111/aphw.12051.

299 Maya Tamir et al., »The secret to happiness: Feeling good or feeling right?«, *Journal of Experimental Psychology* 146, 10 (2017), https://doi.org/10.1037/xge0000303.

300 George E. Vaillant, Charles C. McArthur und Arlie Bock, »Grant Study of Adult Development, 1938–2000«, (2010).